외환위기 이후
한국사회의 변화

이 도서의 국립중앙도서관 출판시도서목록(CIP)은 서지정보유통지원시스템 홈페이지(http://seoji.nl.go.kr)
와 국가자료공동목록시스템(http://www.nl.go.kr/kolisnet)에서 이용하실 수 있습니다.
(CIP제어번호: CIP2014017379)

IPAID 사회과학총서 02

Institute for Poverty Alleviation and International Development

외환위기 이후 한국사회의 변화

정치, 경제, 복지를 중심으로

연세대학교 빈곤문제 국제개발연구원 엮음

| 이태정·김세중·김창수·정무권·황재훈 지음 |

한울 아카데미

차례

머리말

연세대학교 빈곤문제국제개발연구원(IPAID)은 사회과학, 자연과학, 보건의료과학분야의 전문가들이 함께 모여 빈곤의 원인과 해결방안을 모색하는 융합연구기관이다. 사회과학, 자연과학, 보건의료과학이라는 크게 정의된 학문 간의 틀을 넘어 이루어지는 연구도 중요하지만, 이 세 분야 간의 다양한 소통과 융합 또한 그에 못지않게 중요한 일이다. IPAID 사회과학총서 시리즈는 동 연구원에 참여하고 있는 사회과학분야의 다양한 구성원들이 시의성 있는 사회적 이슈를 두고 전문성 있는 식견을 교환함으로써, 주어진 이슈에 대해 종합적인 이해를 도모하는 동시에 서로의 분야에 대한 이해도를 높이는 융합의 마당을 제공한다.

사회과학총서 제1권에서는 정치, 경제, 경영, 행정 및 사회복지 등 사회과학의 각 분야에서 빈곤의 문제를 어떻게 이해하고 어떤 방식으로 접근하고 있는지를 정리하여 서로 공유하는 기회를 제공했다. 제1권은 한국이 OECD 공식 원조공여국의 지위를 확보하면서 빈곤과 국제개발에 대한 연구가 더욱 활성화되는 시점에 사회과학의 각 분야에서 빈곤을 바라보는 관점과 연구경향을 정리함으로써 이 주제를 연구하는 여러 사회과학자들 간의 소통과 융합연구의 발전을 위한 작은 디딤돌이 되었다고 자평한다.

이번에 펴내는 사회과학총서 제2권에서는 1997년의 외환금융위기를 계기로 한국사회가 겪고 있는 구조 변화의 성격을 진단한다. 20세기 후반 한국은 정치적으로는 국민들의 지속적인 항쟁을 통해 군사정권에 의한 독재를 종식시키고 민주정권을 성립하는 성과를 거두었으며, 이와 동시에 경제적으로는 꾸준한 고성장을 통해 빈곤의 수렁에서 탈피하는 보기 드문 성공사례를 만들어냈다. 그러나 1997년은 한국사회의 발전과정에서 분명한 변곡점이었다. 이해에 우리는 남의 나라 이야기로만 들었던 외환위기를 직접 경험했을 뿐 아니라 헌정사상 처음으로 평화로운 정권교체를 이루어냈다. 1997년을 기점으로 한국사회의 큰 흐름이 바뀌고 있다는 데 많은 사람이 동의할 것이다.

우선 1997년의 정권교체를 계기로 한국은 정치적으로 크게 성장했다. 외환위기가 발생한 바로 그해인 1997년 대통령 선거에서 처음으로 평화적인 정권교체를 실현했을 뿐 아니라 그로부터 10년이 지난 2007년 대통령 선거에서 또 한 번 평화로운 정권교체가 이루어졌다. 이와 같은 민주주의의 발전은 한국사회를 들끓게 했던 치열한 민주화투쟁의 열기를 가라앉히고 지하에서 민주화운동을 하던 세력이 공식적인 정치의 장에 대거 참여하는 변화를 가져왔다. 민주화운동가들 가운데 일부는 사회정의와 민주주의의 성숙을 지향하는 정치세력이 되었지만 다른 일부는 그들이 그렇게 비판하던 기득권 세력을 합리화하는 정치노선을 택하기도 했다. 국민들을 정치적 관심으로 충전시키던 민주화라는 이슈가 퇴장하자 많은 사람들, 특히 젊은 세대가 정치적으로 무관심해졌으며 그 빈자리는 부의 축적과 경제적 성공이라는 물질적이고 개인적인 욕망으로 채워졌다. 민주주의에 대한 관심과 열망이 식은 사이 반석 위에 오른 듯했던 한국의 민주주의에 정권에 의한 방송 장악, 권력기관의 선거 개입 등 퇴행의 징조들이 나타나고 있는 현상은 눈여겨볼 일이다.

1997년 이후 한국사회가 경험하고 있는 또 다른 중요한 변화는 외환위기 이후 반세기에 걸친 7% 안팎의 고성장 추세가 4% 아래로 급격히 꺾였다는 점이다. 고성장의 추세만 꺾인 것이 아니라 그와 동시에 외환위기 이후 경기변동이 더욱 격렬해져서 거시경제의 불확실성이 높아졌다. 낮은 경제성장률과 불안정한 경기변동은 저소득층의 삶에 치명적인 상처를 입혔다. 그러나 이와 같은 상황에서도 여러 가지 위험분산의 수단과 방어장치를 갖고 있으며 또한 정보와 기회를 독점하고 있는 고소득층은 빠르게 부를 축적할 수 있었다. 그 결과 외환위기 이후 소득과 부가 양극화되는 현상이 공고히 자리 잡게 되었다. 산업구조 또한 대기업의 시장점유율이 갈수록 높아지는 추세를 보이고 있다. 이러한 추세가 지속된다면, 심지어 기회마저 양극화된 불평등의 사회가 고착되는 것은 아닌지 심히 우려하지 않을 수 없다.

민주주의 제도가 발전한 상황에서 서민계층의 빈곤화가 심화되기 시작하자 자연스레 사회적 약자 계층을 보호하는 일이 절박한 사회적 의제로 부각되었고 이러한 사회적 환경에서 서둘러 복지시스템이 확대되었다. 이렇게 복지제도가 양적으로 급성장하는 과정에서 양질의 복지시스템을 구축하려는 노력이 충분하지 못했던 것은 안타까운 일이다. 그러나 개발주의에 길들여진 사회의 다른 일면에서는 복지시스템을 개선 및 발전시켜야 한다는 관점과는 다르게, 복지시스템의 확충을 인기에 영합하는 정책, 심지어 좌파 내지 종북 정책이라고 비판하고 부정하는 목소리가 확성기를 타고 울려 퍼졌다. 복지제도에 대한 견해와 가치관의 차이를 두고 외환위기 이전과는 다른 새로운 양상의 이념적 대립이 형성된 것이다.

한국의 경제개발모형에서 가장 두드러진 특징 중 하나는 정부 주도형 경제개발이다. 정부는 민간기업의 인센티브를 통제하는 각종 수단을 갖고 있었는데, 그중 가장 핵심적인 것이 국유화된 금융기관을 통해 금융자금의 배분을 정책적으로 시행하는 것이었다. 물론 이 당시 대출금리는 시장금리를 크게 밑돌아서 금융기관으로부터 받은 대출은 보조금 성격의 융자였다. 1980년대까지 개발정부 아래 금융기관들은 정부의 지침에 따라 영업하면 되었고, 이윤 창출을 위해 스스로 금융 기법 및 상품을 개발해낼 인센티브가 전혀 없었기 때문에 책임질 일도 없었다. 이와 같은 관행 속에서 한국의 금융기관들은 경쟁력을 잃어갔다. 1990년대 초부터 본격적으로 시행된 시장자율화의 기조 속에서 금융기관들이 민영화되어 금융기업 또는 금융회사가 되었다. 또 규제가 완화되어 새로운 금융회사들이 대거 설립되기도 했다. 그러나 금융기업들은 무분별한 담보대출을 일삼았으며 이것이 기업들의 과도한 투자열기와 결합하면서 1997년에 마침내 외환위기라는 참사가 터지고 말았다. 외환위기로 부도위기에 몰린 대형 금융회사들은 정부의 구제금융에 의탁해 생명을 연장할 수 있었고, 이로써 민영화되었던 대형 금융회사들이 다시 정부의 소유가 되거나 그 영향력하에 들어가고 말았다.

금융산업은 국가의 금융자원을 효율적으로 적재적소에 배분하는 역할을 수행해야 한다. 그러나 외환위기 이후 한국의 금융시장은 대형 금융회사 중심으로 재편되면서 독과점과 도덕적 해이가 한층 더 심화되었고 이 때문에 시장실패와 비효율성이 더욱 가중되었다. 최근 대형은행들은 막대한 이윤을 얻고 있는데 이는 그들의 경쟁력의 산물이 아니라 독과점 프리미엄이라고 보는 것이 타당할 것이다. 관치금융의 관행을 끊어내고, 금융시장에 공정한 경쟁을 확립하고 활성화시키지 않는다면 한국경제의 성장동력을 회복하는 일은 거의 불가능하다고 보아야 한다.

외환위기 이후 한국의 산업정책은 고부가 첨단산업의 육성에 더욱 집중되었다. 정부는 인터넷망에 집중적으로 투자해 선진국을 능가하는 인터넷 인프라를 구축함으로써 IT창업 붐의 환경을 제공했으며 인터넷 강국으로 부상했다. 또한 정부의 정책과 기업들의 부단한 노력의 결과로 한국의 반도체 및 가전제품 산업이 세계 시장을 석권하는 성과를 거두기도 했다. 인터넷과 무선통신의 확산, 그리고 이를 기반으로 한 SNS의 급속한 보급은 새로운 문화현상으로 자리 잡고 있다. 우리는 언론기관이 독점하던 기존의 일방적인 정보 전달과 여론 형성의 기능이 대중이 직접 참여하는 쌍방향적인 소통의 형식으로 일정 부분 대체되어가는 과정을 경험하고 있다. 신산업, 신기술에 기반을 둔 새로운 이윤 창출로 시작된 IT산업의 성장은 더 이상 단순히 일차원적 경제현상으로 이해할 수 없으며, 한국사회의 문화와 정치지형에 심대한 변화를 몰고 오고 있다.

얼핏 반추해보아도, 1997년을 기점으로 한국사회는 분명히 크게 선회하고 있음을 알 수 있다. 이 방향 전환은 과연 한국사회가 한 단계 더 발전하기 위한 용트림인가 아니면 한국사회의 퇴행을 알리는 서막인가? 이 질문에 대한 답을 얻기 위해서는 현재 우리가 경험하고 있는 변화가 어떤 것인지, 그러한 변화의 기저에 어떤 힘이 작용하고 있는지를 객관적으로 이해해야만 한다. 이와 같은 이해가 바탕이 될 때 비로소 우리 사회가 더욱 발전적인 방향으로 나아가기 위해 어떤 노력이 필요할지 좀 더 유익한 논의가 이루어질 수 있을 것이다.

이 총서는 한국사회의 현주소를 다양한 시각에서 종합적으로 이해하려는 시도로 기획되었다. 이 책이 한국사회에 대한 이해와 발전방향의 모색에 기여할 수 있기를 희망한다.

연세대학교 빈곤문제국제개발연구원장

김창수

제1장

통계지표로 본 외환위기 이후 한국사회의 구조 변화

이태정 | 연세대학교 경제학과 교수

해방 후 한국의 역사는 압축의 역사이다. 서구사회가 수백 년에 걸쳐 이룩한 사회적 변화를 수십 년의 짧은 기간에 압축해서 실현했기 때문이다. 그렇게 숨 가쁘게 달려온 한국사회는 1997년 외환위기를 기점으로 또 다른 양상의 변화를 경험하고 있다. 외환위기 이후 한국의 일부 기업들은 크게 약진해 세계 시장을 주도하고 있으며, 한국경제는 2008년의 글로벌 경제위기를 선제적으로 헤쳐나가는 등 긍정적인 모습을 보였다. 그러나 외환위기 이후 한국경제의 가파른 성장세가 꺾였을 뿐 아니라 최근 들어 오히려 선진국보다 낮은 성장률을 기록하기도 했다. 또한 빈익빈 부익부의 심화로 대기업과 중소기업, 고소득층과 저소득층 간의 격차가 더 벌어지고 이로써 사회적 갈등과 반목의 골이 더 깊어진 것도 외환위기 이후 한국경제가 경험하고 있는 두드러진 현상 중 하나이다.

정치적으로는 외환위기 이후 선거에 의한 평화로운 정권교체가 두 번이나 이루어졌다. 1960년대, 1970년대, 그리고 1980년대의 험난했던 민주화

운동이 드디어 결실을 맺고 한국의 민주주의가 반석 위에 오른 것처럼 보였다. 그러나 재벌과 정치권력의 재유착, 정권에 의한 언론 장악 또는 언론권력에 의한 정치 장악, 권력기관을 동원한 부정선거 등 최근 들어 불거지고 있는 민주주의 퇴행의 조짐들은 한국 정치발전의 현주소를 되묻게 한다.

외환위기 이후 경험한 경제성장의 둔화와 민주주의 발전은 필연적으로 복지제도의 확대를 가져왔다. 국민연금제도, 실업보험, 기초생계지원의 확대를 통해 복지제도가 강화되었으나, 이러한 확대 과정에서 여러 가지 부작용이 노출되어 그 방법과 속도를 놓고 논란과 갈등의 골이 깊어졌다. 급기야 복지정책을 둘러싼 의견 대립이 이념적 대립의 양상을 보이면서 사회적 분열의 불쏘시개가 되고 말았다.

1997년 발생한 외환위기를 극복하는 과정에서 정부는 IT 관련 인프라를 구축했고 IT업종에 불어닥친 창업 열기를 통해 한국의 정보통신산업은 한국경제뿐 아니라 세계 경제를 선도하는 위치를 차지하게 되었다. 나날이 새롭게 개발되는 정보통신 기술들과 상품들은 한국사회의 생산, 소비와 같은 경제적 차원을 넘어 사회적 관계와 여론 형성, 정치에까지 깊이 스며들어 한국사회를 변화하게 만드는 중요한 매개체 내지 촉매제로 자리하고 있다. 그러나 최근 한국의 정보통신산업은 창의성을 바탕으로 한 콘텐츠 경쟁에서 선진국들에 밀리고 있으며, 확인되지 않은 사실에 근거한 인신공격과 비방이 난무하고, 최근에 드러난 바와 같이 권력기관이 소셜네트워크서비스(SNS)를 이용하여 여론을 조작하는 일이 발생하는 등 심각한 부작용이 나타나고 있다.

1997년 외환위기 이후 한국사회가 겪고 있는 이러한 변화들을 어떻게 규정해야 할 것인가? 과연 이 같은 변화는 한국사회가 질적으로 한 단계 성장하기 위한 잠깐 동안의 숨 고르기 과정의 일부인가, 아니면 남미의 여러 국가들이 20세기 중반에 경험했던 경제와 정치의 끝없는 퇴행과 추락의 시작인가? 오늘날 우리가 경험하고 있는 구조적 변화의 성격을 어떻게 인식하느냐에 따라 대응방식도 달라질 수밖에 없을 것이다. 따라서 우리가 서 있는 현 위치에 대한 올바른 인식이 중요하지 않을 수 없다.

이 글에서는 한국의 경제, 정치, 사회구조의 변화 추이를 통계지표를 통해 개관함으로써 이러한 논의에 필요한 재료를 제공하고자 한다. 제1절에서는 한국전쟁 이후 최근에 이르기까지 한국사회가 이룩한 경제성장과 정치발전의 추이를 개관하고 외환위기 이전과 이후의 특징을 대비한다. 제2절에서는 출산율 감소와 평균수명 증가로 나타나는 인구구조의 변화가 정치, 경제, 사회에 미치는 영향에 대해 살펴보고, 제3절에서는 외환위기 이후에 관찰되는 노동시장의 구조적 변화를 청년실업률의 증가와 고용의 질 악화를 중심으로 개관한다. 제4절에서는 외환위기 이후 관찰되는 금융시장의 구조와 관행, 그리고 사회 구성원들의 금융 관련 행태에서 눈에 띄는 변화가 무엇인지를 논의한다. 제5절에서는 외환위기 이후 가속된 소득과 시장점유율의 집중 내지 양극화 현상의 추이를 살펴보고, 대중이 느끼는 경제민주화의 후퇴가 무슨 의미인지에 대해 짚어본다. 제6절에서는 경제민주화와 성장잠재력 간의 유의적인 상관관계 또는 인과관계를 정량적으로 판단하고 이를 바탕으로 경제민주화가 성장잠재력에 미치는 효과, 그리고 주어진 성장률을 유지하기 위해서 필요한 경제민주화의 발전 정도는 얼마만큼인지를 추계해본다.

1. 경제성장과 정치발전

1950년에 발발하여 3년간 지속된 한국전쟁은 인류 역사상 보기 드문 파괴적 전쟁이었다. 이로써 한국은 국토가 황폐화하는 쓰라린 경험을 했다. 〈그림 1.1〉에서 보는 바와 같이 한국전쟁이 끝난 1953년 한국의 1인당 국내총생산(GDP)은 2005년 미국달러 가치로 환산할 때 385달러밖에 되지 않았다. 이는 세계에서 가장 빈곤한 국가로 분류되는 수준의 소득이었다. 그러나 전후 1950년대의 준비기간을 거쳐 1960년대 초부터 시작된 고도의 압축성장과 산업화를 통해 한국경제는 엄청난 변화를 경험했다. 2007년의 1인당 GDP는 2005년 미국달러 가치로 2만 373달러에 달해 세계 40위권에 들어 중진국 중 상위권 수준이다. 규모 면에서는 한국의 총 GDP, 무역액, 제조업 생산액 등이 세계 10위권을 차지하고 있어 한국경제의 세계적인 위상이 간단치 않음을 말해준다.[1] 세계에서 가장 가난한 국가 중 하나였던 한국은 이러한 변신을 통해 1996년 선진국 협의체인 경제협력개발기구(OECD) 회원국이 되었고, 2010년 1월부터 OECD 산하 개발원조위원회(DAC)의 공식 회원국이 되었다. 한국은 원조 수혜국에서 공식적인 원조 공여국으로 변신한 역사상 최초의 사례가 된 것이다. 불과 60년에 이루어낸 한국의 경제적 성과는 '한강의 기적'이라 불리기에 손색이 없다.

한국의 실질GDP는 1953년부터 2009년까지 56년간 연평균 7.6%씩 성장해왔다. 연도별로 부침이 있었지만 56년 동안 평균경제성장률을 7.6% 수준으로 유지한다는 것은 정말 어려운 일이 아닐 수 없다.[2] 전 세계가 부러워하는 한국 경제성장 신화의 실체가 바로 이것이다. 그러나 성장률을

1) 세계은행(World Bank)이 집계한 데이터 기준상 2008년 미국발 금융위기로 1인당 GDP는 2만 달러 아래로 떨어졌으나, 2011년 다시 2만 2,388달러를 기록했다. 2011년 한국의 경제규모는 세계 15위, 1인당 소득수준은 세계 42위이다(http://data.worldbank.org/indicator/NY.GDP.MKTP.CD).

2) 1953년부터 2012년까지의 연평균 실질GDP성장률은 7.4%이다. 최근 들어 경제성장세가 약화되고 있음을 알 수 있다.

그림 1.1 **한국의 1인당 실질GDP**

(단위: 달러)

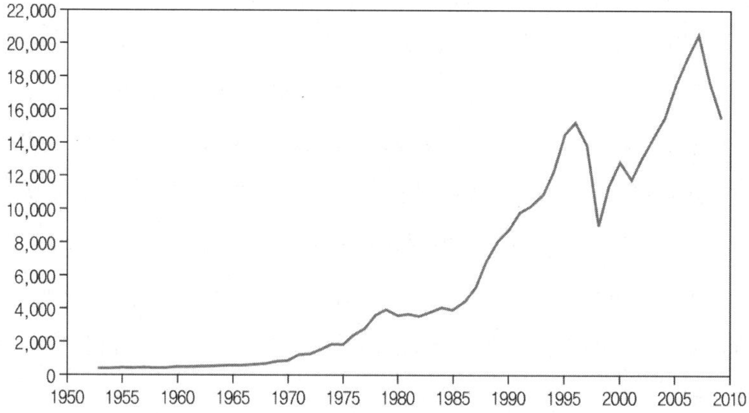

자료: 한국의 달러 표시 명목 GDP(국가통계포털, 1970년 이후/ 한국은행 경제통계국, 1970년 이전), 한국의 인구통계(국가통계포털), 2005년 기준 미국의 GDP 디플레이터[http://www.bea.gov/national/index.htm#gdp(US BEA)]를 이용하여 계산했다.

그림 1.2 **연간 실질GDP성장률과 10년 평균 실질GDP성장률**

(단위: %)

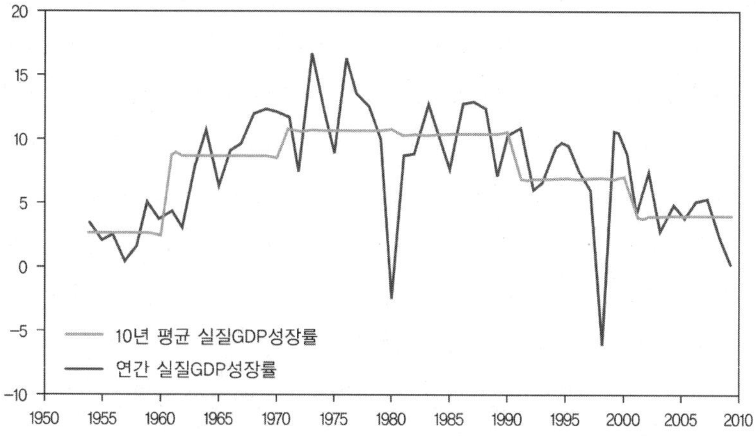

자료: 연간 실질GDP성장률과 10년 평균 실질GDP성장률은 〈그림 1.1〉에서 사용한 2005년 기준 연간 실질GDP 데이터를 이용해 계산했다.

10년 단위로 나누어 살펴보면 1980년대 이후 연평균 경제성장률의 뚜렷한 하향세를 발견하게 된다. 1953년부터 2009년까지 실질GDP의 연간성장률을 10년 단위의 연평균으로 계산해보면 〈그림 1.2〉에 요약된 바와 같다.

한국전쟁 직후부터 1959년까지의 연평균 실질GDP성장률은 2.7%에 지나지 않았으나, 1960년대에는 연평균 실질GDP성장률이 8.8%로, 그리고 1970년대에는 10.7%로 크게 높아졌다. 이런 고성장의 기조는 1980년대에도 10.4%로 유지되었으나, 1990년대에 들어오면서 7.0%로 하락하기 시작했고 특히 외환위기 이후인 2000년대에는 4.0%까지 하락했다. 2011년과 2012년의 성장률이 3.7%와 2.0%였던 것을 감안하면 2000년대의 성장 둔화는 일시적인 현상이 아닐 가능성이 높다.

외환위기 이후의 성장 둔화에 대해서는 많은 사람들이 관심을 표시해왔고, 한국경제가 하루바삐 해결해야 하는 중요한 문제라는 공감대가 이미 형성되어 있다. 그러나 어떤 방식으로 성장동력을 회복시킬 수 있는지에 대해서는 여러 가지 의견이 상충하고 있고, 이 의견들 사이에 합의점을 도출하지 못하고 있다. 성장동력을 어떻게 회복할 것인지에 대한 방안은 성장 둔화의 원인이 무엇인지에 대한 인식에 따라 크게 다르다. 예를 들어 20세기 후반 일부 동아시아 국가들의 고성장은 생산요소 투입량의 급격한 증가에 의해 이루어진 것이지 기술이나 효율성의 향상에 의해 이루어진 것이 아니라는 알윈 영(Alwyn Young)의 연구결과(Young, 1995: 641~680)를 바탕으로 폴 크루그먼(Paul Krugman)은 동아시아 국가들의 고성장은 지속가능하지 않다고 예언한 바 있다(Krugman, 1994: 62~78). 이들의 주장처럼 한국의 성장동력 저하가 자본의 한계생산성 체감 때문에 발생하는 필연적인 결과라면 한국경제가 성장동력을 회복하기 위해서는 공장을 짓고 생산설비를 확장하는 투자보다 기술개발과 생산성 증대를 위한 투자와 구조개혁에 집중해야 한다. 경기회복을 위해 대통령이 재벌 총수들을 만나 적극적인 투자를 부탁하는 것은 부질없는 일이라는 것이다.

또 다른 한편에서는 한국경제가 성장동력을 상실한 원인이 지나친 부와 시장점유율 집중에 의해 중산층이 와해되고 내수시장이 붕괴하는 등 시장실패가 만연하고 있기 때문이라고 진단한다.[3] 만약 이것이 성장 둔화의 원인이라면 시장의 독과점을 강력히 규제하고 공정한 경쟁을 정상화하는 노력과 중산층을 두텁고 강하게 하는 정책을 일관성 있게 지속할 때 한국경제의 정상화 내지 성장잠재력 회복이 가능할 것이다. 이러한 맥락에서는 복지정책이 분배정책일 뿐 아니라 성장촉진정책의 역할을 하게 된다. 지난 대선에서 화두가 되었던 경제민주화가 한국경제 회생의 돌파구라는 주장은 이러한 문제의식과 궤를 같이한다.

외환위기 이후 한국의 경제성장 둔화에 대해서는 많은 사람들이 문제의식을 갖고 그 나름대로 원인을 이해하고 이에 대한 해결책을 모색하기 위해 노력하고 있다. 그러나 외환위기 이후 관찰되는 경제성장률과 관련된 중요한 변화 중에 사람들의 관심을 별로 끌지 못했던 사항이 있다. 연간 경제성장률의 변동성이 급격히 높아진 것이 바로 그것이다. 한국전쟁 직후인 1950년대 연간 실질GDP성장률의 표준편차는 1.5%포인트였다. 고성장이 시작된 1960년에는 표준편차가 3.3%포인트로 증가했고, 1973년과 1979년 두 차례에 걸친 석유파동을 경험했던 1970년대에는 5.5%포인트로 급상승했다. 그러나 1980년대에는 2.2%포인트로, 그리고 외환위기 직전인 1990년부터 1997년에는 1.9%포인트로 안정화되었다. 그러던 것이 외환위기 이후인 1998년부터 2000년대에 들어서는 4.3%포인트로 급증했다. 두 번이나 석유파동을 겪었던 1970년대를 제외하고는 가장 높은 수준이다. 또한 직전기간과 비교할 때 가장 큰 폭의 증가를 기록하고 있다. 연간

3) 이와 같은 논의는 Lee(2013), 김상조(2012) 참조.

실질GDP성장률의 변동성이 크게 증가했다는 것은 경제주체들이 더 큰 불확실성과 위험에 직면하고 있음을 말한다.

평균소득수준의 높낮이만큼이나 중요한 것이 그 평균적인 수준을 얼마나 안정적으로 유지할 수 있는가이다. 평균소득수준이 그대로 유지된다 하더라도 소득의 흐름이 불규칙해지면 삶의 질이 크게 떨어질 수밖에 없는데, 하물며 성장률이 둔화되면서 그와 동시에 불확실성이 커지는 상황에서 저소득층과 중산층에 미치는 타격은 가공할 만한 위력을 발휘하게 된다. 불확실성과 위험의 증가는 상대적으로 안정적인 소득의 흐름을 갖고 있고 위험을 분산시킬 수 있는 여러 가지 수단을 소유한 고소득층에게는 상대적으로 영향을 덜 미친다. 그러나 불확실성과 위험이 커지면 임시직·일용직 등과 같은 저소득층의 소득의 흐름이 상대적으로 더 불규칙해지는데, 저소득층은 위험을 분산시킬 수 있는 수단이 없기 때문에 불확실성의 증가는 저소득계층에게는 치명적인 악영향을 미칠 수 있다. 따라서 외환위기 이후 관찰되는 소득의 흐름의 불확실성과 경제적 위험의 심화라는 현상도 경제성장 둔화에 못지않게 심각한 문제이며, 이에 대한 대응책 마련에 신중을 기해야 할 필요가 있다. 요동치는 경제의 흐름 속에서 나락으로 떨어진 경제주체를 일으켜 세워 다시 정상적인 경제활동이 가능하도록 지원함으로써 시장경제가 건강하게 지탱될 수 있도록 뒷받침하는 보호장치가 그 어느 때보다 절실히 요구되는 것이다.

대한민국은 지난 60년의 세월에 걸쳐 고도의 경제성장을 이루어냈을 뿐 아니라 정치적인 면에서도 괄목할 만한 민주주의의 발전을 이루었다. 한국은 1945년 일제로부터 해방된 이후 민간정부와 군사정권에 의한 독재를 겪었지만 국민의 열망과 희생에 힘입어 1990년대에 들어서면서 민주주의 국가 건설에 성공했다. 제2차 세계대전 이후 독립한 신생국들 중 한국과 같이 경제와 정치분야에서 동시에 괄목할 만한 발전을 이루어낸 경우는

그림 1.3 남북한의 정치발전과정 비교: Polity IV Index로 본 민주화 과정

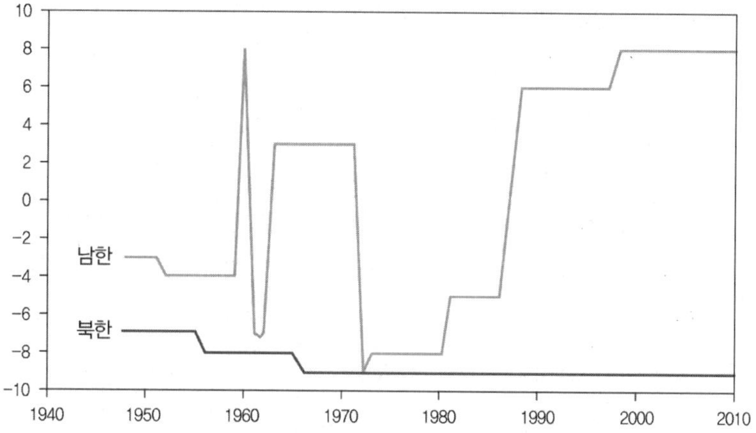

자료: http://www.systemicpeace.org/polity/polity4.htm

거의 없다고 해도 과언이 아니다.

〈그림 1.3〉은 1948년 정부수립 이후 남한과 북한의 Polity IV Index를 보여준다.[4] 북한은 그 시작부터 전제주의적 정치체제의 성격을 갖고 있었으며 시간이 흐르면서 권위주의적 성향이 더욱 심화되어온 것을 알 수 있다. 남한의 경우 민주주의를 표방하고 수립된 이승만 정권 역시 북한의 김일성 정권보다는 덜 하지만 전제주의적 성향을 띠고 있었던 것으로 평가

4) Polity IV Index는 Center for Systemic Peace가 -10~+10점의 스케일로 각 국가의 전제주의적 성향 또는 민주주의적 성향을 평가하는 지표이다. 이 지표가 마이너스값이면 전제주의적(권위주의적) 정치체제라는 의미이고 그 절댓값이 커질수록 전제주의적 성향이 강하다는 것이다. 이 지표가 플러스값이면 민주주의적 정치체제라는 의미이고 그 값이 커질수록 민주주의가 성숙하다는 것이다. 이 지표는 인구 50만 명 이상의 167개국의 민주화(권위주의) 정도를 1800년부터 2012년까지 연도별로 평가하고 있다. 현재 유럽과 북미의 선진국들은 대부분 민주주의가 완전히 성숙했다는 의미로 10점 만점의 평가를 받고 있다.

된다. 4·19혁명으로 이승만 대통령이 하야하고 장면 정부가 수립되면서 민주화지표가 잠시 +8점까지 급상승했으나, 박정희에 의한 쿠데타로 1961년과 1962년의 민주화지표는 북한과 비슷한 수준으로 추락했다. 1963년 대선에서 박정희가 민간인 신분으로 대통령에 당선됨으로써 민주화지표는 다시 +3점 수준으로 상승했다. 그러나 1972년 유신헌법이 공표되면서 민주화지표는 다시 -9점까지 추락했고 1979년 박정희의 사망까지 민주화지표는 -8점 수준에 머물렀다. 1980년부터 1987년까지 전두환에 의한 또 다른 쿠데타에 의해 권위주의적인 군사정권이 계속되면서 민주화지표는 -5점 수준에 머무르게 되었다. 1987년 민주화의 봄을 거쳐 국민투표에 의한 대통령 선거가 복원되면서 1988년부터 민주화지표는 +6점 수준으로 크게 상승했다. 외환위기가 발생했던 1997년에 한국 정치사상 처음으로 선거에 의한 평화로운 정권교체가 이루어졌고 이에 따라 민주화지표가 +8점 수준으로 상승했다. 그리고 2007년 선거에 의한 또 한 번의 평화로운 정권교체가 이루어졌으나, 민주화지표는 여전히 +8점을 유지하고 있다. 새뮤얼 헌팅턴(Samuel Huntington)은 한 국가에서 평화적으로 정권이 최소한 두 번 바뀌어야 민주주의가 비로소 정착되었다고 할 수 있다고 말했다(Huntington, 1991). 이 말에 비추어볼 때 평화로운 정권교체가 두 번째로 이루어진 2007년 한국의 민주화지표가 상승했을 법도 한데 그렇지 못했다는 사실은 현재 한국 민주주의의 한계점에 대한 주의 깊은 고찰이 필요함을 시사한다.

한국의 경제발전과정과 정치발전과정을 연결시켜보면 재미있는 현상을 발견할 수 있다. 한국의 압축성장의 이면에는 군사정권에 의한 개발독재라는 어두운 그림자가 짙게 드리워 있다. 1990년대 초 문민정부가 들어섰고, 1997년에 최초로 평화로운 정권교체가 이루어졌으며, 2007년에는 다시 한 번 정권교체가 이루어지는 민주화의 발전을 경험했다. 그러나 공고롭게도 이와 같이 민주주의가 자리를 잡아 정치발전이 이루어지는 시기는 한국의 경제성장이 둔화되는 기간과 정확히 겹치고 있다.

이러한 현상을 어떻게 해석할 수 있을까? 우리 사회에서 보수를 자처하는 사람들 중의 일부는 높은 경제적 성과를 위해서는 권위주의적인 정부의 개입이 불가피했다고 주장한다. 더 극단적인 사람들은 민주화와 고성장을 동시에 달성할 수 없다고 주장하기도 한다.[5] 여기서 한발 더 나간 사람들은 한국의 성장동력을 회복하기 위해서는 권위주의적 정부 주도형 경제로의 회귀가 불가피하다고 강변하기도 한다. 박정희 시대로 돌아가야 한다는 것이다. 그러나 다른 일각에서는 지금의 경제적 정체가 개발독재 체제 아래 형성된 관 주도형 경제시스템이 정치적 민주화에 걸맞는 민간경제 위주의 정상적인 시장경제시스템으로 전환되지 못했기 때문에 생긴 부작용의 산물이라고 주장한다. 관료들의 편파적인 대기업 비호 속에 공정한 경쟁이 펼쳐지지 못하고 소수에 의한 경제력의 집중이 심화되고 소득분배가 양극화되면서 중산층이 와해되고 내수시장이 위축되면서 중소기업이 도산하는 악순환의 고리가 형성되었다는 것이다.

2. 인구구조의 변화

한국의 전년도 대비 인구증가율은 1961년에는 3.01%였으나 정부의 인

5) 최초로 이와 같은 주장에 대한 근거를 제공한 것은 헌팅턴의 저서 『정치발전론(Political Order in Changing Societies)』이다. 그는 이 책에서 개발도상국이 경제적인 성과를 내기 위해서는 민주화보다 질서 유지와 정치적 안정화를 우선적으로 실현할 필요가 있다는 논리를 전개하여 학술적 논란의 중심에 섰다. 박정희 정권의 관료들에게 이 책은 필독서가 되기도 했다.

구억제정책에 의해 1960년대, 1970년대, 그리고 1980년대 중반까지 빠르게 감소했다. 그러다 1985년부터 외환위기가 발생한 1997년까지 인구성장률은 1%대에서 안정적으로 유지되었다. 그러나 1998년 이후 인구성장률의 급감소가 다시 시작되어 2012년에는 0.19%를 기록하고 있다(〈그림 1.4〉 참조). 이와 같은 급격한 인구성장률의 감소는 합계출산율의 급격한 하락이 원인인데, 2012년 한국의 합계출산율은 1.297명으로 세계에서 가장 낮은 수준이다.[6)]

통계청은 한국의 총인구가 2030년 5,216만 명을 정점으로 그 이후부터 감소하기 시작할 것으로 전망하고 있으며, 생산가능인구(15~64세 인구)는 2016년을 정점으로 그 이후부터 감소할 것으로 보고 있다(서운주·이지연, 2012). 〈그림 1.5〉에 나타나는 것처럼 2000년대에 들어오면서 생산가능인구 추이는 총인구 추이에 비해 증가세가 더 현저히 둔화되고 있다. 피부양인구(15세 미만 인구와 65세 이상 인구)는 1980년대 중반부터 완만한 감소세를 보이고 있다. 피부양인구의 감소는 〈그림 1.6〉에서 보는 바와 같이 15세 미만 인구의 감소가 65세 이상 인구의 증가를 압도하기 때문에 나타나는 현상이다.

낮은 출산율 때문에 인구성장률이 낮아짐과 동시에 기대수명이 급속히 증가하면서 한국사회는 세계 어느 나라에서도 찾아보기 힘든 초고속 고령화를 경험하고 있다. 남자의 기대수명은 1980년 61.8세에서 2010년 77.2세로, 여자의 기대수명은 같은 기간 70.0세에서 84.1세로 증가했다. 이로써 1980년의 중위연령이 1980년 21.8세에서 201년 37.9세로 증가했다(서운주·이지연, 2012). 통계청의 연령별 인구추계에 따르면 전체인구에서 65세 이상 인구가 차지하는 비중이 1980년 3.8%에서, 1990년 5.1%, 2000년

6) 합계출산율은 그 해에 태어난 신생아의 수를 가임여성(15~49세)의 수로 나눈 값이다.

그림 1.4 **전년도 대비 연간 인구증가율**

(단위: %)

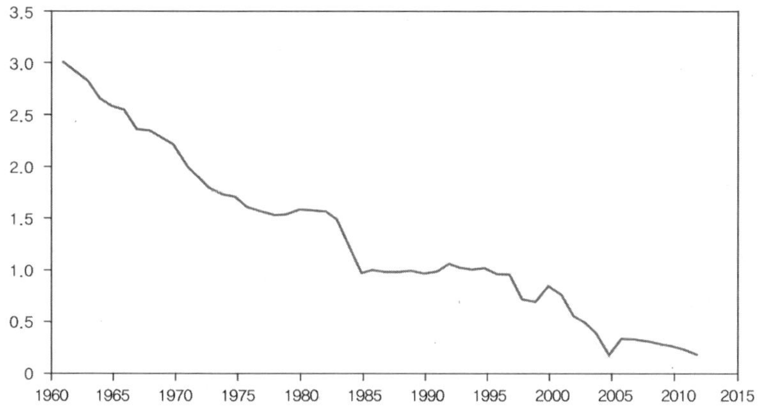

자료: 국가통계포털(통계청 추계 인구 데이터).

그림 1.5 **총인구, 생산가능인구, 피부양인구**

(단위: 천 명)

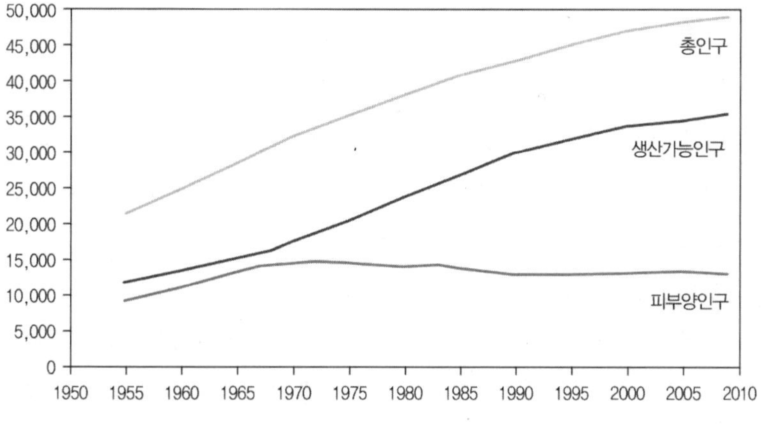

자료: 국가통계포털.

7.2%, 2009년 10.7%로 증가했고 2018년에는 14.3%까지 증가할 전망이다.

이와 같은 인구의 연령구조 변화는 피부양인구의 연령구조에서도 확연

그림 1.6 **피부양인구의 연령구조**

(단위: 천 명)

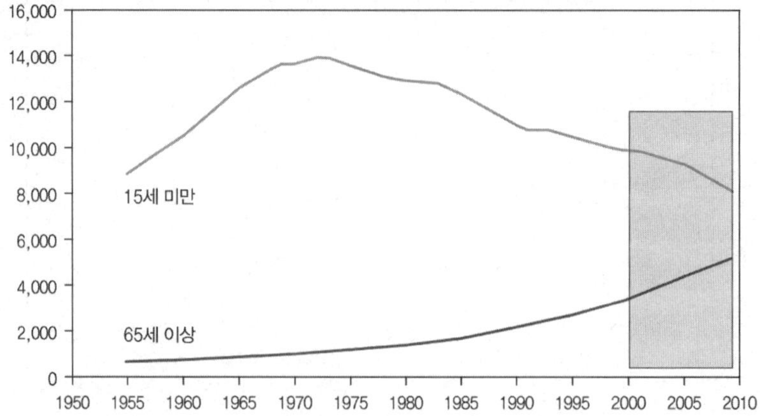

자료: 국가통계포털.

히 드러난다. 〈그림 1.6〉을 보면 2000년대에 들어서면서 15세 미만의 유년 피부양인구는 더 급격히 감소하는 반면, 65세 이상의 노년 피부양인구는 더 빨리 증가하는 것을 알 수 있다. 이에 따라 노인 1명을 부양할 수 있는 생산가능인구는 1990년 13.5명에서 2000년 9.9명으로 떨어졌고 2010년에는 6.7명까지 감소했다. 이러한 감소는 계속 이어져 2020년에는 4.6명, 2030년에는 2.7명까지 감소할 전망이다(서운주·이지연, 2012).

이와 같은 인구구조의 변화는 한국사회에 복합적인 시사점을 던져준다. 첫째, 생산가능인구의 감소는 성장잠재력의 하락에 직접적이고 치명적인 영향을 준다. 투입가능한 노동력의 감소를 무엇으로, 어떻게 만회할 것인가? 창의성을 기르는 교육을 통해 노동력의 질을 높이는 방법, 남녀 가사노동 분담, 육아휴가, 육아 후 노동시장 재진입 활성화 등을 통해 여성인구의 노동참여율을 높이는 방법, 그리고 문호개방을 통해 노동력을 외국으로부터 유입하는 정책을 더 적극적으로 펼치는 방법 등이 다각적으로 검토되어야 할 것이다.

둘째, 인구의 고령화와 생산가능인구의 1인당 부양부담이 증가함에 따라 피부양인구에 대한 부담을 고르게 나누어야 할 필요가 더욱 절실하게 대두된다. 이를 위해서는 현재 한국사회의 복지제도 수준이 훨씬 광범위하게 확대되어야 한다. 그러나 과연 한국사회가 이러한 필요에 대한 합의를 도출하고 이 문제를 해결하기 위한 제도적 장치를 도입할 수 있을 것인가? 지금까지의 과정을 볼 때 이는 쉽지 않을 것이다. 한국사회는 외환위기 이후 비로소 복지제도를 본격적으로 확충하기 시작했고 현재 시행되고 있는 복지제도는 자본주의 시장경제체제의 단점을 보완하여 경제시스템을 지속가능하게 하기 위해 필요한 최소한의 수준에서 크게 벗어나지 못하고 있다. 그럼에도 한국사회에서 복지제도의 도입과 확충에 대한 의견대립과 갈등은 심각한 수준이다. 이러한 상황에서 현재보다 훨씬 광범위한 복지시스템의 구축에 대해 공감하고 이 문제를 해결하기 위한 정책들에 대한 사회적 합의를 도출하고 실천하는 일은 더욱 어려운 과정이 될 것으로 전망된다. 한국사회가 생존하고 발전하기 위해서는 이 어려운 과제들을 지혜롭게 해결해나가야 한다.

셋째, 인구의 고령화는 이른바 '보수' 성향[7]의 국민비중을 증가시키는 경향이 있다. 앞으로 살아야 할 날이 이미 살아온 날보다 길지 않은 사람들은 자연히 변화를 기피하고 현상(status quo)에 안주하기를 원한다. 자유, 평등, 평화와 같은 이념적 가치의 실현보다 이미 쌓아놓은 부와 안정이라는 현실적 가치를 선호하고, 과정과 절차의 정당성보다는 결과에 집착하

---

7) 이러한 성향은 사실 전통과 원칙을 지킨다는 본래 의미의 보수(保守, conservatism)와는 매우 다르지만, 한국에서는 일부 '보수' 언론의 주도하에 이상에 기술된 성향의 사람들을 '보수'라고 칭한다.

는 경향을 보인다. 이런 '보수' 성향의 국민비중이 높아진다면 역설적으로 사회질서의 유지와 민주주의의 발전은 어려워질 수밖에 없다. 이 같은 상황을 정치공학적으로 이용하려는 세력이 반드시 나타날 것이고, 이는 사회적 퇴행을 부채질할 것이다.

3. 노동시장의 변화: 청년실업과 고용의 질 악화

최근의 경제환경에서는 젊은 세대에게 주어지는 경제적 기회의 문이 상대적으로 점점 더 좁아지고 있어 젊은 세대가 그들의 관심과 시간을 정치와 사회 문제에 기울이기 더 어려운 상황이 전개되고 있다. 예를 들어 전체실업률은 외환위기 이후 이전의 평균수준을 회복했지만 청년실업률은 외환위기 이전의 평균수준을 회복하지 못하고 있다. 〈그림 1.7〉에서 보는 것처럼 외환위기 이후 전체실업률은 외환위기 이전의 평균수준으로 회복되었다. 1970~1997년 평균실업률은 3.5%였고, 외환위기 직후인 1998년과

그림 1.7 **전체실업률과 청년실업률**

(단위: %)

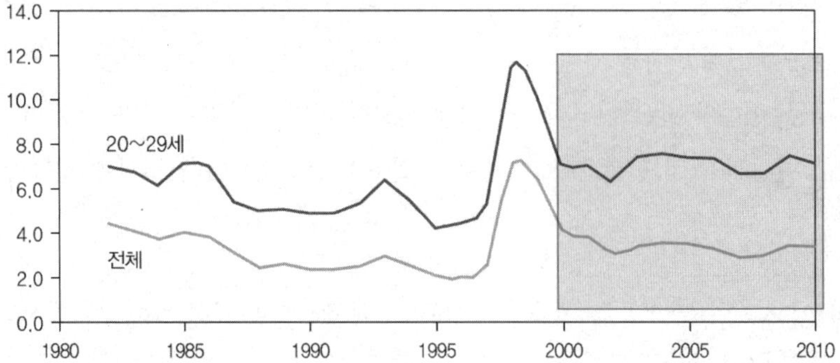

자료: 국가통계포털.

1999년의 실업률은 각각 7.0%와 6.3%였다. 그러나 2000~2009년 평균실업률은 3.4% 수준을 나타내고 있다. 물론 임시직과 비정규직, 그리고 영세자영업자의 비중이 증가하는 등 고용의 질이 외환위기 이전에 악화되었지만 적어도 양적지표로서의 실업률은 외환위기 이전 수준을 회복한 것으로 보인다. 이와는 대조적으로 청년세대의 실업률은 외환위기 이후의 평균이 외환위기 이전에 비해 유의적으로 높은 수준을 유지하고 있다. 1982~1997년 연평균 5.6%였던 청년실업률은 외환위기 직후인 1998년과 1999년에 각각 11.4%와 10.7%를 기록했다. 그 이후 청년실업률이 감소하기는 했으나 2000~2008년 연평균 청년실업률이 7.1%의 수준을 유지하고 있어 여전히 외환위기 이전에 비해 상황이 좋지 않음을 보여준다.

외환위기 이후 청년실업률이 그 이전 수준으로 떨어지지 않는 몇 가지 구조적 요인을 들어보면 다음과 같다. 첫째, 일자리의 특성과 취업 희망자의 특성 간 부조화가 심화되었다. 고졸자 70% 이상이 대학에 진학하는 상황에서 대졸자를 필요로 하지 않는 구인업체는 인력난에 허덕이고, 대졸자는 대졸자 대우를 해주는 일자리 부족으로 구직난에 허덕이고 있다. 이러한 현상은 〈그림 1.8〉을 통해 간접적으로 확인할 수 있다. 외환위기 이전에는 고졸자가 대졸자에 비해 낮은 수준의 실업률을 유지했지만 1998년 이후부터는 고졸자 실업률이 대졸자 실업률을 상회한다. 1982~1997년 고졸자 연평균실업률은 4.3%, 대졸자 연평균실업률은 4.6%로 대졸자 실업률이 약간 높았다. 외환위기 직후인 1998년과 1999년에는 고졸자 실업률이 8.3%, 7.6%로 치솟았고, 대졸자 실업률도 5.6%, 5.3%로 증가했다. 고졸자가 노동시장에서 외환위기로 더 심각한 타격을 입은 것이다. 이후 2000~2008년 고졸자 연평균실업률은 4.0%였고 대졸자 연평균실업률은 3.4%로 대졸자 실업률이 상대적으로 낮아졌다. 이와 같은 현상은 취업난에 몰린 대졸자 일부가 고졸자의 일자리까지 잠식함에 따라 고졸자가 일자리에서 밀려

그림 1.8 **교육수준별 실업률**

(단위: %)

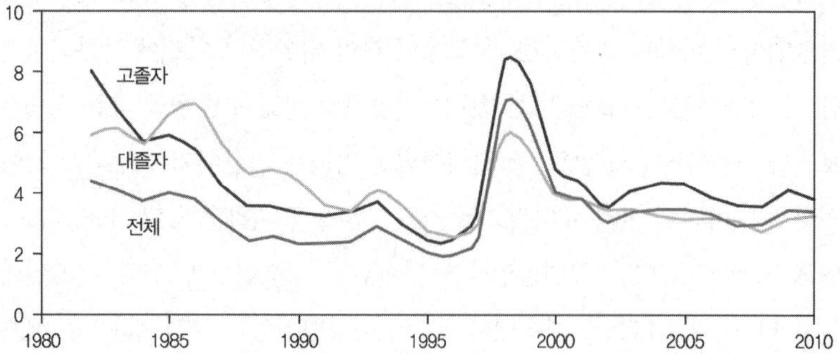

자료: 국가통계포털.

그림 1.9 **교육수준별 청년실업률**

(단위: %)

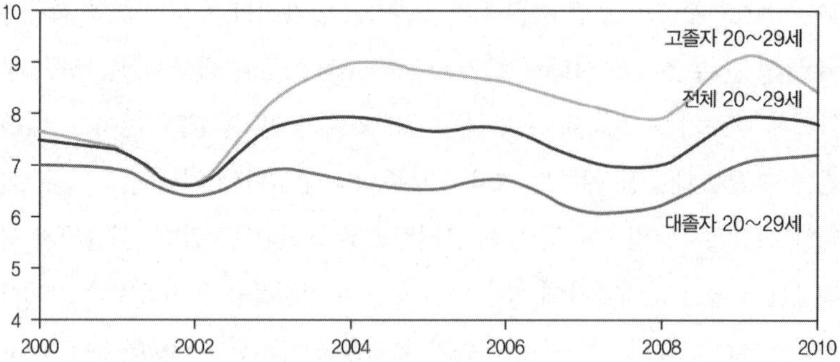

자료: 국가통계포털.

나고 있기 때문으로 추정된다.

2000년대의 청년실업률을 교육수준별로 나누어보면 〈그림 1.9〉에 나타나는 바와 같다. 2000~2010년 연평균 청년실업률은 7.5%였고, 연평균 고졸자 청년실업률은 8.1%, 연평균 대졸자 청년실업률은 6.7%였다. 청년계층에서 고졸자와 대졸자 간 실업률의 차이가 더 크게 나는 것을 알 수 있다. 즉, 고학력 노동자의 저학력 노동자 밀어내기가 청년계층에서 더 강하게 이루어지고 있는 것으로 보인다. 노동시장에 이제 막 진입하는 청년들에게 실업은 그들의 향후 임금과 진로에 장기간 영향을 미친다. 취업을 통해 경력과 경험을 쌓아 고급인력으로 성장하는 바탕을 마련해야 할 시기에 일자리를 아예 못 찾거나 할 수 없이 기대수준 이하의 일자리를 얻게 된다면 그 여파가 평생에 걸쳐 나타날 수 있기 때문이다. 또한 앞에서 살펴본 바와 같이 현재의 젊은 세대는 1인당 부양인구가 크게 늘어 창출한 소득의 상당 부분을 세금으로 납부해야 하는 부담을 안게 될 것이기 때문에 젊은 세대에 대한 배려와 투자가 더 적극적으로 이루어져야 할 필요가 있다. 젊은 세대가 치열한 생활현장에 내몰려 상대적으로 정치문제와 사회문제에 관심과 시간을 할애하기 어렵게 됨에 따라 이들 계층의 목소리와 이해가 사회적 의제에 제대로 반영되지 않는 현상은 청년계층의 상황을 더욱 어렵게 하는 악순환의 고리를 형성한다.

둘째, 외환위기 이후 기업들의 신입사원 채용방식이 크게 달라졌다. 외환위기 이전 대기업, 금융기관 및 공기업은 대학 졸업시점에 맞추어 1년에 두 차례씩 신입사원을 한꺼번에 많이 선발해놓고 관리하면서 필요가 발생하는 곳에 투입했다. 그러나 외환위기 이후 기업들은 인건비 절감을 위해 불필요한 노동력을 가능한 한 보유하지 않는 경영전략을 채택했고 이에 따라 필요할 때마다 인력을 조금씩 채용하는 상시고용체제로 전환했다. 따라서 대학을 갓 졸업하고 노동시장 진입을 시도하는 대졸자들이 취업시점과 졸업시점을 맞추는 일은 외환위기 이전에 비해 무척 어려워졌다. 졸업시점과 취업시점의 불일치는 노동시장의 마찰을 증가시켜 청년실업을 높이는 결과를 초래한다. 졸업 직전에 구직활동을 시작하지 말고 최소한 졸업 1년 전부터 구직활동을 본격적으로 시작해야 취업시점과 졸업시점의 불일치를 줄일 수 있다.

그림 1.10 **채용된 신입사원 중 무경력 신규 대졸자 비중**

(단위: %)

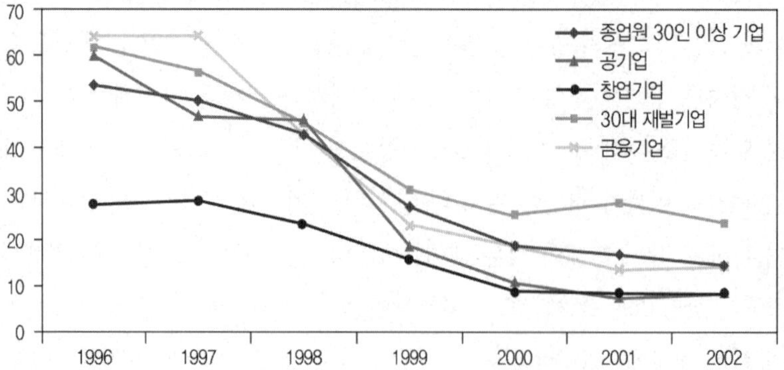

자료: 국가통계포털.

셋째, 외환위기 이후 달라진 인력채용방식의 또 다른 변화는 기업들이 노동시장에 갓 진입하는 신규 대졸자보다 경력자를 선호한다는 점이다. 〈그림 1.10〉에서 보는 바와 같이 소기업을 제외한 거의 대부분 기업(고용원 30인 이상의 기업, 30대 재벌기업, 공기업, 금융기업, 창업기업)에서 채용 신입사원 중 무경력 신규 대졸자 비중이 외환위기가 발생한 1997년을 기점으로 급격히 감소했다. 외환위기 이전인 1996년과 이후인 2002년을 비교해보면 30대 재벌기업의 경우 신입사원에서 신규 대졸자 비중이 60%에서 30%대로, 고용원 30인 이상의 기업의 경우 53%에서 18%로, 공기업의 경우 60%에서 10%로, 금융기업의 경우 65%에서 18%로 감소했다. 따라서 대졸자들이 기업들의 이러한 인력관리전략의 변화에 적응한다면 청년실업률이 상당히 낮아질 것으로 기대된다. 대학졸업 예정자들은 대기업이나 공기업에 바로 지원하지 말고 인턴십이나 중소기업 취업을 통해 경력을 충분히 쌓은 후에 원하는 직장에 지원하는 전략을 사용해야 취업에 성공할 확률을 크게 높일 수 있을 것이다.

외환위기 이후 청년실업문제 못지않게 심각한 문제가 고용의 질이 악화되고 있다는 점이다. 실업자들의 구직기간은 점점 짧아지는 추세이지만 취업자들의 주당노동시간은 줄어들고 있어 불완전고용의 문제가 심화되고 있다. 실업자의 구직기간과 취업자의 주당노동시간에 대한 데이터가 외환위기 이후인 2000년대 들어 수집되기 시작했기 때문에 실업자 구직기간과 취업자 주당노동시간이 외환위기를 전후하여 어떻게 달라졌는지를 비교할 수는 없지만 외환위기 이후 어떤 추이로 변하고 있는지는 파악할 수 있다.

먼저 실업자들의 평균구직기간은 2000년 3개월에서 2013년 2.5개월로 감소했다. 평균구직기간이 감소한 배경에는 3개월 미만 단기 실업자의 비중 증가와 6개월 이상 장기 실업자의 비중 감소가 있다. 3개월 미만 단기 실업자의 비중은 2000년 59.9%에서 2013년 63.8%로 증가한 반면, 6개월 이상 장기 실업자의 비중은 2000년 14.1%에서 2013년 7.9%로 감소했다.

실업자가 취업하는 데 소요되는 기간은 짧아지고 있지만 취업자의 고용의 질은 상대적으로 악화되고 있는 것으로 보인다. 〈그림 1.11〉에서 보는 바와 같이 취업자들의 평균주당노동시간은 2004년 48.7시간이었던 것이 2013년에는 43.1시간으로 줄었다. 취업자들의 주당노동시간이 감소한 것은 두 가지 상이한 원인이 작용한 결과라고 생각된다. 먼저 주 5일 근무 확산에 따른 정규직 노동자들의 근로시간 감소가 하나의 원인이다. 급여를 충분히 받는 노동자들의 경우에 근로시간의 감소는 후생 증대에 기여할 것이다.

그러나 노동자들의 근로시간이 감소한 또 다른 이유는 비정규직과 불완전고용이 증가했기 때문이다. 〈그림 1.12〉에서 보는 바와 같이 주당 36시간 이상 일하는 취업자의 비중은 2004년 87.2%에서 2013년 79.5%로 7.7% 포인트 감소한 반면, 17시간 미만 일한 취업자의 비중은 2004년 3.2%에서

그림 1.11 취업자의 평균근로시간

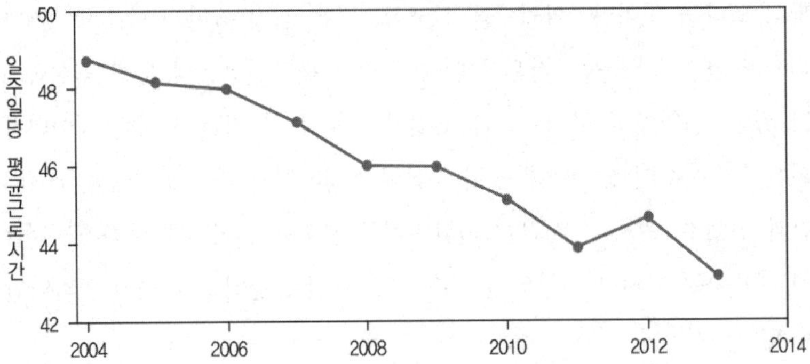

자료: 국가통계포털.

그림 1.12 취업자 중 17시간 미만 근로자와 36시간 이상 근로자의 비중

(단위: %, %)

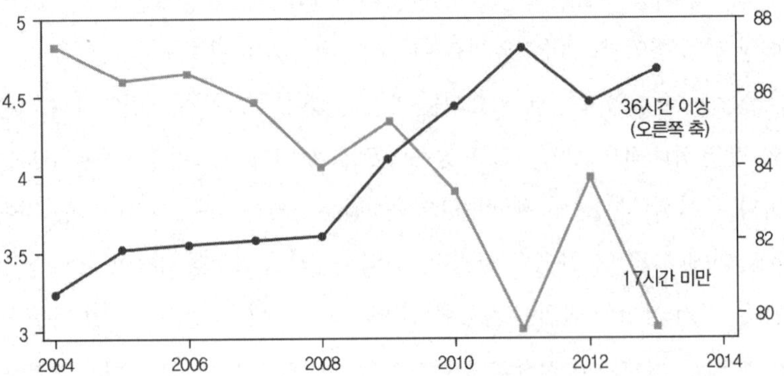

자료: 국가통계포털.

2013년 4.7%로 1.5%포인트 증가했다. 이 부분은 노동자들의 소득수준뿐 아니라 불확실성을 가중시켜 삶의 질을 악화시키는 요인으로 작용한다.

4. 금융시장: 저축과 투자, 그리고 국제수지

저축과 투자는 국내 금융시장에서 자금의 공급과 수요의 큰 두 축이다. 세계에서 가장 가난한 나라 중 하나였던 한국은 1950년대와 1960년대 중후반까지는 저축률이 15%에도 미치지 못했으며 1970년대 초에 가서야 20%를 상회하기 시작했다. 그 이후 저축률은 지속적으로 상승해 1985년 이후부터는 30%선을 상회하게 되었다. 1990년대에 들어서는 1997년 외환위기 발생 전까지 35%를 상회했으나, 외환위기 이후 30% 수준으로 다시 하락하여 지금까지 그 수준을 유지하고 있다.

1960년대 중반까지 15% 미만에서 맴돌던 투자 역시 1960년대 이후 가파르게 상승했고 투자율의 가파른 증가세는 1990년대 초까지 이어졌으며 1997년 외환위기가 발생하기 전까지는 35%가 넘는 높은 투자율을 기록했다. 이와 같은 현상이 영이나 크루그먼이 한국을 비롯한 동아시아의 고성장이 생산요소 투입량의 급격한 증가를 통해 이루어진 것이라고 결론지은 근거이기도 하다. 그러나 외환위기가 발생한 후 상황이 역전되어 1998년에 투자율이 급격히 감소했고 그 이후에는 25%에서 30% 사이를 오가는 수준으로 움직이고 있다. 투자의 부진은 앞에서 살펴본 생산가능인구의 감소와 더불어 한국경제의 성장잠재력을 낮추는 중요한 요인으로 작용하고 있음에 틀림없다.

저축과 투자의 추이를 금융자금의 수급이라는 측면에서 보면, 한국경제는 경제개발이 본격화된 1962년부터 외환위기가 발생한 1997년 이전까지는 대체로 금융자금이 부족한 순채무국이었다. 이 기간에는 1986~1989년의 잠깐 동안을 제외하고 투자율이 저축률을 거의 항상 상회했다. 부족한 투자재원은 당연히 해외로부터 도입할 수밖에 없었는데, 1960년대 중반까지는 미국의 원조자금이 중요한 역할을 했으나 차차 정부 및 기업의 해외

그림 1.13 **저축률과 투자율**

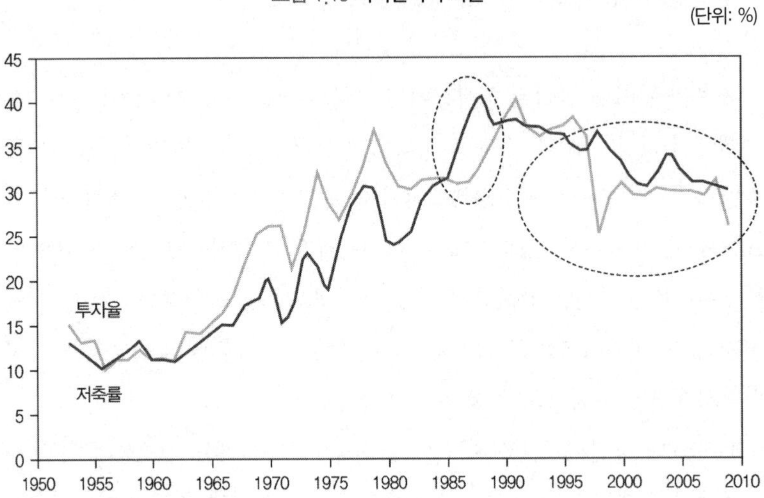

자료: 국가통계포털.

금융시장으로부터의 차입이 중요한 역할을 했다. 한국은 1980년대 중반 세계 3대 채무국의 반열에 오르면서 심각한 외채위기를 맞기도 했으나 〈그림 1.13〉에 표시된 것처럼 1980년대 후반에 반짝 찾아온 금융자금 공급의 잉여로 외채위기를 순조롭게 해결할 수 있었다.

그러나 1990년대에 들어서면서 다시 국내에서는 저축된 재원을 넘어서 해외자금에 의존하여 막대한 투자를 하는 패턴이 시작되었다. 이 시기에 자금이 부족했던 원인은 부족한 저축보다 과열된 투자열기였다고 보는 것이 타당하다. 이 기간의 이른바 '묻지 마' 투자광풍은 결국 1997년 외환위기를 불러온 원인 중 하나가 되고 말았다. 외환위기가 발생한 직후 투자율은 25%까지 급락했고 이후 투자가 외환위기 이전 수준으로 회복되지 않고 있다. 이에 따라 1998년 이후에는 저축률이 투자율을 지속적으로 상회하고 있다. 이는 외환위기 이후 저축률과 투자율이 모두 감소했으나 투자율

그림 1.14 **저축의 구성 변화**

(단위: %)

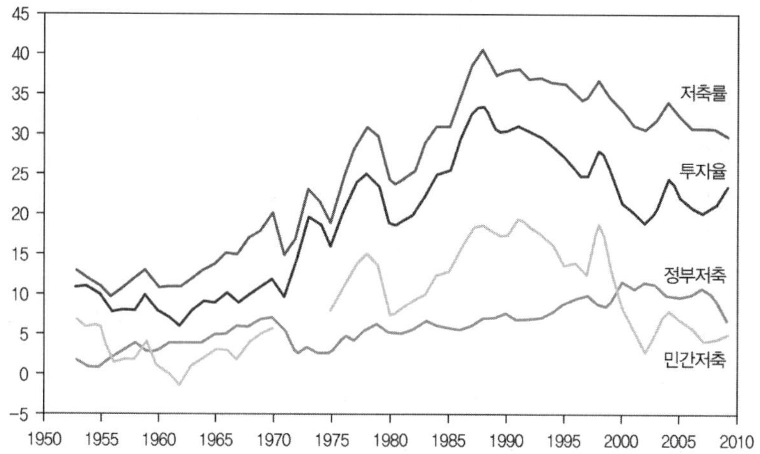

자료: 국가통계포털.

이 저축률에 비해 더 급격히 감소했기 때문이다. 외환위기를 계기로 한국 경제는 금융자금 잉여상태를 경험하고 있으며 이에 따라 이자율이 크게 하락했다. 3년 만기 국고채 금리를 기준으로 보면 외환위기 직전인 1996년 11.84%이던 것이 2008년에는 5.27%로 하락했다. 이자율의 하락세는 그 이후에도 계속 이어지고 있다.

외환위기 이후 발생한 또 다른 변화 중 하나는 저축구조의 변화이다. 〈그림 1.14〉에서 보는 바와 같이 저축의 구성은 외환위기 이후 크게 두 가지 측면에서 달라졌다. 첫째, 총저축에서 차지하는 민간저축의 비중이 줄고 정부저축의 비중이 상대적으로 커졌다. 외환위기 직전인 1996년에 총저축의 27.3%를 차지하던 정부저축은 2007년 그 비중이 34.4%까지 증가했다. 외환위기 이후 정부의 일반재정적자가 급속히 증가했음에도 총저축에서 정부저축이 차지하는 비중이 증가한 이유는 외환위기 이후 새로 만

그림 1.15 **정부재정수지**

(단위: 십억 원)

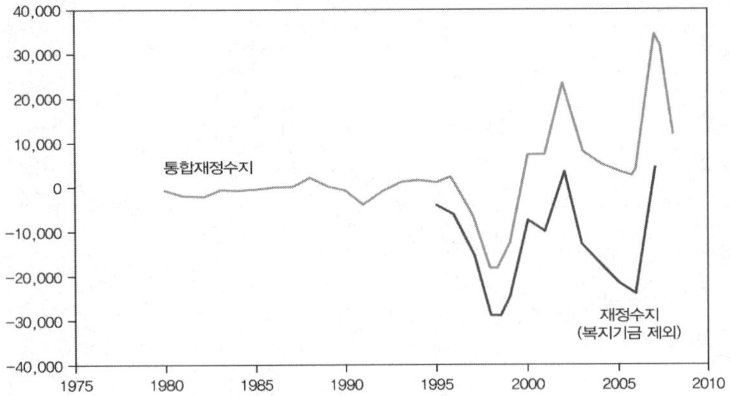

자료: 국가통계포털(통계청 데이터를 이용해 재구성).

들어지거나 강화된 각종 복지기금이 빠른 속도로 축적되고 있기 때문이다. 〈그림 1.15〉에서 보는 바와 같이 2000년 이후 통합재정수지는 큰 폭의 흑자로 돌아섰으나, 통합재정수지에서 복지기금을 빼고 나면 같은 기간 상당한 규모의 재정적자가 발생하고 있다는 것을 알 수 있다. 그러나 각종 연기금이 축적되어감에 따라 정부는 순저축을 하는 위치에 서게 되었다.

둘째, 민간저축은 주로 가계저축으로 이루어지는 것이 정상인데, 외환위기 이후에는 기업저축이 민간저축의 대부분을 차지하고 가계저축은 극히 왜소해지는 기형적인 구조가 나타났다. 외환위기 직전인 1996년 민간저축에서 가계저축이 차지하는 비중은 55.7%였으나, 2009년에는 그 비중이 21.0%로 급격히 추락했다. 민간저축의 빈자리를 기업저축이 채우는 기현상이 벌어지고 있다. 이러한 현상은 외환위기 이후 시중은행들이 기업대출보다 가계를 상대로 한 부동산 담보대출을 중심으로 영업전략을 바꾼 결과, 가계의 채무가 급증하여 가계가 금융자금의 공급자 역할을 하는 대신 금융자금에 대한 수요자 역할을 하게 됨으로써 벌어진 현상이다. 반면 외환위기 이후 재벌기업들은 국제결제은행(BIS) 기준을 맞추는 과정에서 부채의존도를 크게 줄였고 투자기회를 찾지 못한 자금을 사내유보금 형태로 수십 조씩 쌓아놓고 있는 실정이어서 오히려 기업이 유동자금을 축적하는 형국이 연출된 것이다. 기업들이 비정상적인 규모로 사내유보금을 쌓는 표면적인 이유는 외환위기 이후 불확실성이 증가하여 이에 대비하기 위한 방책의 하나로 유동성 자산을 비축하는 것이라고 하지만, 또 다른 이유는 기업에 대한 지분보유율이 매우 낮은 재벌 일가가 기업에 대한 경영권과 지배력을 유지하기 위한 수단으로 유동성 자산을 비축하는 것으로도 볼 수 있다.

금융자금과 더불어 한국경제가 항상 목말라했던 것은 외환이다. 외환 확보의 가장 전통적인 수단은 무역이다. 그러나 〈그림 1.16〉에서 보는 바와 같이 휴전이 선포된 1953년부터 외환위기가 발생한 1997년까지 한국이

그림 1.16 **무역수지**

(단위: 백만 달러)

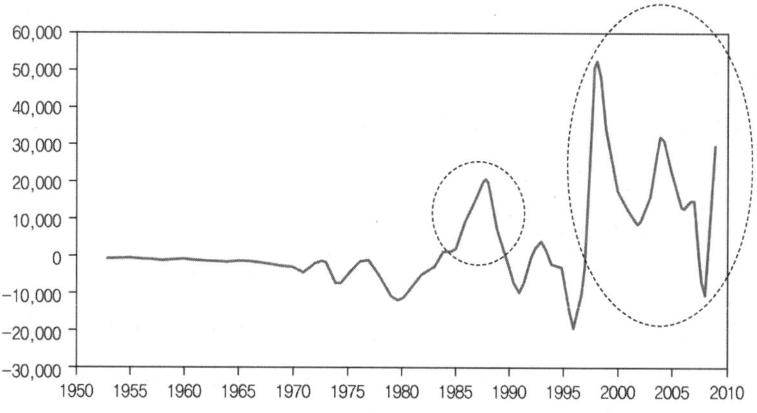

자료: 국가통계포털.

그림 1.17 **외환보유액**

(단위: 백만 달러)

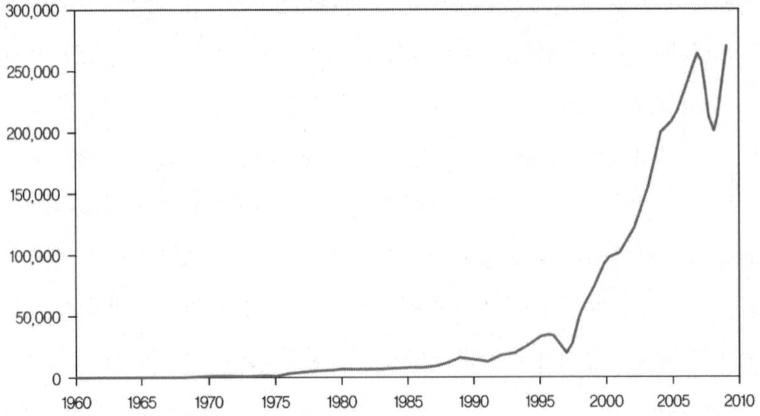

자료: 국가통계포털.

무역수지흑자를 경험한 것은 1985~1989년, 1993년뿐이었다. 생산활동을 위해 원자재와 자본재를 수입해야 했던 한국은 만성적인 무역수지적자를 경험했으며 따라서 무역은 외환이 유입되기보다 유출되는 경로였다. 이 시기 부족한 외환은 원조와 대외부채를 통해 메꾸었다. 그러나 1997년 외환위기 직후인 1998년 500억 달러가 넘는 무역수지흑자를 경험하고부터는 2008년을 제외하고 항상 무역수지흑자를 기록하고 있다. 2000년대의 무역수지흑자 행진은 고환율정책과 반도체, 가전, 통신기기, 철강, 조선, 자동차 등 일부 산업에서 한국제품이 국제시장을 주도하게 된 위상 변화가 상호작용한 결과라고 보아야 할 것이다.

무역수지흑자 기조에 힘입어 〈그림 1.17〉에서 보는 바와 같이 외환보유고 또한 사상 유례없이 가파르게 증가하고 있다. 외환보유고가 10억 달러를 처음 넘은 것은 1973년이었고 1988년에는 100억 달러를 넘어섰다. 외환위기가 발생한 1997년 외환보유고는 200억 달러 수준이었으나 그 후

그림 1.18 **대외의존도**

(단위: %)

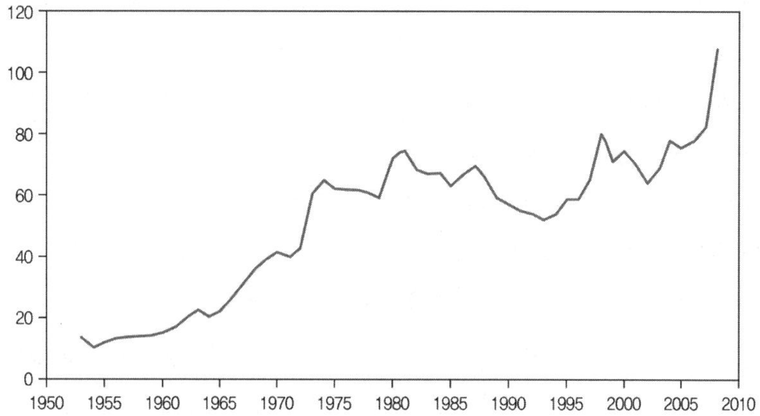

자료: 국가통계포털.

가파르게 증가하여 2009년에는 약 2,700억 달러에 달하게 되었다. 외환 확보라는 측면에서 보면 외환 부족 때문에 노심초사하던 한국경제의 상황이 1997년을 기점으로 완전히 바뀌었다.

외환위기 이후 한국의 무역수지가 개선되고 외환이 쌓여가는 동안 수출과 수입 등 무역은 크게 활성화된 반면, 내수시장은 상대적으로 위축되었다. 외환위기 이후 심화된 대외부분과 대내부분 간의 비대칭성은 대외의존도를 급격히 증가시켰다. 〈그림 1.18〉에서 보는 바와 같이 1970년대 중반부터 외환위기 전까지 60% 전후에서 안정적이던 대외의존도가 외환위기 이후인 1998년부터 가파르게 증가하고 있다. 급기야 2008년 한국의 대외의존도는 100%를 넘어섰다.

일본의 대외의존도가 30%대이고 미국의 대외의존도가 20%대라는 사실을 생각해볼 때 100%가 넘는 한국의 대외의존도는 명백히 과도한 것이다. 인구 500만 명 이하인 유럽의 소규모 국가나 홍콩이나 싱가포르 같은 중개

무역 의존도가 높은 도시국가를 제외하면 대외의존도가 100%를 넘는 경우가 거의 없다는 사실도 주목할 필요가 있다. 한국과 같은 자원빈국이 경제성장을 지속하기 위해서는 무역을 적극적으로 하지 않을 수 없다. 그러나 무역에 대한 의존도가 지나치게 높아지면 망망대해에 표류하는 배와 같이 국제시장의 파고에 심하게 흔들리는 불안정한 경제가 된다. 또한 재정정책이나 통화정책 등 각종 국내 경제정책을 통해 경제를 안정화하려는 노력이 효과를 발휘하기 어려워진다. 이것이 내수시장을 중심에 놓고 무역을 확대하기 위해 노력을 기울여야 하는 이유이다.

더구나 무역이 소수의 기업에 의해 주도되고 무역을 통해 이윤을 많이 낸 수출기업들이 창출된 이윤을 분배하거나 투자하지 않고 사내유보금으로 쌓아놓고 있는 현재와 같은 상황에서 무역 확대가 국내경제에 미치는 파급효과는 극히 제한적일 수밖에 없다. '수출만이 살길이다'라는 박정희 시대의 구호는 무역규모가 매우 작고 저소득으로 내수시장이 보잘 것 없는 가운데 원자재와 자본재를 대부분 해외에 의존해야 했던 절체절명의 상황에서 나온 것이다. 이제 GDP 규모로는 세계 10위권, 1인당 소득으로는 세계 40위권이며 5,000만 명에 이르는 인구규모의 한국경제는 내수시장을 키워서 경제의 무게 중심이 내수시장에 있도록 해야 국제경제환경의 변화무쌍한 흐름을 안정적으로 돌파해나갈 수 있을 것이다. 또한 그렇게 되어야 경제정책의 자율성이 회복될 수 있다.

5. 소득분배와 시장점유율의 집중: 경제민주화의 퇴행

외환위기 발생 이전까지 한국경제 고성장의 특징은 고성장과정에서도 소득이 지나치게 집중되지 않고 상당히 고르게 분배되어왔다는 점이다.

그림 1.19 **소득분배 집중도: 지니계수**

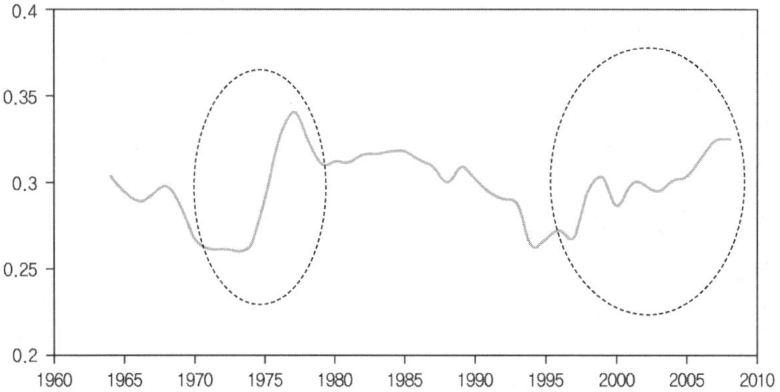

자료: 1963~1993년 지니계수는 윤기중(1997), 1994년 이후 지니계수는 국가통계포털.

일반적으로 남미 국가들에 비해 아시아 국가들의 소득분배가 상대적으로 덜 집중되는 경향이 있지만 한국의 소득분배는 유럽의 선진국들과 비슷한 정도의 고른 분포를 유지해왔다.[8] 그러나 〈그림 1.19〉에서 보는 바와 같이 1997년 외환위기 이후 소득분배 집중도 증가추세가 나타나기 시작했고 이는 현재 진행형이다. 지니계수가 1977년 0.264에서 2010년 0.315로 상승했고 그 상승세가 지속되고 있다. 과거에도 소득불균등이 일시적으로 높아진 적이 있는데, 1973년 0.265였던 지니계수가 1997년 0.341까지 급등했다.

그렇다면 이 두 기간에 소득불균등도가 급격히 높아진 배경은 무엇인가? 이 두 기간에 다음과 같은 특징이 공통으로 나타나는 것을 알 수 있다. 첫째, 〈그림 1.20〉에서 보는 바와 같이 이 두 기간에 거쳐 노동임금분배율이 증가하지 못하고 정체되거나 오히려 감소하는 양상을 보인다. 생산된

8) 1963~2010년의 지니계수 평균값은 0.297로 유럽 선진국의 지니계수와 비슷한 수준이다.

그림 1.20 **노동소득분배율과 재산소득분배율**

(단위: %)

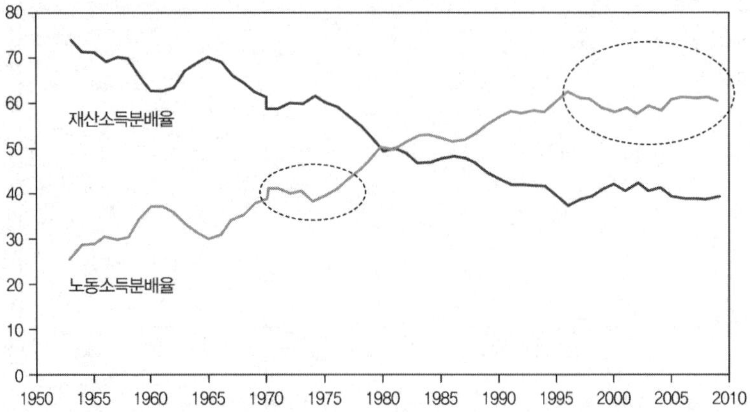

자료: 국가통계포털.

재화의 가치가 상대적으로 노동자에게 많이 배분되어야 소득이 고르게 분포되는 것은 당연한 일이다. 왜냐하면 재산은 일반적으로 소수의 부자가 많이 소유하는 경향이 매우 강해서 창출된 소득의 대부분이 재산을 소유한 사람들에게 돌아간다면 소득 또한 부자들에게 집중되는 경향이 강해지기 때문이다. 경제개발이 본격화되면서 1960년대 후반 견고하게 증가하던 노동소득분배율이 1970년대 초중반에 걸쳐 40%대 수준에서 정체되었다. 이 시기에는 중화학공업에 대한 투자가 집중적으로 이루어졌기 때문에 상대적으로 자본의 희소성이 더욱 심화되었을 것이다.

그러나 노동소득분배율은 1975년부터 다시 증가하기 시작하여 1997년까지 40%에서 63%로 꾸준히 증가했다. 그러나 그 증가세가 외환위기를 계기로 다시 꺾이고 1997년 이후에는 60%를 전후해 정체되는 것을 볼 수 있다. 1997년 이후에는 1970년대 초중반기와는 달리 투자가 둔화된 반면, 생산가능인구는 정체되어 자본의 희소성보다 노동의 희소성이 더 강화된 상황이라고 보는 것이 타당함에도 노동소득분배율이 정체된 것은 외환위기 이후 기업들의 인사관리가 비정규직 확대, 정리해고, 조기명퇴 장려 등 노동시장에서 고용의 질을 떨어뜨리는 방향으로 변했기 때문이라고 추정된다. 미국이나 일본 같은 선진국의 경우 노동소득분배율이 70%를 상회하는 것을 보면 현재 한국의 노동소득분배율이 계속 증가하지 못하고 60%대에 정체되어 있는 것은 성장과 발전의 정체를 보여주는 또 다른 측면이라고 할 수 있다.

둘째, 〈그림 1.21〉에서 나타나는 바와 같이 1970년대 중반과 1997년 외환위기 이후에 공통적인 또 다른 현상은 이 두 기간에 모두 실질임금상승률이 둔화되었다는 것이다. 1963~2008년의 평균임금상승률은 6.2%였던 반면, 1972~1978년은 5.2%, 1998년 이후는 4.1%였다. 이처럼 임금상승률이

그림 1.21 **실질임금상승률**

(단위: %)

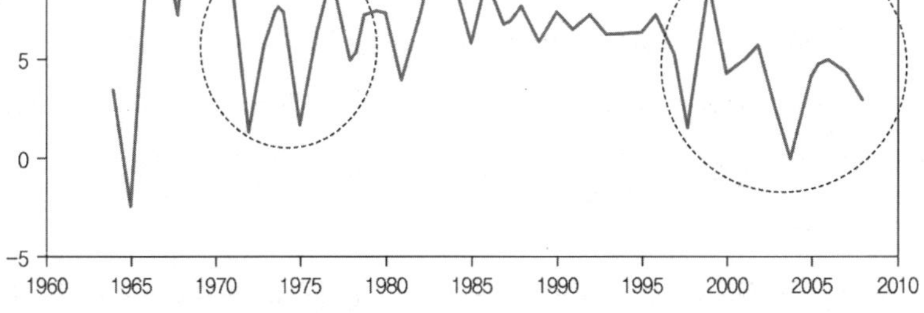

자료: 국가통계포털(국민소득 계정 데이터). 실질GDP에 노동소득분배율을 곱하면 실질임금소득총액이다. 이것을 총 고용자 수로 나누면 고용자 1인당 실질임금소득이 된다. 이렇게 계산된 1인당 실질임금으로 연간상승률을 산정했다.

그림 1.22 하위 10%와 상위 10%의 월평균소득

(단위: 원)

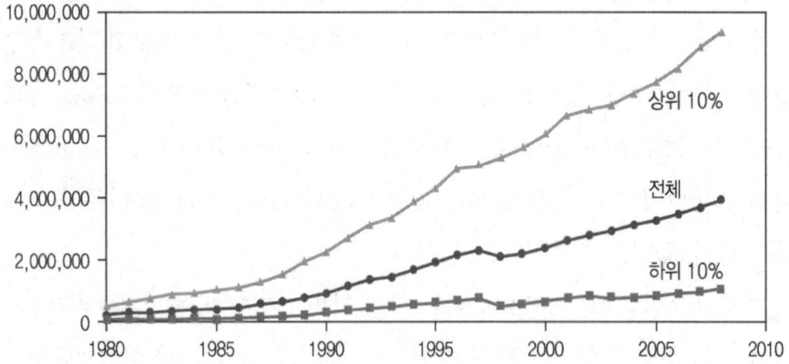

자료: 국가통계포털.

둔화된 이유는 1970년대의 경우 유신정부가 노동자들에 대해 권위주의적 억압정책을 시행했기 때문이고 1998년 이후에는 신자유주의의 바람을 타고 '노동시장 유연화'라는 명목으로 고용의 질이 후퇴되었기 때문이라고 추정된다.

소득의 집중은 자본가와 노동자 간에만 심화된 것이 아니다. 노동자들 간에도 고소득 노동자는 상대적으로 더 부유해진 반면, 가난한 노동자들은 상대적으로 더 가난해지는 소득의 양극화 현상이 관찰된다. 〈그림 1.22〉를 보면 1980~2008년의 소득10분위별 월평균소득의 변화 추이에서 외환위기 이후에 최상위 10%의 월소득증가율과 최하위 10%의 월소득증가율 간의 차이가 훨씬 커져서 두 집단의 월소득 차이가 빠르게 커지고 있음을 알 수 있다.

이와 같은 계층 간 소득양극화 현상을 발생시키는 원인은 여러 군데에서 탐지된다. 우선 〈그림 1.23〉에서 보는 바와 같이 외환위기를 계기로 1997년부터 대졸자임금 대비 고졸자임금 비율의 증가세가 꺾이면서 65%

그림 1.23 **대졸자 평균임금 대비 고졸자 평균임금 비율**

(단위: %)

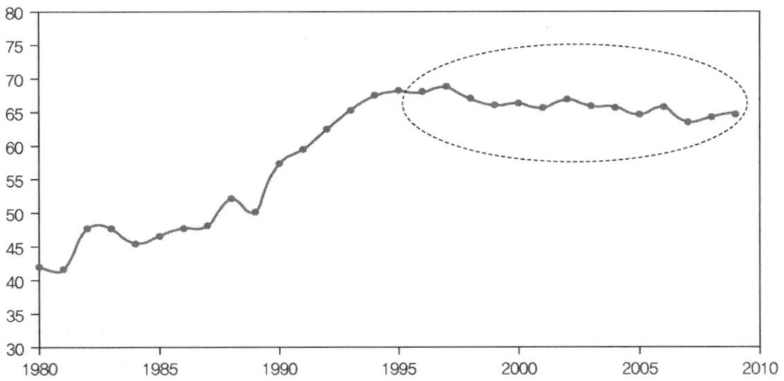

자료: 국가통계포털.

근처에서 맴도는 현상이 발견된다. 1980년 43%에서 시작해 1997년 69%까지 대졸자와 고졸자의 임금격차가 꾸준히 좁혀져왔던 추세가 외환위기를 계기로 무너진 것이다. 현재 한국은 OECD 국가 중 대졸자임금 대비 고졸자임금 비율이 가장 낮은 나라 중 하나이다. 고졸자와 대졸자 간에 임금격차가 현저하고 많은 사람들이 그 격차가 쉽게 좁혀지지 않을 것이라고 전망한다면 대부분의 고졸자는 대학진학을 희망할 것이다. 한국에서 2008년 고졸자 대학진학률이 80%에 달할 정도로 '묻지 마 대학진학'이 이루어지는 현상 뒤에는 이와 같은 경제적 유인이 존재한다.

한국사회에서는 대학에 진학해 대졸자 신분으로 경제생활을 하는 것이 평생소득(life-cycle income)을 높이는 가장 효과적인 투자 중 하나인 것이다. 한국의 학력별 인구 구성을 보면 이런 추이가 그대로 반영되어 있다. 〈그림 1.24〉를 보면 1970년대 중반까지는 교육을 받은 사람들 중 초등학교 정도의 교육수준을 가진 이들이 가장 큰 비중을 차지했으나 1970년대 이후부터는 중고등학교 교육을 받은 이들이 가장 큰 비중을 차지한다. 그

그림 1.24 **학력별 인구 구성**

(단위: %)

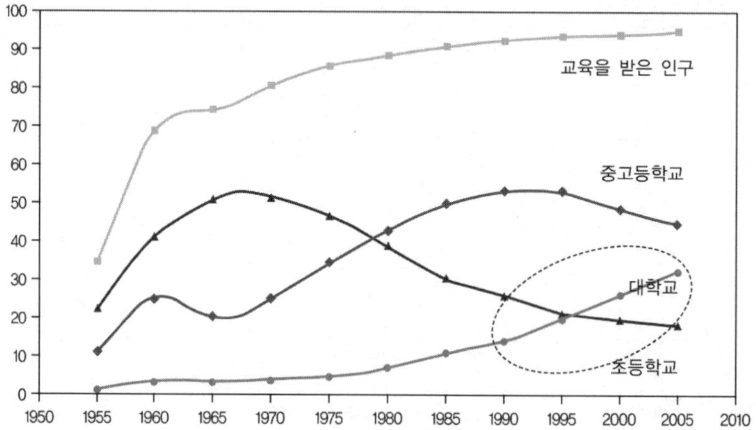

자료: 각 연도별 센서스 데이터.

러나 1980년대 중반부터는 대학교 교육을 받은 이들의 비중이 빠르게 증가하고 있으며 2005년 센서스에서는 대졸자와 고졸자 비중이 10% 정도밖에 차이가 나지 않는 것을 볼 수 있다. 이 추세가 이어진다면 머지않아 교육을 받은 인구 중 대졸자가 차지하는 비중이 가장 커질 것임을 쉽게 예상할 수 있다.

대학에 진학하는 것이 수익성이 매우 높은 투자이며 특히 유명대학을 졸업했을 때는 훨씬 큰 프리미엄을 얻을 수 있다. 따라서 단순히 대학에 진학하는 것이 아니라 '스카이(SKY)'라고 지칭되는 유명대학에 진학하기 위해 치열한 경쟁이 이루어지는 것이 한국의 현실이다. 그런데 비슷한 능력이라면 초·중·고등학교 시절 입시준비에 얼마나 투자했느냐에 따라 유명대학에 입학할 확률이 달라진다. 따라서 학부모들은 자식의 앞날을 위해 초·중·고등학교 시절에 가능한 한 많은 투자를 하려고 노력한다. 그러나 투자여력이 약한 저소득층은 상대적으로 많은 투자를 할 수 없고 투자

그림 1.25 **소득10분위별 연평균 교육비 지출**

(단위: 원)

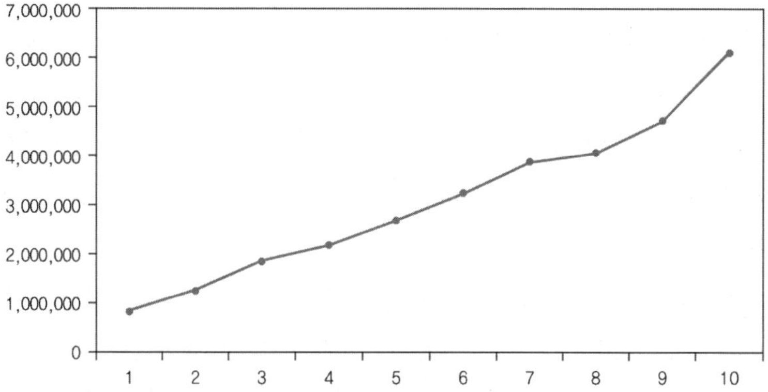

주: 2010년 경상가격 기준.
자료: 국가통계포털.

여력이 큰 부유층은 많은 투자를 한다. 이와 같은 현상이 〈그림 1.25〉에서 그대로 관찰된다. 2010년을 기준으로 보았을 때 소득 상위 10%의 연평균 교육비 지출이 하위 10%의 6배 이상인 것을 볼 수 있다. 교육이 수익성이 매우 높은 투자인데, 부자들이 자녀에게 상대적으로 더 많은 투자를 한다면 부유층의 자녀가 유명대학에 입학하고 졸업해 학벌 프리미엄을 누리면서 훨씬 더 유복한 생활을 할 확률이 높아진다는 것을 알 수 있다. 한국에서 교육은 저소득계층이 고소득계층으로 상승할 수 있는 기회의 장을 제공하는 것이 아니라 부유층은 자녀에게 부를 대물림하고 저소득층은 자녀에게 가난을 대물림하게 하는 계층 간 칸막이 역할을 한다고 볼 수 있다.[9]

9) 근대교육의 철학적 기초를 제공하고 보편교육의 제도화에 기여한 요한 하인리히 페스탈로치(Johann Heinrich Pestalozzi)는 교육만이 가난을 극복하는 효과적인 방법이라고 강조했다. 그러나 한국사회에서는 공교육이 광범위하게 보편화되어 있음에도 사교육을 통해 유명대학에 입학하려는 경쟁이 날로 치열해짐에 따라 교육에 대한 투자기회의 불평

교육수준별 임금격차와 교육기회의 불균등이 소득의 양극화를 조장하는 한 요인이지만 어떤 종류의 기업에 취업하는가에 따라 소득과 각종 경제적 기회가 달라지는 현상 또한 소득 양극화를 부추기는 중요한 요인이다. 〈그림 1.26〉의 패널 A를 보면 고용원 10인 이상 30인 미만인 업장과 고용원 500인 이상 업장의 월평균 임금격차가 날로 커지고 있으며 특히 1997년 외환위기 이후 그 격차는 더욱 빠르게 증가하고 있는 것을 볼 수 있다.

패널 B는 기업의 규모가 클수록 고용원의 근속연수가 길다는 것을 보여준다. 그런데 근속연수의 기업규모별 차이도 1997년 외환위기를 기점으로 더 커졌다는 것을 알 수 있다. 1998년까지는 기업규모별 근속연수의 차이가 약 3.5년으로 일정하게 유지되었는데, 그 이후 차이가 점점 더 벌어지기 시작해 2009년에는 약 5년으로까지 벌어졌다. 이와 같은 변화는 부분적으로는 외환위기 이후 노동시장의 유연성을 제고한다는 명분하에 평생직장이라는 개념이 없어지거나 대폭 약화되었고 기업들이 해고와 채용을 외환위기 이전에 비해 쉽게 자주하는 데서 비롯된 것으로 보인다. 또한 능력 있는 인재에 대한 스카우트 경쟁이 더 공개적으로 치열하게 이루어지는 등 노동시장의 구조 변화가 이러한 현상을 만든다. 대기업, 공기업, 금융기업이 경력직원을 더 선호하게 된 것과 궤를 같이해, 중소기업에서 잘 훈련된 인재들을 대기업이 높은 급여와 좋은 일자리 환경을 미끼로 스카우트하기 때문에 소기업의 근속연수는 줄어들고 대기업의 근속연수는 늘어나고 있는 것으로 보인다.

패널 C는 기업규모별로 내부 훈련/연수시설을 갖고 있는 빈도가 얼마나 되는지를 보여준다. 2008년과 2009년 공히 비슷한 현황이 나타나는데, 고

등이 부유층과 빈곤층을 세습화하는 메커니즘으로 작동해 계층 간 이동을 가로막고 있다.

그림 1.26 기업규모별 월평균 임금, 근속연수, 내부 훈련/연수시설 보유현황

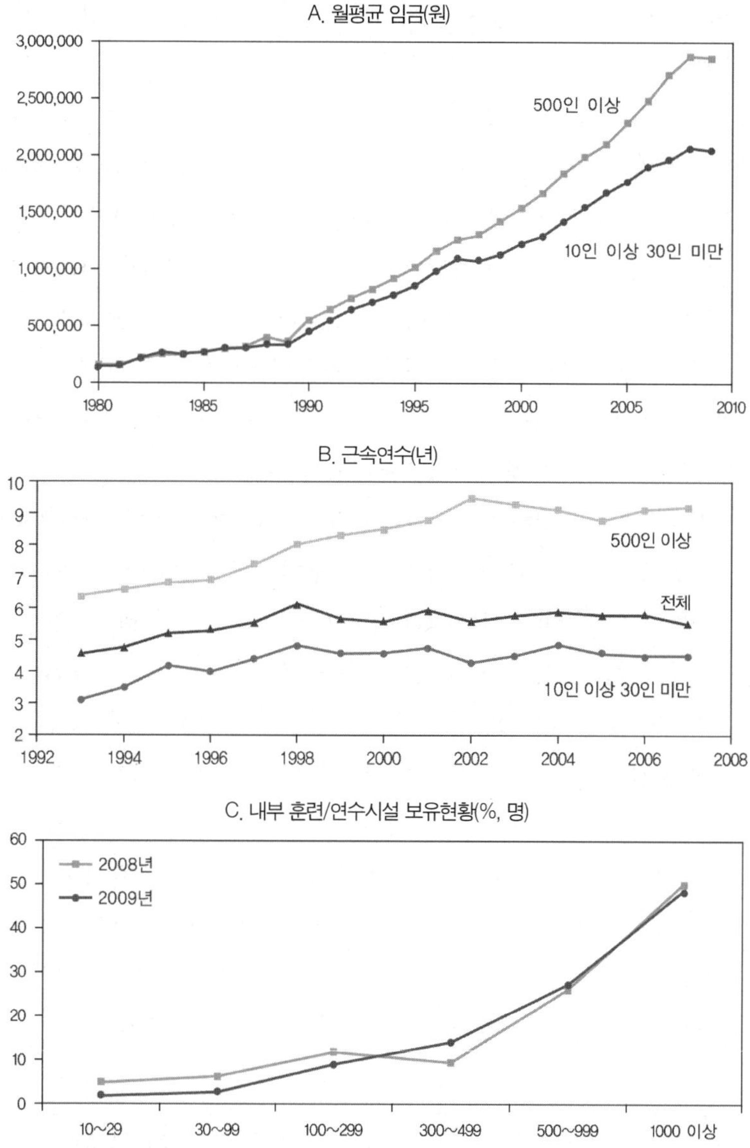

자료: 국가통계포털.

용원 1,000명 이상 기업의 50% 정도가 자체 훈련/연수시설을 갖고 있는데 비해, 고용원 10인 이상 30인 미만인 기업의 5% 미만이 그러한 시설을 보유하고 있다. 대기업에 취업한 노동자는 각종 교육과 연수를 통해 꾸준히 자기계발의 기회를 누리지만 소기업에 취업한 노동자는 좀처럼 그런 기회를 갖기가 어렵다는 이야기이다. 따라서 장기적으로 보면 대기업에 취업한 노동자의 경쟁력이 소기업에 취업한 노동자에 비해 점점 더 높아질 것임을 쉽게 알 수 있다. 인적자본의 축적이 업무과정에서, 그리고 기업 내부의 교육을 통해 원활히 이루어지는 대기업에서 일하는 노동자는 시간이 흐를수록 고급 노동력이 되어 높은 급여를 받을 수 있을 것이나 소기업에 취업한 노동자는 자신이 따로 비용을 들여 자기계발에 투자하지 않는 한 자신의 가치를 증가시키기 어려울 것이다.

이상의 논의를 종합해보면 대기업에 취업한 노동자에 비해 중소기업에 취업한 노동자는 더 낮은 급여를 받고 더 쉽게 이직하거나 해고당하며 기업 내에서 자기계발의 기회가 훨씬 적다. 따라서 노동자가 어떤 기업에 취업했는지에 따라 현재의 소득, 일자리의 안정성, 그리고 미래의 소득에 대한 기대치가 모두 달라지는데, 외환위기 이후에 대기업 취업자와 중소기업 취업자 간에 그러한 측면에서 차이가 확대되고 있다. 이러한 일자리 특성의 차이는 소득불균등도 심화의 주요한 요인 중 하나인 것으로 보인다.

〈그림 1.27〉은 외환위기 이후 개인 간 소득불균등도만 심화된 것이 아니라 지역 간 소득격차 역시 크게 심화되었음을 보여준다. 광역지자체별 지역내소득(gross regional domestic product: GRDP) 데이터를 이용하여 변이계수(coefficient of variation: CV)[10]를 만들어보면 1997년까지 0.56이었던

---

10) 변이계수는 표준편차와 평균의 비율(σ/μ)로 정의된다. 이 계수는 표준편차로 계측한 변동성의 정도를 평균으로 표준화한 값이다.

그림 1.27 지역내소득의 변이계수

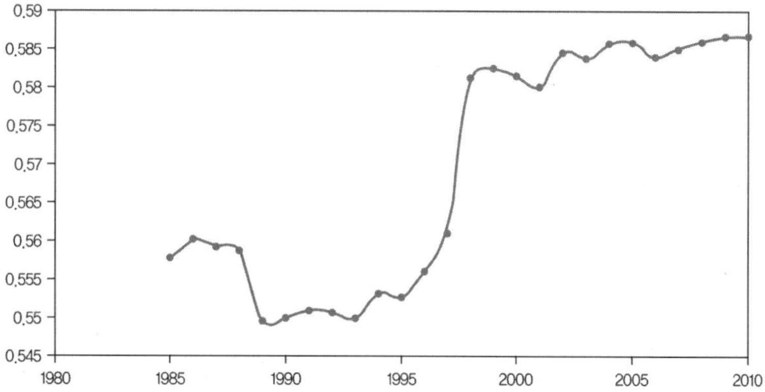

자료: 유항근 외(2012).

GRDP의 변이계수값이 1998년 갑자기 0.58을 뛰어넘었으며, 그 이후 0.58 보다 높은 수준을 계속 유지하고 있다. 외환위기를 계기로 심화된 지역 간 소득격차는 2003년부터 2007년까지 집권한 참여정부가 지역균형발전을 표방했던 시기에도 거의 개선되지 않았음을 알 수 있다. 이는 외환위기 이후 무엇인가 간단치 않은 구조적 변화가 일어났음을 시사한다.

그뿐만 아니라 제조업의 대기업 집중도도 외환위기 이후 크게 심화되었다. 기획재정부가 조사한 자료에 의하면 제조업 매출의 50대 기업 집중도(CR50)는 〈그림 1.28〉에서와 같이 1985~1996년에는 35% 미만이었으나, 1997년부터 증가하기 시작해 2009년에는 45%대에 육박하고 있다. 제조업 생산이 대기업에 집중되는 현상은 경쟁력 있는 기업이 더 빠르게 성장했기 때문일 수도 있지만 대기업 위주의 경제정책과 제도가 큰 기업에 유리한 환경을 조성해 경쟁력이 아닌 비대칭적 보호의 결과로 일어난 현상일 수 있다. 만약 후자의 경우가 더 타당한 해석이라면 제조업 집중도의 심화는 곧 독과점의 심화이고 따라서 외환위기 이후 시장의 비효율성이 더 커

그림 1.28 **제조업 50대 기업 집중도**

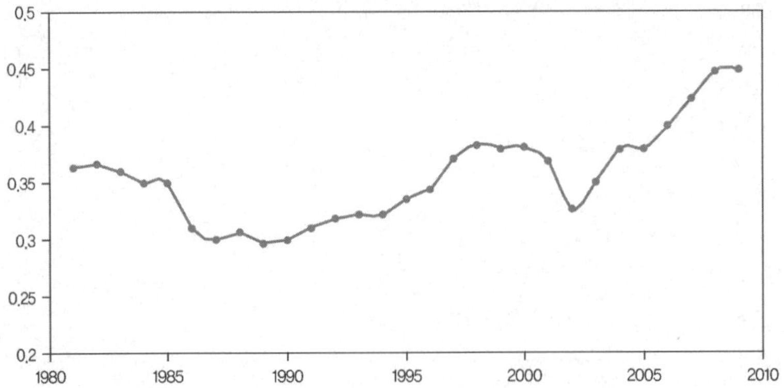

자료: 유항근 외(2012).

진 것으로 보아야 한다.

외환위기와 더불어 정권을 인수한 국민의 정부는 외환위기의 여파를 해결해가는 과정에서 대기업을 중심으로 구제금융을 제공했고 그 결과 정부의 지원을 받지 못한 수많은 우량중소기업이 도산하는 사태를 맞이했다. 그 이후 시장의 집중도가 크게 높아졌다. 따라서 외환위기 이후 제조업의 대기업의 집중도가 높아진 것은 대기업의 높은 경쟁력이 발현된 결과라기보다 정부의 대기업 편향적 정책의 결과라고 해석하는 편이 더 타당한 것으로 보인다. 대부분이 수출기업인 대기업들은 고환율정책과 대기업 편향적 지원정책에 힘입어 크게 약진한 반면, 대부분 내수시장에서 활동하는 중소기업들은 고환율과 서민들의 소득 감소 때문에 기업 경영환경이 점점 어려워지는 악순환을 경험하고 있다.

6. 경제민주화와 성장잠재력

제1절에서 1980년대 이후 장기 평균경제성장률과 정치민주화지표가 거의 완벽하게 반대방향으로 움직이고 있다는 사실을 지적한 바 있다. 그러나 흥미로운 것은 제5절에서 살펴본 가계소득의 불균등도, 지역소득의 불균등도, 산업집중도 등도 정치민주화지표 상승과 더불어 높아져 왔다는 사실이다. 다시 말해 정치민주화가 진전되는 동안 개인과 지역 소득의 집중이 심화되고 제조업 생산활동이 일부 대기업에 집중되고 있었다는 것이다. 개인과 지역 소득의 집중, 그리고 생산활동의 집중은 경제적 기회가 많은 사람들에게 고르게 분배되지 못하고 소수에게 집중되었다는 것이므로 이는 경제민주화의 퇴행과정이라고 해석할 수 있다. 종합하면 지난 30여 년간 정치적 민주화는 향상되었으나, 같은 기간 장기 평균경제성장률과 경제민주화의 정도는 지속적으로 낮아졌다는 것이다.

지난 대선에서 경제민주화가 큰 화두가 되었던 것은 이러한 퇴행현상들을 정상화시켜야 한다는 문제의식을 많은 국민이 공유하고 있었기 때문일 것이다. 표심을 따르는 대선후보들은 이 문제에 대한 해결책을 자신의 공약으로 선점하기 위해 치열한 경쟁을 벌이기까지 했다. 그러나 선거에서 이긴 현 정권은 대선 캠페인에서 공약했던 경제민주화 조치들을 백지화하는 듯한 행태를 보이고 있다. 현 정권의 이러한 행보에 대한 시시비비를 가리기 위해서는 경제민주화의 후퇴를 차단하고 경제민주화를 발전시키는 정책들이 한국경제의 성장잠재력을 회복시킬 수 있는 것인지에 대한 좀 더 체계적인 분석이 이루어져야 한다.

이 이슈에 가장 근접한 분석으로는 유항근 외(2012)의 연구가 있다. 이들의 연구에서는 개인소득지니계수, 광역지자체별 GRDP 변이계수, 소득세의 누진도를 나타내는 KPS 지수 등을 이용해 '사후적(ex post)' 경제민주화지표(EDI 1)를 다음과 같이 정의했다.

EDI 1 = 1 − (개인소득지니계수 + 광역지자체별 GRDP 변이계수 + KPS 지수) / 3

개인소득지니계수, GRDP 변이계수, KPS 지수는 모두 0과 1 사이의 값을 갖는데,[11] 개인소득지니계수가 높은 값일수록 개인소득이 소수에게 집중되어 있음을 의미하고, GRDP 변이계수가 클수록 특정 지역에 소득이 더 집중되어 있음을 의미하며, KPS 지수가 1에 가까울수록 소득세의 누진 정도가 낮음을 의미한다. 따라서 경제활동의 과실이 여러 사람에게 고르게 분배되었다면 이 세 지표의 값은 모두 낮을 것이다.

만약 기회가 모든 사람에게 고르게 주어지고 경쟁이 공정하게 이루어지는 사회라면 일부 특권계층이 자신들의 영향력을 남용하여 기회를 독점하고 경쟁과정에서 영향력을 행사하여 불공정한 경쟁이 이루어지는 사회에 비해 경제활동의 과실이 고르게 배분될 것이다. 따라서 개인소득과 지역소득이 얼마나 고르게 분배되었는지, 그리고 부자들이 얼마나 더 많은 조세를 부담했는지 살펴보면 그러한 분배와 조세부담이 이루어지는 과정이 얼마나 공정했는지, 즉 경제민주화가 얼마나 이루어졌는지를 짐작할 수 있다는 논리이다. 유항근 외(2012)는 1에서 이 세 가지 지표의 단순산술평균을 뺀 값을 EDI 1로 정의하여 이 값이 클수록 경제민주화의 정도가 높은 것으로 해석할 수 있게 했다.[12]

---

11) 단, 조세구조가 역진적일 경우 KPS값은 1과 2 사이이다. 그러나 통상적으로 조세구조는 누진적이므로 KPS값은 0과 1 사이인 것이 일반적이다.

12) 유항근 외(2012)는 개인소득, 지역소득, 그리고 소득세부담액의 분포를 추정하고 추정된 분포를 이용해 제1분위 개인소득과 제5분위 개인소득의 비율, 제1분위 지역소득과 제5분위 지역소득의 비율, 그리고 제1분위 조세부담액과 제5분위 조세부담액의 비율을 산

이들의 연구에서는 N. 페티트(N. Pettitt)의 다구간 변곡점 추정(Pettitt, 1979)을 이용해 한국 경제구조 변화의 시점을 분석한 결과 모든 변수에 대한 데이터를 확보할 수 있는 1985~2010년 중 1988, 2002, 2008년에 유의적인 구조 전환이 있었다는 추정결과를 얻었다. 이에 따라 1985~2010년을 1985~1987년, 1988~2001년, 2002~2007년, 2008~2010년의 4개 소구간으로 구분하고 구간별 각 평균을 이용해 장기 추세의 특징을 파악했다.

〈그림 1.29〉는 소구간별로 EDI 1을 실질GDP성장률 및 정치민주화지표인 Polity IV Index와 대비시킨 것이다. 이 그림에 따르면 1985~2010년 한국사회의 정치민주화와 경제민주화는 완전히 반대의 길을 걸어온 것으로 보인다. 한국사회는 지난 30년간 괄목할 만한 정치적 민주화를 이루었

그림 1.29 **경제성장과 정치민주화, 그리고 경제민주화**

(단위: -, %)

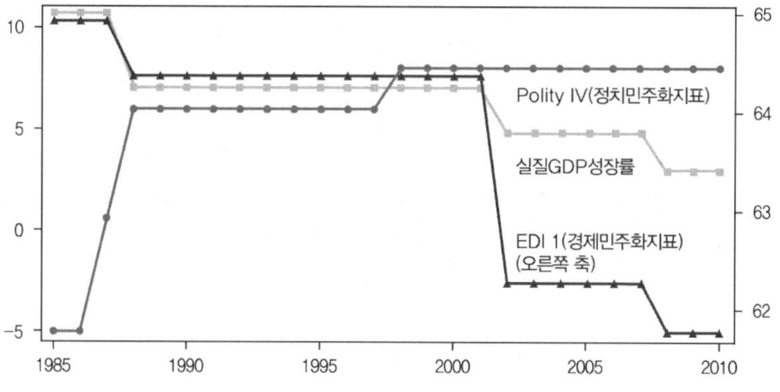

자료: 유항근 외(2012) 데이터 재구성.

술평균한 값을 EDI 2로 정의하고, 이 세 가지 변수의 상위 50%와 하위 50%의 비율을 산술평균한 값을 EDI 3로 정의했다. 1985~2010년 동안 EID 1과 EDI 2, EDI 3와의 상관관계는 각각 98.9%와 99.6%로 밝혀졌다. 이후의 분석에서도 EDI 1을 이용한 분석과 대안적인 지표를 이용한 분석이 거의 차이가 없음을 확인했다.

지만 같은 기간 경제적 민주화는 오히려 퇴보하고 있었던 것이다. 그러나 한국사회에서 관찰된 이와 같은 현상은 정치민주화와 경제민주화 간에 강한 상관관계가 있음을 의미할 뿐, 이 결과를 놓고 정치민주화와 경제민주화 간의 인과관계를 논하는 것은 성급한 일이다. 우연일 수도 있고, 정치민주화와 경제민주화 간의 구조적인 관계일 수도 있다. 이 두 변수 사이의 논리적 관계를 규명하는 일은 어렵고도 방대한 작업이 될 것이다. 로버트 달(Robert Dahl)은 정치적 자유가 정치적 평등과 경제적 평등으로 대변되는 경제민주화를 압박할 수 있다고 지적한 바 있지만(Dahl, 1985), 달의 예언이 한국사회에서 실현된 것인지의 여부는 앞으로 정치학자들과 경제학자들이 공동연구를 통해 밝혀내야 할 과제이다.

〈그림 1.29〉의 또 하나 두드러진 특징은 1985~2010년 동안 소구간별 평균을 볼 때 경제민주화와 경제성장이 같은 패턴 아래 지속적으로 후퇴하고 있다는 사실이다. 이 기간에 경제성장의 동력이 약화되면서 그와 동시에 경제활동의 과실이 소수의 손에 집중되는 현상이 심화되었음을 말해주고 있다. 연도별 EDI 1과 연간 실질GDP성장률 간에는 5% 유의수준에서 유의적인 48.9%의 상관관계가 있는 것으로 파악되었다.

그러나 상관관계가 인과관계를 의미하는 것은 아니기 때문에 이 결과를 해석하는 데 주의를 기울일 필요가 있다. 그레인저(Granger) 인과관계 검정을 시행한 결과에 따르면 지역소득의 격차와 소득세 누진도가 경제성장률에 유의적으로 선행하는 결과를 보였지만 개인소득의 집중도(지니계수)는 경제성장률에 대해 유의적인 인관관계를 나타내지 못했다. 유항근 외(2012)의 EDI 1에는 포함시키지 않았지만 제조업 산업집중도도 경제성장률에 유의적으로 선행하는 것으로 파악되었다. 그레인저 인관관계 검정이 분기별 또는 월별 데이터를 이용해 충분히 많은 관찰도수를 가지고 시행해야 믿을 만한 결과가 나온다는 점을 고려할 때, 1985~2010년의 연도별

데이터를 이용한 인과관계 검정결과를 100% 신뢰할 수는 없다. 그러나 이 결과는 경제민주화가 경제성장 잠재력에 영향을 줄 수 있다는 개연성을 고려할 필요가 있음을 시사한다.

유항근 외(2012)는 경제민주화가 한국경제의 성장잠재력에 영향을 주는 변수라는 가정 아래, 이태정(2012)이 생산함수 추정방법을 적용해 인구감소와 노동시장참여율 변화가 한국의 장기 성장잠재력에 미치는 장기효과를 추계한 모형을 확장해 경제민주화의 진전이 한국의 경제성장 잠재력에 얼마나 큰 영향을 줄 수 있는지 추계했다. 그 방식과 결과를 간단히 소개하면 다음과 같다.

식①은 거시경제학의 수치분석에서 가장 일반적으로 사용되는 코브-더글러스(Cobb-Douglas) 생산함수로서 규모에 대한 수확불변(constant return to scale: CRS)의 특성과 Hick-중립적 기술진보(Hick-neutral technological progress)를 가정하고 있다.

식① $Y_t = A_t \cdot K_t^{1-\lambda_t} \cdot L_t^{\lambda_t}$

식①에서 Y_t는 실질GDP, A_t는 총요소생산성, K_t는 물적자본의 투입량, L_t는 노동 투입량, 그리고 λ_t는 노동소득분배율을 나타낸다. 경제민주화가 경제성장에 미치는 영향을 분석하기 위해 식①을 다음과 같이 변형한다.

식② $Y_t = A_t \cdot (EDI_t^{\alpha} \cdot K_t)^{1-\lambda_t} \cdot (EDI_t^{\beta} \cdot L_t)^{\lambda_t}$

식②에서 EDI_t는 경제민주화지표이며 α와 β는 각각 생산과정에서 경제민주화가 자본과 노동에 긍정적으로 기여하는 정도를 뜻한다. 식②는 식①의 총요소생산성에서 경제민주화가 경제 전체의 생산효율성에 미치는 효과를 따로 분리하여 표시한 것이다. 즉, A_t를 $A_t \cdot EDI_t^{(\alpha \cdot (1-\lambda_t)+\beta \cdot \lambda_t)}$로 바꾸어 표시한 것으로 볼 수 있다. 식②의 양변에 로그를 취하고 시간에 대해 비분하면 식③과 같은 각 변수의 성장률 간 관계가 도출된다.

식③ $$\frac{\Delta Y_t}{Y_{t-1}} = \frac{\Delta A_t}{A_{t-1}} + (\alpha\lambda_t + \beta(1-\lambda_t))\frac{\Delta EDI_t}{EDI_{t-1}} + \lambda_t\frac{\Delta L_t}{L_{t-1}} + (1-\lambda_t)\frac{\Delta K_t}{K_{t-1}} - \Delta\lambda_t \ln\left(\frac{K_t}{L_t}\right)$$

경제민주화지표를 제외한 경제변수의 장기 추세치들과 모수들은 전통적인 추정방법에 따라 계산한 값을 사용하고 경제민주화지표는 시나리오를 설정해 값을 대입하는 방법으로 미래의 성장잠재력과 경제민주화의 관계를 추계한다.

이 계산에서 α와 β 값에 대해 다음과 같은 세 가지 가능성을 고려한다.

① 고용과 자본에 미치는 효과가 대칭적인 경우: $\alpha=\beta=0.5$
② 고용의 질에만 영향을 미치는 경우: $\alpha=0.5$, $\beta=0$
③ 자본의 질에만 영향을 미치는 경우: $\alpha=0$, $\beta=0.5$

식③을 이용해서 각각의 시나리오 아래 경제성장 잠재력의 추이를 계산하기 위해 도입된 주요 변수들의 장기 추세 및 주요 모수 값에 대한 가정은 다음과 같다. 총요소생산성의 성장률($\Delta A_t/A_t$)은 선행연구들을 종합적으로 반영해 2011~2020년 연 1.7%, 2021~2030년, 2031~2040년 연 1.5%, 2041~2050년 연 1.4%라고 가정했다. 노동소득분배율(λ_t)은 한국이 2050년에 미국이나 일본과 같은 선진국의 현재 수준인 73%에 도달한다는 가정하에 E. S. 가드너(E. S. Gardner)의 지수평활법(exponential smoothing)을 이용해 장기 추세를 계산했다(Gardner, 1985).

고용증가율($\Delta L_t/L_t$)의 장기 추세는 한국통계청의 15세 이상 인구 장기 전망치와 노동참여율의 장기 추세, 그리고 장기 평균실업률을 결합해 추계했다. 노동참여율 데이터에 지수평활법을 적용하여 장기 추세를 추계한 결과 노동시장참여율이 2007년 60.8%에서 2050년 63.4%로 약간 상승하는데 이는 인구고령화와 여성인구의 노동시장참여율 증가가 서로 상쇄되는 효과가 있음을 고려할 때 현실부합도가 있다고 판단된다. 한편 과거의 장기 평균실업률 추이를 반영해 2011~2050년의 장기 평균실업률은 3.5%라고 가정했다. 2011~2050년의 고용증가율 계산은 통계청의 15세 이상 인구에 추계된 노동참여율의 장기 추세치를 곱하고 여기에 (1 – 장기 실업률)을 곱해 고용 추이를 계산한 후 전년도 대비 고용증가율을 산출하는 방식으로 이루어졌다.

자본장비율(K_t/L_t)은 1970~2010년의 자본장비율 데이터를 이용해 2011~2050년의 장기 추세를 로그함수를 이용해 추계했다. 한편 고정자본증가율($\Delta K_t/K_t$)은 영구재고법(perpetual inventory method)을 써서 추계할 수 있는데($K_{t+1} = K_t + I_t - \delta \cdot K_t$), 이 방법을 쓰기 위해서는 감가상각률의 장기 평균과 투자율의 장기 추세치가 필요하다. 2010년 이전의 감가상각률은 영구재고법으로부터 도출한 식($\delta = (K_t + I_t - K_{t+1})/K_t$)으로 역추계할 수 있다. 이렇게 계산된 1997~2006년의 감가상각률 평균은 6.55%였다. 1970년대와 1980년대 한국의 산업구조 변화가 매우 빨랐던 점을 고려하면 1997년 이전 기간을 포함할 경우 감가상각률의 평균값이 높아질 것으로 예상할 수 있다. 이런 점들을 고려해 2011~2050년의 감가상각률이 6.55%라고 가정했다. 투자율의 장기 추세는 1988~2007년의 투자율 데이터에 지수평활법을 적용해 장기 추세를 추계했다. 이 추세에 따르면 한국의 투자율은 2050년 23.2% 수준으로 수렴하는 것으로 파악되었다. 이는 현재 일본의 투자율과 비슷한 수준이다. 추계된 감가상각률, 투자율의 장기 추세치를 영구

재고법 방정식에 대입하면 공정자본증가율의 장기 추세치를 구할 수 있다.

이렇게 추계된 변수들의 장기 추세치를 식③에 대입해 2011년 이후 경제민주화의 진전이 전혀 없는 경우와 경제민주화가 2011~2050년 동안에 2010년 수준에 비해 10% 향상되는 경우의 잠재성장률 추이를 비교해보면 〈표 1.1〉에 요약된 바와 같다. 경제민주화가 2010년 수준에 머물러 전혀 변화가 없는 경우를 상정하고 미래의 잠재성장률을 추계해서 10년 단위로 평균을 낸 것이 〈표 1.1〉의 둘째 열이다. 〈표 1.1〉에 의하면 경제민주화 발전이 없을 시 약 30년 후인 2040년대의 평균잠재성장률은 1.87%까지 하락할 것으로 추정된다. 그러나 경제민주화가 2010년 대비 2050년까지 10% 향상된다는 가정을 도입하면 2040년대의 평균잠재성장률은 약 2% 수준으로 하락할 것으로 추산되었다. 한 가지 흥미로운 것은 경제민주화가 노동력

표 1.1 **장기 잠재성장률 전망: 경제민주화가 정체된 경우와 2010년 대비 10%의 경제민주화가 이루어진 경우 비교**

(단위: %)

기간	경제민주화 답보	경제민주화 발전		
		$\alpha=\beta=0.5$	$\alpha=0.5,\ \beta=0$	$\alpha=0,\ \beta=0.5$
2011~2020	3.966	4.125	4.101	4.083
2021~2030	3.044	3.202	3.178	3.158
2031~2040	2.362	2.518	2.496	2.473
2041~2050	1.866	2.021	2.000	1.975

자료: 유항근 외(2012).

표 1.2 **실질GDP성장률을 2011년 수준으로 유지하기 위해 필요한 경제민주화의 발전속도**

기간	$\alpha=\beta=0.5$	$\alpha=0.5,\ \beta=0$	$\alpha=0,\ \beta=0.5$
2011~2020	0.624672	0.625164	0.625675
2021~2030	0.629629	0.630948	0.632609
2031~2040	0.633569	0.635457	0.638337
2041~2050	0.636563	0.63884	0.642803

자료: 유항근 외(2012).

의 질적 향상을 통해 성장에 기여하는 것으로 가정할 때 상대적으로 경제민주화의 성장기여도가 약해진다는 사실이다. 이는 노동가능인구의 절대규모가 감소할 것이 예상되는 상황에서 노동을 통한 성장경로가 약화되기 때문인 것으로 해석할 수 있다.

그렇다면 역으로 다른 변수들의 장기 추세가 앞에서 설명한 방식대로 주어진 상황에서 2011년의 실질GDP성장률 4.43%를 2050년까지 그대로 유지하기 위해서는 경제민주화가 어떤 속도로 진행되어야 하는가? 역시 식③을 이용해 α와 β 값을 시나리오별로 변화시키면서 실질GDP성장률 유지에 필요한 경제민주화 추이를 계산해서 10년 단위 평균을 낸 것이 〈표 1.2〉에 요약된 내용이다.

$\alpha=\beta=0.5$인 경우를 보면 2011~2020년 동안에는 경제민주화지수가 2008~2010년의 평균인 0.617771에 비해 연평균 0.44%포인트 증가해야 2011년의 성장률을 유지할 수 있고, 2021~2030년에는 경제민주화지수가 2008~2010년 대비 연평균 1.24%포인트 증가해야 2011년의 성장률을 유지할 수 있으며, 2031~2040년과 2041~2050년에는 경제민주화지수가 각각 2008~2010년 대비 연평균 1.88%포인트, 2.37%포인트 증가해야 2011년의 실질GDP성장률을 유지하는 것으로 추계되었다. 이 시뮬레이션 결과는 경제민주화를 통해 성장률을 유지하려면 시간이 흐를수록 더욱 강력한 경제민주화 조치를 취해나가야 한다는 것을 시사한다. α와 β 값에 대한 다른 시나리오를 적용해도 분석결과는 크게 달라지지 않는다는 것을 알 수 있다.

〈표 1.2〉의 둘째 행에 계산된 값들을 1985~2010년 기간에 대해 계산된 값들과 연결시켜보면 〈그림 1.30〉과 같다. 이상의 그림에서 2010년까지는 경제민주화지수의 실측치이고 2011년 이후는 경제성장률을 2011년 수준으로 유지하는 데 필요한 경제민주화 수준이다. 〈그림 1.30〉에 의하면 경제민주화 수준이 2000년대 이전으로 회복되어야 향후의 경제성장 잠재력

그림 1.30 1985~2010년 경제민주화지수 실측치의 소구간별 평균과 2011~2050년 가운데 2011년의 경제성장률을 유지하기 위해 필요한 경제민주화 수준

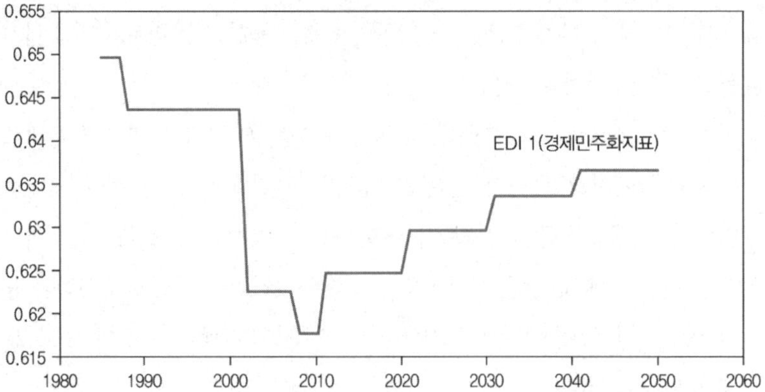

자료: 유항근 외(2012).

이 2011년 수준을 그나마 유지할 수 있을 것임을 알 수 있다. 경제민주화가 경제성장을 촉진한다는 인과관계가 그레인저 인과관계 검증에 의해 일부 뒷받침되기는 하지만 이 분석이 더 힘을 얻기 위해서는 이 전제의 타당성에 대한 좀 더 엄밀한 분석이 요구된다. 그러나 한 가지 분명한 것은 획기적인 구조 변화 없이는 한국경제의 성장동력을 회복하기란 불가능해 보인다는 것이다. 이상의 논의는 한국의 경제성장 둔화는 단기적인 경기변동현상으로 이해할 수 있는 범위를 이미 넘어섰으며 장기 성장잠재력을 회복하기 위해서는 좀 더 근본적인 구조적 접근을 통해 정치, 경제, 사회의 종합적인 구조개혁이 요구된다는 것을 시사한다.

1997년의 외환위기가 한국사회의 발전과정에서 중요한 구조적 전환점이 되었다는 것은 상당히 분명해 보인다. 우리가 경험하고 있는 구조적 변화의 성격을 제대로 이해하고 현명하게 대처하는 것이 우리에게 주어진 과제일 것이다. 현상을 제대로 이해하지 못하고 잘못된 대응을 할 경우 20

세기 중반의 남미 경제처럼 끝없는 나락으로 추락할 수도 있다는 가능성을 경계해야 한다. 반면 이것을 사회적 구조 변화의 기회로 삼아 그동안 축적되어온 구조적 불합리를 개선하고 털어낸다면 한국사회는 더욱 성숙한 모습으로 세계를 이끌어가는 선진국의 지위로 도약할 수 있을 것이다.

참고문헌

김상조. 2012. 『종황무진 한국경제』. 서울: 오마이북.

서운주·이지연. 2012.6.22. 「대한민국 인구 5,000만 명」. 통계청 사회통계국 인구동향과 보도자료.

유항근·서승환·김성태·이태정·서병선. 2012. 『경제민주화와 잠재성장력 간의 상관관계 분석(5)』 남을 배려하는 자본주의 정책개발 협동연구총서. 서울: 경제·인문사회연구회.

윤기중. 1997. 『한국경제의 불평등 분포』. 서울: 박영사.

Dahl, Robert. 1985. *A Preface to Economic Democracy*. Berkeley: University of California Press.

Gardner, E. S. 1985. "Exponential Smoothing: the State of the Art." *Journal of Forecasting*, 4: 1~28.

Huntington, Samuel. 1991. *The Third Wave: Democratization in the Late Twentieth Century*. The Julian J. Rothbaum Distinguished Lecture Series. The university of Oklahoma Press.

Krugman, Paul. 1994. "The Myth of Asia's Miracle." *Foreign Affairs*, Vol.73, No.6, pp.62~78.

Lee, Tae Jeong. 2013. *The Evolution of Financial Systems: Lessons from the Experiences of South Korea and Taiwan*. mimeo MIT,

Pettitt, N. 1979. "A Non-Parametric Approach to the Change Point Problem." *Applied Statistics*, pp.126~135.

Young, Alwyn. 1995. "The Tyranny of Numbers: Confronting the Statistical Realities of East Asian Growth Experience." *The Quarterly Journal of Economics*, Vol.110, No.3, pp.641~680.

제2장

한국 민주주의의 전개와 외환위기

대의민주주의 정상화 방안의 모색을 중심으로

김세중 | 전 연세대학교 국제관계학과 교수

1. 글을 시작하며

이 글은 한국 민주주의 전개과정에서 1997년 외환위기(이하 97년 외환위기)가 지닌 의미를 고찰하는 것을 목적으로 한다. 이는 97년 외환위기는 양극화와 복지로 요약되는 한국 민주주의가 풀어야 할 매우 중대한 과제를 남겼다는 전제 아래 그 과제에 효율적으로 접근하기 위해 필요한 민주주의의 개혁방안을 모색하는 것을 의미한다. 이는 구체적으로는 1987년 민주화(이하 87년 민주화) 이후 상당 부분 기능부전 상태에 빠진 한국 대의민주주의의 정상화 방안을 모색하는 것이다. 대의민주주의 기능의 정상화는 97년 외환위기 이후 심각한 국가적 과제로 부상한 양극화와 복지쟁점에 대해 합리적 방안을 모색하기 위한 가장 근원적 방도라고 할 수 있기 때문이다. 이런 전제에서 이 글은 한국 민주주의의 전개양상을 97년 외환위기 이전과 이후로 나누어 고찰한다.

먼저 97년 외환위기 이전 시기는 다음과 같이 2단계로 세분해서 살펴본다. 제1단계는 1948년 건국에서 1987년 6·29선언과 함께 민주주의 실천이 본격적으로 개시되는 시점까지이고, 제2단계는 87년 민주화 이후에서 97년 외환위기가 발생하는 시점까지이다. 한국 민주주의 전개과정에서 제1단계의 의미는 기본적으로 87년 민주화가 준비되는 시기라는 점에 있다. 그러나 그와 동시에 뒤에서 언급되듯이 1948년 건국에서 87년 민주화에 이르는 시기는 민주화를 위한 준비와 함께 민주화 이후 민주주의의 원활한 작동을 어렵게 하는 요인이 축적되는 시기이기도 하다. 제2단계의 의미는 이 단계를 거치며 건국 이후 헌법적 가치였던 민주주의가 한국사회에 불가역적 가치와 제도로 공고화되는 데 있다. 그러나 이 단계에서 민주주의 실천에 간과할 수 없는 문제점이 발생하기도 했다.

1997년 말에 발생한 외환위기 이후 민주주의는 다음 두 항목으로 나누어 고찰된다. 첫째는 97년 외화위기의 발생 배경과 과정에 대한 것이다. 이 부분의 서술 초점은 97년 외환위기는 상당 부분 87년 민주화 이후 본격적으로 실천에 들어간 민주주의에서 발생한 기능부전이 원인인 사건임을 보여주는 데 있다. 이어서 외환위기는 한국 민주주의에 양극화의 해소라는 절박한 과제를 남겼음을 논하고 대의민주주의가 기능부전 상태에 빠진 상황에서 양극화와 복지해법을 둘러싸고 대중영합주의적 회오리바람이 한국사회를 엄습하고 있음을 지적한다. 둘째는 대중영합주의를 극복하고 양극화와 복지라는 중대한 과제에 대한 합리적 대응을 모색하기 위한 근원적 방도는 대의민주주의의 작동을 정상화하는 데 있다는 전제하에 그와 관련된 몇 가지 방안을 제시한다. 마지막으로 이제까지의 논의를 정리하는 것으로 결론을 대신한다.

2. 외환위기 이전의 민주주의

이 절은 97년 외환위기 이전까지 한국의 민주주의의 전개양상을 고찰한다. 이 시기 민주주의는 2단계로 나누어 살펴본다. 제1단계는 1948년 건국에서 1987년 6월까지로, 민주주의의 준비기에 해당한다. 이 시기는 다시 반공권위주의 시기와 군부권위주의 시기로 나뉜다. 제2단계는 1987년 6·29 선언과 함께 민주주의가 본격적 실천에 들어간 시점에서부터 97년 외환위기에 이르는 시점까지이다. 이 시기 서술의 초점은 민주화 이후 민주주의가 공고화되는 과정, 그리고 그 과정에서 발생하는 심각한 부작용을 알아보는 것이다. 먼저 민주화 이전 민주주의의 전개양상을 살펴본다.

1) 87년 민주화 이전의 민주주의

(1) 반공권위주의와 국민국가의 형성

1948년 건국과 더불어 민주주의 원리와 제도가 한국사회에 전면적으로 도입된다. 건국과 함께 도입된 민주주의 헌법은 그 결정적 표현이다. 건국헌법은 민주주의의 기본 속성인 기본권을 포괄적으로 담고 있고 민주주의의 실천을 뒷받침하기 위한 제도적 장치를 모두 포함한다(김세중, 2008). 이에 따라 민주주의는 한국사회 정체성의 핵심이 되고 그것의 실천이 중심적 과제로 설정된다. 그러나 한국사회의 건국 이후 현실에서는 권위주의 정치가 지속된다. 민주주의의 타락을 야기한 직접적 요인은 초대 대통령 이승만의 선택에 있다. 그는 빼어난 학식과 누구와도 비견할 수 없는 국내외에서의 경력, 그리고 고령의 나이를 배경으로, 당시 한국사회에서 거대한 카리스마를 구축했던 인물이다. 동시에 그가 유아독존적 자아의식과 강한 권력의지를 지닌 인물이었다는 것 역시 널리 알려져 있다. 이는 이승만 시기 정치의 1인 중심적 권위주의화가 상당 부분 그의 권력의지와 인격적 특징을 반영하면서 성립된 현상임을 짐작케 한다. 그러나 당시 권위주의 정치를 한 행위자의 인격적 특징과 주관적 선택만으로 설명할 수는 없다. 무엇보다 당시 한국사회는 민주주의의 실천을 능가하는 훨씬 더 절박한 과제에 직면하는데, 그것은 대한민국을 근원적으로 파괴하려는 세력으로부터의 방어였다. 이와 관련해서 이른바 반공주의 시대가 개막되고, 이는 반공이 다른 모든 가치, 경우에 따라서는 그것이 방어하고자 하는 민주주의 가치보다도 더 우월하고 절박한 가치로 군림하는 상황이 열리게 됨을 의미한다. 주지되듯 대한민국의 건국은 공산주의자들의 파괴적 도전에 맞서는 고난도의 과정이었고, 비록 이들의 도전을 통제하고 건국에 성공했으나 그 이후에도 이들의 위협은 계속된다. 즉, 건국 후에도 그 이전에 이미 한국사회의 모든 영역에 침투해 있던 공산주의 세력은 북한과의 연계 아래 부단하게 대한민국의 파괴공작에 종사한다. 급기야 북한은 200만 명이 넘는 사망자를 낳은 6·25 무력도발을 야기했고 정전협정 이후에도 남북 간에는 무한대결로 지칭할 만한 긴장상태가 지속된다. 이런 배경에서 대한민국의 '생명권' 확보가 절체절명의 과제가 된다. 반공주의는 본래 민주주의로부터의 일탈을 불가피하게 하는 면이 있었다. 예를 들어 이승만 정부는 1948년 8월 건국과 함께 공산당과 북한 정권을 비호하는 기사 게재를 금지하는 '언론준수 7개조'를 발표하고, 같은 해 10월 여순반란사건이 발생하자 보편적 기본권의 침해요인을 내포한 「국가보안법」을 선포하고 군 내부는 물론 전 사회적으로 좌익 색출에 나선다. 그와 동시에 반공주의의 효율적 실천을 위해 군특무대와 경찰의 반공업무가 강화된다. 이에 따라 반공은 한국사회의 민주와 자유를 위협하는 요인이 되기도 한다. 특히 반공체제가 작동하는 과정에서 반공은 국가정체성의 핵심으로 부상하여 그것 자체가 국가 존속의 이유가 될 정도로 중요성이 강조된다.

그 결과 당시 "반공이 곧 자유민주주의"(박광주, 1988: 34)라는 역설적 인식을 낳고, 반공이 정치적 반대자를 제압하기 위한 수단으로 왜곡되거나 악용되기도 한다. 즉, 민주주의의 방어를 위해 도입된 조치가 민주주의를 억압하는 역설적 현상이 발생했던 것이다.

그 당시 한국사회에는 반공주의 이외에도 민주주의의 실천을 어렵게 하는 또 다른 차원의 요인이 작용하고 있었다. 건국 당시 민주주의는 상당수 정치 엘리트에게는 물론 대다수 한국인에게 매우 생소한 이념이었고,[1] 또 전통적 농업사회 구조를 배경으로 신분제적 전통이 깊게 각인되어 있는 상황 아래서 개인은 신민적 문화, 그리고 집합주의적 전통과 연고집단 속에 매몰되어 있었다.[2]

민주주의의 실천을 어렵게 한 또 다른 요인은 절대빈곤이 지배적인 경제상황이다. 건국 헌법의 경제질서는 기본적으로 소유권과 시장질서를 기본으로 하는 자본주의 질서였다. 그러나 자본기술 등 모든 생산요소가 극도로 영세한 상황 아래 시장은 제대로 기능할 수 없었고 절대다수의 시민은 절대빈곤 아래서 생존 자체를 위협받는 상황에 있었는데 이는 민주주의 실천에 필수적인 중용적 중간계층이 부재한 사회였음을 말한다. 이에 덧붙여 관존민비 같은 전통적 가치와 유제를 배경으로 경찰과 관료 등 국가기관의 시민에 대한 자세는 군림과 지배였다.

요약하면 그때 한국사회는 자유민주주의 사회를 형성하는 기본 동인인 '자율적·근대적 인간'과 '중용적 중간계층'이 극히 제한된 영역에서만 존재

---

1) 장기간 지속된 조선시대의 성리학은 사(私) 개념의 성장을 강력하게 억제하는 체제였다. 따라서 근대적 의미의 민주주의가 성장할 여지가 허용되지 않았다(이영훈, 2011: 82~105).

2) 이만갑(1960)은 1950년대 한국사회가 전반적으로 반상(班常)의 전통적 신분차별 문화에 의해 지배되고 있는 사회였음을 잘 보여준다.

하는 사회였다. 이는 민주주의가 당시 매우 급진적이고 미래적 가치일 수밖에 없음을 보여준다. 이런 맥락 아래 두 차례에 걸쳐 이승만의 장기집권을 위한 헌법 개정이 강행되었는데 이는 주권재민과 3권 분리원칙, 그리고 법치주의가 무시되는 과정이었다.

그러나 1950년대는 민주주의가 심각한 장애요인에 부딪쳐 권위주의로의 변질을 경험하는 시기인 동시에 민주주의의 진전을 위한 불가결한 토대를 구축한 시기이기도 하다. 무엇보다 효율적인 반공국가체제의 작동을 통해 대한민국이라는 공동체가 민주주의를 기본 이념으로 하는 정체성을 지닌 사회로 정착하게 된 것이다. 이에 따라 당시 현실에서 한국의 정치질서는 민주주의와는 거리가 있었음에도 민주주의는 누구도 부인할 수 없는 규범적 지향점이 된 것이다. 덧붙여 강조할 것은 반공주의가 일정 부분 민주주의를 억압하는 기제로 작용하게 된 것은 당시 상황에 비추어 불가피한 처사였다는 점이다.[3] 그와 동시에 1950년은 적극적 교육정책의 결과로

---

3) 필자는 다른 연구에서 1950년대에 비자유주의적 반공주의의 작동이 불가피했음을 다음처럼 제시했다. "충격적 여순반란사건과 순수 사망자만 200만 명을 훨씬 초과했던 6·25 전쟁을 겪으며 반공은 한국사회의 정체성을 규정하는 가장 중요한 기준으로 작용하게 된다. 이후 반공이 정파적 이익을 위해 일부 남용되기도 하며 사회 일부로부터 비난의 대상으로 전락하기도 한다. 그러나 대국적으로 보아 최악의 반인류적 체제이며 목적 달성을 위해서는 모든 극악한 수단의 사용도 정당화하는 북한 공산주의에 대항하기 위해 철저한 반공체제를 확립하는 것은 불가피한 처사일 수밖에 없다. 특히 한국의 반공체제는 반인류적인 북한의 억압적 동원체제에 대응한다는 의미에서 북한 체제와의 상호작용관계 속에서 형성되며, 일부 북한 체제적 특징도 가미하게 되었다는 사실을 직시해야 한다. 요약하면 한반도적 대결구도에서 철저한 반공체제의 건설은 '개인의 구원'을 위한 전제조건이 된다는 면에서 최고의 국가윤리가 되는 것이다. 따라서 반공이라는 수단적 가치가 때때로 자유민주주의라는 본질적 가치를 훼손하는 경우가 발생했다고 반공의 정당성 자체를 부정할 수는 없는 것이다. 이를 뒷받침하는 근래의 일화로, 최근 한국의 비무장지대(DMZ)를 방문한 윤리학의 대가 팀 스캔론(Tim Scanlon) 하버드 대학 석좌교수의

교육혁명이라고 일컬을 만큼 교육기관과 교육인구가 급진적으로 팽창한 시기였고 이로써 이후 민주화운동의 전위대 역할을 감당하는 대학생 집단이 형성된 시기이기도 하다. 실제로 대학생들은 1950년대 후반에 강한 수구적 성격을 띤 자유당 정부가 1960년 3월 15일 실시된 대통령 선거의 전면적 조작을 획책하자 이에 대한 일종의 민중봉기를 주도하여 10여 년간 지속된 이승만 정부를 붕괴시키는 주역이 된다. 4·19혁명 이후 이승만의 적극적 교육정책의 산물인 대학생 집단은 민주화운동을 견인하는 역할을 통해 민주화를 앞당긴다. 이승만 정부의 붕괴는 민주주의적 장면 정부의 등장으로 이어진다. 그러나 민주주의 실천에 강한 의욕을 보였던 장면 정부는 1년도 못 되어 군사 쿠데타로 종언을 고한다. 장면 시대가 민주주의의 안정적 제도화 대신 사회적 원심력의 작용으로 극도의 혼란에 빠져들었기 때문이다. 장면 제2공화국의 경험은 집권세력의 의지만으로 지속가능한 민주주의가 성립되는 것이 아님을 잘 보여준다.

(2) 군부권위주의와 압축산업화, 그리고 민주주의의 사회경제적 토대 건설

1961년 5월 박정희를 필두로 한 군부집단이 군사혁명을 통해 집권하며 한국 민주주의는 새로운 상황에 직면한다. 5·16으로 시작된 군부집단 주

소감을 소개한다. 'DMZ적 상황은 분명 내 도덕적 이론에 도전을 던져준다. 도덕이란 조화를 목표로 한다. 이상적으로는 상호 정당화이다. 그러나 DMZ적 상황은 이것과 다르다. 합리적 타협이 어려운 상대방이나 적에 대해 우리는 어떤 도덕적 의무를 져야 하는가의 문제를 제기한다. 솔직히 이런 상황 아래서 이상적 윤리학은 소용이 없어진다. 살아남기 위한 전략적 윤리학만이 필요하다'(≪중앙일보≫, 2008년 8월 5일 자, 21면)"(김세중, 2011a: 72). 스캔론의 소감은 최근에 휴전선을 보고 나온 것이다. 이보다 몇 배나 긴장이 심했던 1950년대 휴전선을 생각한다면 당시 휴전선 남쪽의 질서가 자유주의적이기가 어려웠다는 사실을 이해할 수 있을 것이다.

도의 권위주의적 통치는 1987년까지 지속되는데, 일단 표면에 드러난 특징에 주목하면 이 시기는 민주주의 전개에서 커다란 후퇴를 경험한 시기로 기록될 것이다. 정치과정에서 국가보위기구들이 감당한 역할은 약 25년간 지속된 군부권위주의 시기의 비민주적 성격을 분명히 보여준다. 대표적인 국가보위기구들로는 중앙정보부, 수도경비사령부, 방첩부대(후 보안사령부) 등을 들 수 있다. 이 중 중앙정보부와 수도경비사령부는 5·16 직후 창설된 것이다. 막강한 정보력과 강제력을 소지한 이들의 공식적 역할은 국외적으로는 북한의 대남공작에 맞서고 국내적으로는 불법적 국가전복 또는 국익을 해치는 음모에 맞서 국가안보라는 공공재를 창출하는 데 있었다. 물론 이런 면에서 이들은 크게 기여했다. 그러나 그와 동시에 이들은 군부권위주의 통치기간에 최고통치자의 권력을 보위하는 친위조직으로서의 역할을 떠맡고 이에 따라 정당 등 대의민주주의의 핵심 제도보다 우위에서 정치과정을 실질적으로 주도했다. 즉, 권력구조 개편과 권력승계 같은 정치의 핵심 의제는 사실상 이들의 소관하에 처리되었다. 이 과정에서 이들의 정보력과 강제력은 자의적이고 초법적으로 남용되기도 했고, 때로는 각자가 헌법기관으로서의 권위를 부여받은 국회의원들도 이들 조직이 행사하는 폭력의 대상이 될 정도였다. 이들 기관을 효율적으로 장악한 대통령에게 권력이 비대칭적으로 집중되어 3권 분리원칙이 사실상 제대로 준수되지 못했다. 특히 유신과 그 이후 신군부 통치기에는 조작의 대상으로 전락한 간선제 대통령 선출제가 도입되는데 이는 민주주의의 핵심인 국민주권의 원칙이 제도적으로 무시되는 상황이 전개됨을 의미한다. 군부권위주의 정권에 대한 저항세력의 움직임은 긴급조치 등 초법적 조치와 정교하고 강력한 국가보위조직에 의해 효율적으로 통제되었다(한배호, 1994: 125~398). 경찰력과 때로는 거리의 폭력조직에까지 의존했던 이승만 시대에 비하면 이 시대의 권위주의는 훨씬 더 체계적이었고 민주주의 질서의 손상도 그만큼 심도 깊은 것이었다. 1950년대를 권위주의 정치로 변질시킨 주요한 요인 중 하나로 이승만의 권력욕구를 지적할 수 있듯이 군부권위주의 체제의 형성을 추동한 주요 요인으로 박정희의 강력한 권력의지를 제시할 수 있다. 그러나 이에 덧붙여 새 통치권력의 군부적 속성, 그리고 쿠데타를 통해 형성된 통치질서에 내재한 특이한 긴장 역시 권위주의 체제를 강화시킨 또 다른 요인으로 지적될 수 있다. 그러나 이 시기에는 국가 주도 산업화가 강력하게 추진되었고 뒤에 언급되듯이 이 역시 정치의 권위주의화를 촉진한 중요한 요인으로 강조되어야 한다. 그러나 사반세기에 걸친 군부권위주의 시기는 권위주의적 통치권력에 의해 추진된 비자유주의적 발전전략의 성공에 따라 한국사회가 정태적 농업사회에서 동태적 공업사회로 총체적 변신을 경험한 시기이기도 하다. 이는 이 시기에 민주주의가 표면적으로는 후퇴했음에도 심층적으로는 민주주의 실천을 위한 사회경제적 토대가 놓였음을 의미한다.

1961년 5·16혁명[4]을 계기로 집권한 박정희 중심의 새 통치집단은 경제발전을 국가의 최우선 과제로 설정한다. 이 과제를 효율적으로 추구하기 위해 박정희 정부는 국가를 일종의 "산업화 체제"(김세중, 2005: 67~110)로 재구성한다. 산업화 체제는 4·19 이후 제2공화국 정부 아래서 활성화되었던 좌파세력의 배제, 발전전략과 예산 편성과 집행을 종합적으로 조절 관리하는 기능이 집중된 경제기획원에 의한 경제운영의 주도, 한미일 삼각 경제협력체제의 구축으로 상징되는 개방형 발전전략의 채택과 군부통치집단과 국가관료제, 그리고 대기업으로 구성되는 지배연합체제의 작동 등을 특징으로 한다. 요컨대 이 체제는 발전국가로 일컬어지는 국가가 민간부분에 적극적으로 개입해 경제발전을 주도해가는 일종의 중상주의 유형에

4) 5·16의 혁명성에 대해서는 김세중(2011b: 180~207) 참조.

속하는 체제였다. 이때 공동체에 헌신하는 개인을 강조하는 민족주의가 산업화 체제의 효율적 작동을 뒷받침하기 위한 동원이념으로 강조되었다.

이처럼 국가 주도 발전전략과 집합주의적 이념을 핵심으로 하는 비자유주의적 중상주의 체제의 채택은 그 당시 한국의 상황에 비추어 불가피했던 면이 있다. 1950년대 한국경제는 근본적으로 미국의 무상원조에 거의 전적으로 의존하는 원조경제체제에 머물러 있었고 시장의 자기조정능력이 결여된 상태였다. 1957년에 본격화된 무상원조의 급격한 감소추세는 경제의 중심축을 동요시켜, 세계 최빈국이었던 한국사회는 약 1,000만 명 노동인구 중 완전 실업인구가 250만 명, 잠재 실업인구가 200만 명으로 추정되는 절망적 상황에 빠진다. 이 같은 환경은 국가가 기축이 되어 시장기능을 보완하거나 대체해서 성장을 위한 제도적 장치를 도입하고 외자의 도입과 배분, 그리고 수출을 지원하는 체제의 작동을 불가피하게 한다(이헌창, 2006: 434).

이런 배경에서 작동하게 된 중상주의 경제체제는 집중화된 권력구조가 특징인 권위주의 정치체제를 기능적으로 필요로 하는 면이 있다. 시장의 조정기능이 작동하지 못하는 조건 아래서 국가 주도로 자원과 기술을 조달하고 일종의 선택과 집중의 원칙에 따라 그것을 장기적 전망 속에서 일관된 원칙에 따라 배분하고 집행하는 과정은 치열한 정치사회적 갈등과 반발에 직면하는 과정이 될 수밖에 없기 때문이다. 그 당시 한국은 자유주의 정치과정을 통해 격렬한 정치사회적 갈등을 소화할 수 있는 역량이 매우 미진한 단계였다. 한국에서 군부권위주의 정치체제가 도입된 후에 비로소 중상주의 경제체제가 효율적으로 작동하게 되었다는 것은 두 체제 사이에 일종의 '선택적 친화력'이 작용하고 있음을 보여준다.[5)]

5) 이근식의 연구도 서구의 경험에 비추어 1960년대 한국사회가 권위주의적 중상주의 체제

물론 그 당시 경제발전의 틀은 중상주의의 형태를 띠고 있었으나 박정희가 경제운영과정에서 자본주의 시장경제의 기본 원리인 개방과 경쟁, 그리고 원활한 정보소통체제를 철저하게 작동시켰다는 점에도 주목해야 한다. 예를 들어 국제주의적 개방경제체제에서 기업들은 해외시장에서 치열한 경쟁에 노출되어야 했고 국가의 지원은 원칙적으로 이 경쟁에 효율적으로 대처한 경우에 한정되었다. 그와 동시에 매달 대통령이 직접 주재하고 필요하면 말단 관계자까지 참석하는 것이 관례였던 월간경제동향보고회와 수출진흥확대회의에서 경제 현황과 운영 등에 관한 정보가 관련 경제주체 사이에서 격의 없이 공유되었다(강광하·이영훈·최상오, 2008).

국가 주도 경제운영체제와 정치적 권위주의, 그리고 개방과 경쟁이라는 경제운영원칙의 조합을 특징으로 하는 한국경제는 1960년대 이후 세계사적으로도 유례가 없는 발전상을 보였다. 1인당 국민소득은 1961년 82달러에서 1987년에는 3,201달러로 격증했고, 산업구조는 1961년 농업경제체제가 1987년에는 중화학공업 비율이 60.1%에 달하는 선두 중진 산업사회로의 변모를 경험한다. 넓은 의미로 이 시대 경제운영의 틀은 중상주의적인 것이었음에도 민간부문이 경제성장의 기본 기제로 작동하는 체제였기에 경제성장은 부단하게 민간부문의 역량과 영역이 확대되는 과정이었고

를 수용하게 된 것은 역사적 맥락에 합당한 것이었음을 인정한다. "중상주의란 이와 같이 비단 16~18세기 서구에서 등장했던 경제적 민족주의 정책의 체계일 뿐만 아니라, 전통적 사회에서 벗어나 근대적 산업사회가 시작되는 근대사회 초기에 근대적인 제도적·물질적 기반을 정비하여 초기적 공업화를 시작하는 정부 주도의 경제개발 패러다임이라고 볼 수 있고 독재정권, 정경유착, 대자본 중심의 경제라는 특징을 가진다. 이러한 관점에서 볼 때 1960년대 이후 한국은 중상주의 단계였으며, 이 시대의 개발독재는 가치판단과 상관없이 그 나름대로 역사적 맥락을 갖고 있었다고 하겠다"(2000: 802). 박정희 시대 국가 주도 발전체제와 정치적 권위주의 사이의 적극적 관계에 대한 체계적 탐구는 김세중(2011a: 75~109) 참조.

이는 민주주의 발전에 심대한 함의를 지닌다.

앞에서 이 글은 한국에서 민주주의의 발현을 막는 중요한 요인으로 반공체제 건설이 가장 절실한 국가과제일 수밖에 없는 상황 아래서 반공주의가 민주주의의 본래 가치를 위협하는 상황이 발생했다는 점, 덧붙여 한국사회는 민주주의 사회를 구성하고 떠받드는 기본 단위이며 근원적 힘인 '근대적 개인'과 '중용적 중간계층'이 극히 제한된 영역에서밖에 존재하지 않는 전근대적 농업사회였다는 사실을 지적했다. 이는 민주주의가 기반을 잡기 위해서는 이런 제약조건들이 해소될 필요가 있음을 의미한다. 군부권위주의 체제 아래서의 비약적 경제성장은 이런 문제점 해소를 위한 근원적 요인으로 작용한다.

분단이 지속되고 북한 체제의 경직성이 지속되는 한 국가안보는 한국사회의 최대 과제일 수밖에 없고 군부권위주의 시기도 이 점에서는 동일한 성격을 지닌다. 따라서 반공주의는 5·16 이후에도 여전히 한국사회에서 민주주의를 제약하는 요인으로 작동한다. 그러나 높은 경제성장은 이 제약을 약화시키는 결정적 요인이 된다. 건국 이후 5·16을 거치며 일견 과도하고 경직된 반공체제의 운영을 불가피하게 했던 요인 중 하나는 1950년대는 물론 1970년대 초반까지 북한에 비해 한국사회가 경제적으로 월등하게 열악했다는 사실이다. 이는 정통성 경쟁에서도 한국을 방어적 위치에 놓이도록 했고 과잉반공주의 체제의 작동을 불가피하게 한 요인이다. 그러나 5·16 이후 달성된 기록적 발전상은 시간이 경과하며 폐쇄적 북한 경제를 압도하게 되고 이는 한국사회의 과잉 반공현상을 점진적으로 감소시키는 역할을 한다. 특히 경제발전은 뒤에 논의되듯 자유주의적·중용적 중산층의 확대로 권위주의 세력과 민주화 세력 사이의 세력균형의 추를 민주화 세력에게 유리하게 바꾸어 민주주의를 정착시키는 근원적 힘으로 작용한다. 그리고 법치주의가 관철되는 민주사회에서 반공주의는 더 이상자의적으로 확대 재생산되어 민주주의를 억압하는 요인으로 기능할 수 없게 된다.

민주주의 사회 건설과 관련된 경제발전의 또 다른 결정적 함의는 그것이 '권리와 자유의 주체의식으로 무장한 근대적 개인'을 산출해내는 결정적 요인으로 작용한다는 점에 있다. 빠른 산업화는 직업, 계급, 지역 이동을 촉진하여 전통적 가족과 연고집단, 그리고 가부장적·신분제적 질서를 약화시킨다. 그와 동시에 자본주의적 산업사회는 전근대적 연고보다 개인의 능력이 평가기준이 되는 사회를 형성한다. 이는 결과적으로 집단주의 문화와 구조에 매몰되었던 개인을 밖으로 끄집어내어 좀 더 자율적 인간을 창출해내는 결과를 낳는다(송복, 1990: 13~44).[6] 사회계층적으로 이는 중산층 중심의 사회가 형성되는 것을 의미한다.

군부권위주의 체제는 부단하게 민주화 세력의 도전에 직면하지만 높은 경제성장률 달성을 통한 효율성 과시, 체계적이고 효율적인 통제조직의 동원, 그리고 상시적 안보 긴장을 배경으로 계속 유지된다. 그러나 1980년대 후반에 진입하며 민주화 요구는 산업화의 결과로 급증한 중산층의 지지를 배경으로 더욱 세를 넓히게 되고 1987년 6월, 드디어 군부권위주의 집단은 민주화 세력의 요구에 떠밀려 직선제 개헌을 약속한다. 1972년 유

6) 그 당시 산업화가 창출한 인간을 근대적 인간으로 지칭하는 것은 논쟁적일 수 있다. 예를 들어 김정오(2006: 27~80)는 이 시점(2000년대 초–필자)까지도 한국인은 혈연, 지연 등을 중심으로 강하게 형성된 연계망을 중심으로 생활하고 있다고 주장한다. 김정오의 관찰이 상당 부분 한국인의 정체성을 현실적으로 파악한 것임은 인정하지만, 이 글에서 근대인이라고 지칭하는 것은 적어도 정치적 차원에서는 억압적 권력에 더 이상 순순히 순응할 수 없는 인간형이 다수를 점하게 되었다는 인식이 가능하다고 보는 것이다. 이런 면에서 산업화가 근대적 인간을 창출했다는 규정은 큰 무리가 없는 것으로 이해될 것이다. 산업화와 민주화의 연관성에 대한 중요한 업적은 잉글하트·웰젤(2011)을 참조.

신체제 도입과 함께 대통령 직선제가 폐지되고 간선제로 바뀌었다. 그러나 간선제는 선거결과를 사실상 자의적으로 조작하는 제도로 악용되었고 따라서 체제의 비민주성을 상징하는 제도였다. 이에 따라 그 당시에는 직선제 확보가 민주주의 실천을 둘러싼 가장 큰 쟁점이 된다(김세중, 2009: 791).

2) 87년 민주화 이후의 민주주의

(1) 민주주의의 공고화

1987년 6월항쟁과 6·29선언의 결과, 처음으로 지속가능한 민주주의 시대가 개막된다. 사반세기에 걸친 군부권위주의 시대는 국가보위기구를 효율적으로 장악한 대통령을 중심으로 하는 권력구조와 이런 구조가 뒷받침된 국가가 체제운영의 독점적 주체로 군림하며 국가이성의 지침에 따라 국가목표를 설정하고 국가와 사회 구성원들이 산업화라는 목표를 달성하기 위해 합목적적으로 배치되어왔던 시대였다. 그러나 6월항쟁으로 주권재민의 원리에 따라 통치권력이 형성되고 집행되는 상황이 열린 것이다. 좀 더 구체적으로 민주주의가 공고화되는 과정을 살펴본다. 1987년 6월항쟁과 뒤이은 6·29선언이 민주화의 결정적 계기가 되었다는 것은 뒤이어 여야의 합의에 의해 채택된 개정헌법에서 잘 나타난다. 즉, 이 헌법은 대통령 직선제의 도입과 기본권의 보강으로 대중의 정치적 참여와 시민사회의 활성화를 위한 기반을 마련했다. 그와 동시에 국정감사권의 회복으로 행정부에 대한 입법부의 견제기능을 강화했다. 그러나 민주주의가 불가역적 정치질서로 정착되어가는 과정에서 또 한 번의 개혁이 필요했다. 1987년 대선에서 직선제로 탄생한 노태우 정부는 민주적 정통성을 확보한 정부였다. 그러나 심층적으로는 전두환과 노태우의 권력기반이었던 군 내부 사조직 하나회가 군부 내 요직을 독점한 상태에서 노태우 정부에서도 한국사회 권력구조에서 치외법권적·잠재적 압력집단으로 강력한 위상을 구축하고 있었다. 이는 민주주의 실천을 제약하는 구조적 요인이었다. 그러나 1992년 김영삼은 집권과 함께 전격적으로 하나회를 무력화시킨다. 이로써 군부에 의한 민주주의 전복가능성은 실질적으로 제거된다. 특히 김영삼 문민정부에 진입하며 군부권위주의 시기의 관행이었던 국가보위기관에 의한 정치주도 현상이 결정적으로 약화되고 사실상 민간 직업정치인들과 그들로 구성된 정당과 국회가 정치과정의 주역으로 위상을 확립한다. 또 국회의원 공천권과 정치자금에 대한 대통령의 영향력이 약화되고 국가보위기구들의 자율성이 점차 회복됨에 따라 대통령의 정당과 국회에 대한 장악력, 그리고 정치과정에 대한 지배력은 현저하게 떨어진다. 이에 따라 권위주의 체제의 특징이던 행정부 우위구도에도 한계가 나타난다. 무엇보다 1997년 대선에서는 한국 현대정치사에서 처음으로 선거라는 평화적 수단을 통해 정권이 여당에서 야당으로 이양된다. 이는 정치적 민주화의 가장 농축된 표현으로 권위주의 정치의 특징이던 이른바 집권당 프리미엄이 최소화되어 선거가 예측불가능한 게임이 된 것이다. 2002년 대선에서는 다시 한 번 선거를 통해 정권이 여당에서 야당으로 이전된다. 두 차례의 선거를 통한 여당에서 야당으로의 정권교체는 87년 민주화가 민주주의를 불가역적 질서로 정착시키는 확실한 계기였음을 보여주었다(Huntington, 1991).[7)]

(2) 대의민주주의 시대의 개막과 기능부전의 발생

1987년에 개시된 민주화는 이미 언급했듯이 이후 그것이 '예측불가능한 선거제도' 정착의 계기였다는 사실만으로도 지속가능한 민주주의의 출발

7) 이는 비교정치학자 새뮤얼 헌팅턴(Samuel Huntington)의 가설이다.

점이었음을 보여준다. 그러나 미시적으로 들어가면 대의민주주의는 실천 과정상 많은 문제점을 동반한다. 이 점에 대해 상론하기 전에 먼저 대의민주주의의 의미를 살펴본다.

6·29선언 이후 공고화된 민주주의는 물론 '대의민주주의'의 형식을 띤 것이다. 원래 인민의 의사에 따른 통치라는 의미를 지닌 민주주의는 직접민주주의의 형태로 출발했다. 그리고 역사적으로 상당 기간 민주주의는 직접민주주의로 이해되었다. 그러나 오늘날 민주주의는 인민에 의해 선출된 대표에게 통치권이 위임된 형태로 운영된다는 의미에서 거의 예외 없이 대의민주주의 형태로 운영되고 있으며, 한국사회에서도 예외가 아니다. 물론 아직도 직접민주주의에 집착하며 대의민주주의를 회의의 눈초리로 보는 시각이 있으나, 특히 근대사회에서 직접민주주의에 대한 요구는 현실성이 없을 뿐 아니라 바람직하지도 않다. 이와 관련된 논거는 다음과 같다.

첫째, 적어도 수백만, 수천만 명으로 구성되고 고도로 분화된 현대 대중사회에서 국가의 정책결정에 인민의 직접적 참여를 전제로 하는 직접민주주의 또는 참여민주주의의 이상을 실현하기란 무엇보다 기술적으로 불가능하다.[8] 둘째, 직접민주주의는 기술적으로는 동질성이 보장되는 소규모 공동체를 전제로 하는 것이다. 그러나 그 경우에도 구성원들이 직접 대면하는 의사결정방식이 이상적이라는 것은 이론적으로나 경험적으로 입증되지 않는다. 소규모의 비교적 동질적인 공동체에서는 오히려 순응과 동조, 불관용과 편협, 정치의 사인화 등의 경향에서 비롯되는 의사결정의 왜

8) 직접민주주의를 실행한 그리스 도시국가의 성인남성 시민의 수는 2,000명에서 1만 명 사이였다. 아테네의 경우 민주주의가 최고조에 이르렀을 때 시민 수가 6만 명 정도에 달했던 것으로 평가되는데, 당시 한 저술가는 이는 직접민주주의 실천에 너무 많은 숫자라고 기술했다고 한다(달, 1996: 144).

곡가능성이 더 강하게 나타날 수 있음이 지적된다. 아울러 소규모 직접민주주의는 선동에 훨씬 취약하기 때문에 독재로 전락할 가능성이 더 크다는 점이 지적되기도 한다(헬드, 2010: 448). 그와 동시에 소규모 집단에서도 사실상 활발하게 의견을 개진하는 자는 대개 제한되어 있다는 사실에도 주목할 필요가 있다(달, 1996: 147). 셋째, 직접민주주의가 이상화하는 대중의 직접 참여가 의사결정의 질을 향상시킨다는 보장 역시 찾기 힘들다. 오히려 많은 경우에 직접 참여를 통한 의사결정은 대중의 충동을 촉진하여 대중영합적·비이성적·비합리적 결과가 도출될 위험성을 높인다. 여과기제가 결여된 직접민주주의가 대중의 무절제한 욕구 분출의 통로로 남용될 가능성은 고대의 플라톤(Platon)과 아리스토텔레스(Aristoteles)에서부터 근대의 자유주의자 J. S. 밀(J. S. Mill)에 이르기까지 사려 깊은 사상가들에게 일관된 우려의 대상이었다는 사실을 주목할 필요가 있다(아블라스터, 2007: 509~546). 이때 직접민주주의자들은 참여는 공민적 인간을 양성하기 위한 불가결한 의례라는 전제에서 참여 자체에 커다란 중요성을 부여하기도 한다. 이 전제는 그 나름대로 의미가 있으나 결정적 한계는 뒤에 언급되듯 대중적 참여가 무엇보다 숙의(deliberation)를 어렵게 한다는 점에서 발견된다(헬드, 2010: 440).

이상의 논거는 직접민주주의는 단순히 근대사회에서 기술적으로 실천이 어렵다는 이유만이 아니고 민주주의를 실천에 옮기는 형식으로서도 적절하지 못하다는 것을 보여준다.

구체적으로 대의민주주의는 이른바 '대표성'과 '숙의성'을 확보해 직접민주주의의 문제점을 보완하는 것으로 이해된다. 여기서 대표성은 대의민주주의에서 인민의 대표로 선출된 자들이 기계적으로 그들을 선출한 자들의 의견을 대리하거나 정파적 이익 또는 대중의 충동적 요구를 대변하는 차원을 벗어나 사회 전체의 입장에서, 즉 공공성 또는 공공의 이익을 대변하는 차원에서 의사결정에 임하는 자세를 지칭한다. 대의민주주의가 대표성 확보에 유리하다는 추론은 적어도 경쟁을 통해 선출된 대표는 일반인보다 전문성과 재능, 그리고 덕성이 더 풍부한 인물이라는 전제에서 발견된다.[9] 물론 이들 대리인이 주인(선출자)의 기대와는 무관하게 사익에 몰두하거나 파벌적 이익이나 정파적 관점에 빠져들 우려를 배제할 수 없다. 따라서 이를 억제하기 위한 적절한 제도적 장치의 도입이 필요하다. 바로 대표의 임기를 설정하고 주기적으로 책임을 묻는 선거제도의 도입이 이에 해당하는 장치이다. 미국 건국의 아버지 중 한 명인 제임스 메디슨(James Madison)은 이에 대해 다음과 같이 기술했다.

> 모든 정치적 헌법의 목적은 첫째, 사회의 공동선을 분별할 수 있는 최상의 지혜와 그것을 추구할 수 있는 최상의 덕을 가진 사람을 통치자로 얻는 것이고 또 그래야만 하는 것이다. 그리고 그다음은 그들이 계속 대중의 신뢰를 유지하는 한편 그들의 덕성을 지키도록 하는 가장 효과적 견제책을 강구하는 것이다. …… 가장 효과적인 것은 그 임기를 제한해서 국민에 대한 적절한 책임을 유지하도록 하는 것이다(김주성, 2012: 52에서 재인용).

대의민주주의의 또 다른 장점은 의사결정과정에서 '숙의성'을 보장할 수 있다는 전제에서도 찾는다. 여기서 숙의성의 보장은 주어진 쟁점에 대해 가부의 물음을 통한 결론의 도출보다, 결론으로 가기 전까지의 합리적·이성적 불편부당한 토론과정이 중시되는 것을 말한다. "한마디로 심의(숙의)가 대의민주주의의 존재 이유라는 것이다"(서병훈, 2012: 18)라고 규정될 정

---

9) 이런 장점을 지닌 집단이 존재한다는 가정 아래 그들이 '자연귀족'이라는 개념으로 묘사되기도 했다(마넹, 2007: 152~153).

도로 숙의성은 대의민주주의의 덕목을 대표하는 특징으로 이해되기도 한다. 대의민주주의에서 숙의가 차지하는 위상을 보여주는 단적인 예는 미국 초기 국가형성단계에서 숙의를 보장하기 위한 방안을 둘러싸고 특별한 논쟁이 벌어졌다는 사실이다. 즉, 대의민주주의를 최초로 정식화한 미국의 경우 초기 의회가 출범하면서 대의민주주의의 숙의기능의 실천과 관련된 두 가지 규정을 둘러싸고 논쟁이 일어났다. 하나는 대표들에게 선거민의 지도권 거부 권한을 부여할 것인가 여부였다. 일부에서는 직접민주주의 정신에 따라 대표에 대한 선거구민의 지도권 행사를 분명하게 규정해야 한다는 주장이 제기되었으나 숙의를 저해한다는 이유로 수용되지 않았다. 이때 지도권의 거부 명분은 다음과 같다.

> 내 생각에는 일단 인민에 의해서 대표로 뽑히면, 그는 다른 곳 출신들과 만나 의논하고 공동체 전체의 이익을 증진시킬 방안을 만드는 의무를 지는 것이다. 만일 선거구민이 지도권을 행사한다면 그들이 심의(숙의)해보아야 무슨 소용이 있겠는가(김주성, 2012: 18).

선거구민의 지도권 거부와 함께 회의형식에서 비밀의 보장 여부도 논쟁거리였다. 회의를 공개해야 한다는 주장이 제기되었으나 결국 비밀회의가 의사결정에서 숙의를 장려한다는 명분 아래 관철되었다. 이때 회의를 공개하면, 대표들은 진지한 숙의 대신 선거구민을 의식하는 수사적 연설에 몰두하거나 일단 공개적으로 주장했던 것을 번복하기가 어려워진다는 점이 지적되었다(김주성, 2012: 52~53). 이상은 대의민주주의의 존재 명분으로 대표성과 숙고성의 확보가 출발점부터 강조된 사항임을 보여준다. 물론 한국의 경우에도 87년 민주화와 함께 대의민주주의가 본격적 실천의 계기를 맞으며 대표성과 숙의성이 발휘되고 그에 따라 성숙한 민의가 반영되는 국정운영이 뒤따를 것으로 예측되었다. 그와 동시에 기대되었던 것은 국민 통합과 효율적 국정운영이었다. 건국 이후 반공권위주의와 군부권위주의 시대를 거치며 한국사회는 반공주의의 적실성 여부, 군부권위주의 세력과 민주화 세력 사이의 이른바 민주-반민주를 둘러싼 갈등, 성장과 축적을 앞세운 산업화 세력의 국가 주도 발전전략의 적실성 여부를 두고 발생한 분열 등 몇 가지 쟁점을 놓고 끊임없는 균열과 갈등을 거듭했다. 물론 갈등은 모든 사회에서 보편적 현상이고 사회발전의 기본 동력이기도 하다. 그러나 군부권위주의 시대를 일관한 이른바 산업화 세력과 민주화 세력 사이의 갈등은 국민 통합을 위협하는 수준으로까지 격화되어 막대한 국력 소모의 원인이 된다. 이에 따라 87년 민주화는 민주-반민주 사이의 심각한 균열을 일거에 해소하고 국민 통합을 견고히 하는 계기가 될 것으로 예측되었다. 덧붙일 것은 민주화 이후의 대의민주주의는 국정 효율성을 한 단계 상승시키는 단서가 될 것으로도 기대되었다는 점이다. 군부권위주의 시기는 그 나름대로 정책 추진의 일관성과 지속성, 그리고 효율성의 담보로 세계적으로도 유례가 없는 이른바 압축산업화에 성공한 시기였다. 그러나 이미 언급했듯이 그 시대는 민주-반민주의 쟁점과 산업화와 발전의 성격을 둘러싸고 치열한 갈등이 상시화되는 시대였다. 이런 시대적 배경에서 야권은 정부의 국정수행에 대해 시시비비보다도 사실상 반대를 위한 반대의 모습을 보이기 일쑤였고 당시 행정부는 사실상 강압적 또는 일방통행적 수법으로 야당의 반대를 제압함으로써 국정운영의 효율성을 담보하는 길을 선택했다. 군부권위주의 시기에 담보된 국정운영의 효율성은 대화와 타협에 의한 것이라기보다 강압과 일방적 추진에 의한 것이었기 때문에 그에 따른 한계가 있을 수밖에 없었다. 대의민주주의의 회복은 여야 사이에 대화와 타협을 통해 국가운영에 대한 합의점이 모색되는 계기가 될 것으로 예측되었고 이는 민주화 이전에 비해 국정운영에서 자발성과 창의성이 발휘되는 공간을 확대하여 더 높은 단계의 효율성이 담보되는 시대가 열릴 것이라는 기대를 낳았다.

그러나 87년 민주화 이후 본격적으로 실천에 들어간 대의민주주의는 대표성과 숙의성 발휘에 실패했을 뿐 아니라 나아가 심각한 사회적 균열과 갈등의 해소, 그리고 국정수행능력 향상이라는 과제 실천에 무력한 모습을 보여준다.

(3) '대표성'의 실패

대표성 실패의 핵심은 87년 민주화 이후 국회와 같은 대의민주주의를 실천하는 핵심 제도가 공공이익의 증진을 위한 토론과 대화의 장이 아니라 국회의원 개인, 그리고 각 정당의 파당적·정략적 이익을 추구하기 위한 쟁투의 장으로 변질되는 모습 속에 표출된다. 이는 구체적으로 국회라는 공론의 장에서 주요 정당 또는 정치인들이 권력에 유리한 고지를 점하는 데 도움이 될 것으로 판단되면 이전까지의 주장을 서슴없이 바꾸고 자신의 정체성을 뒤집는 주장도 마다하지 않는 모습으로 나타났다. 이는 기본적으로 민주화 이후 권력을 절대시하는 맹목적 현실주의가 팽배하는 현실을 반영하는 현상으로도 이해된다.

> 민주화 이후 한국사회는 그 어느 때보다 권력을 맹목적으로 추구하고 있다. 이전에도 권력지향적 속성이 없었던 것은 아니지만 사회 전반에서 이렇게까지 권력 또는 힘을 갈망하지는 않았던 것 같다(라보르드, 2009).

민주화 이후에 한국 정치사회에 권력가치 자체가 절대적 가치로 부상하는 모습은 마치 산업화의 성공으로 물질가치가 압도적이 된 한국의 시민사회와 짝을 이루는 현상으로도 설명된다(김주성, 2011: 248).

아마도 민주화 이후 권력 추구의 충동이 지배적 동기가 되도록 한 요인 중 하나로 민주화 이전과 상이한 정치환경을 지적할 수 있다. 예를 들어 군부권위주의 시대에 군부 집권세력은 나름대로 경제건설 또는 조국근대화라는 공익적 사명감이 있었다. 그와 동시에 그들과 치열한 대척점에 있던 반대세력은 민주화라는 명분을 실현하기 위해 개인의 안락을 저버리고 헌신하는 모습을 보였다. 즉, 산업화 세력과 민주화 세력의 권력의지는 어느 정도 공적 사명감과 결부된 면을 보이기도 했다. 87년 민주화 이후에 이런 공적 명분에 대한 집착과 헌신이 상당 부분 희석화되며 그 공간이 단일한 권력 추구의 욕구로 채워지게 된 것으로 추측된다. 이와 함께 지적될 것은 이미 앞장에서 살펴보았듯이 1961년 5·16 발발 이후 30년 가까이 한국사회의 지배권력은 사실상 제한된 군부 출신의 통치자들에 의해 독점되어왔다는 사실이다. 즉, 권력과점현상이 지속되었던 것이다. 민주화는 과점구조 아래 전 사회적으로 억제되어왔던 권력에 대한 갈증이 자유롭게 분출하는 계기가 된 것으로도 볼 수 있다. 이와 맞물려 후에 언급되듯이 민주화가 허용한 '자유'가 개인의 이기적 욕망의 무한 추구를 허용하는 이념으로 소화되면서 맹목적인 권력의 추구 현상이 더욱 기승을 부리게 된 것으로 해석될 수도 있다. 이런 배경에서 민주화 이후 국회와 정당이라는 대의민주주의의 구현을 위한 제도적 장치는 국민의 대표에 의해 공공이익의 추구나 정책의 시시비비를 가리는 제도로서 기능하기보다는 사익이나 당파적 이익을 위해 반대를 위한 반대 또는 권력 확보에 유리한 고지를 점령하기 위한 상대편 상처 내기 또는 흠집 내기에 급급한 장치로 전락한다. 한 정치평론가는 2013년 말의 정치상황을 다음과 같이 묘사한다.

> 지금 여야의 대치상황에는 정치철학도 없고 논리도 없고 사리판단도 없고 파당만 있다는 이야기이다. …… 의회정치를 한답시고 한 것이 60년이고 민주

> 화되었다고 한 지 30년이 다 되어가는데도 우리 정치는 정말로 치졸하고 부끄럽다 못해 절망적이다(김대중, 2013).

민주화 이후 한국의 대의민주주의가 그것에 기대되는 중요한 덕목인 '대표성' 구현에 실패했음을 절절하게 보여준다.

(4) 숙의성의 실패

대중의 직접 참여를 유보하는 대의민주주의의 또 다른 핵심 덕목은 의사결정과정에서 숙의를 보장하는 것이다. 그러나 민주화 이후 대의민주주의는 '숙의' 기능을 발휘하는 데 실패한다. 이를 억제한 요인은 두 가지로 지적될 수 있다. 첫째는 시민사회이다. 민주화 이후 무엇보다 대중적 참여를 통해 요구를 표출하고 국가정책에 영향을 행사하는 것을 진정한 민주주의의 구현으로 정당화하는 흐름이 한국사회 일각에 강력하게 형성된다. 제도정치 외부에서 대중적 동원과 참여, 그리고 수적 우세의 과시를 통한 의사 표출을 정당화하는 이른바 광장민주주의(직접민주주의) 개념이 일부에 풍미하게 된 것이다. 민주화 이후에도 한국사회에는 87년 민주화와 함께 성립된 이른바 '87체제'가 민중의 존재와 이익을 배제한 일종의 반동적 체제라는 인식하에 이 체제의 정당성을 거부하는 세력이 존재했던바, 직접민주주의 흐름의 상당 부분은 이들에 의해 주도된다(김영명, 2006: 306~311). 이들은 오히려 대의민주주의 제도를 우회하고 거리에서 직접 요구를 분출하는 데 더 큰 의미를 부여한다. 이것이 때로는 절제되지 않는 대중적 감성과 열정에 의해 뒷받침된 집단행동으로 번지면서 대의민주주의 체제를 뒤흔드는 사건으로 번진다. 2002년 미군 훈련차량에 의한 여중생 치사 사건과 2008년 광우병 쇠고기 수입 파동을 둘러싸고 발생한 대규모 촛불 시위는 상당 부분 이들에 의해 주도된 것이다. 2002년 사건은 같은 해 실시된 대통령 선거의 향방에 간과할 수 없는 영향을 미쳤고 2008년 사건은 100일간 새 행정부의 국정운영을 마비시킬 만큼 근래에 보기 드문 중대한 결과를 초래했다. 정치사회를 뒤흔드는 대중운동의 범람은 기본적으로 대의민주주의를 위축시키고 사회 전체적으로도 숙의역량의 발휘를 제어한다. 대의민주주의의 숙의기능을 위축시킨 둘째 요인으로는 공공의식을 상실한 정치인들의 처신을 들 수 있다. 대선의 향방에 심대한 영향을 미치고, 100일에 걸쳐 국정수행을 사실상 마비시킨 두 차례 촛불시위는 결과적으로 완전히 사실적 근거가 결여된 허구적 주장에 기반을 둔 것으로 밝혀졌다(홍성기, 2010: 138~163). 이는 선출직 정치인들이 대의민주주의의 숙의기능을 살려 선제적으로 이 쟁점에 대해 검토하고 결론을 내렸더라면 길거리 대중운동의 확산을 억제할 수 있었음을 보여준다. 특히 이 쟁점들은 기본적으로 가치판단이 아니라 사실판단에 관련된 것들이었기 때문에 국회와 같은 대의민주주의의 장에서 숙의적 토의과정을 거쳐 결론을 도출했다면 상당한 설득력을 발휘할 수 있었을 것이기 때문이다. 그러나 그 당시 상당수 선출직 정치인들은 쟁점에 대한 숙의 대신 순전히 파당적 이해관계에 따라 상대방 흠집 내기에 종사하는 모습을 보였다. 이 밖에도 민주화 이후 국회에 제출된 주요 국가정책은 거의 예외 없이 권력을 쟁취하기 위한 수단적 관점 또는 정파적 이해관계에 따라 취급되었다. 이에 따라 국회는 상시적으로 숙의능력이 마비된 극한적 대립과 물리적 충돌의 장으로 전락했다. 이와 관련된 실상이 다음과 같이 제시된다.

> …… (민주화 이후) 국회에 제출된 법안들이 정책의 합리성이나 필요성보다 정당의 정략적 관점에서 토의되고 표결되는 경우가 허다하다. 과거에 여당의 위치에 있던 어떤 특정 정당이 제안하고 주장했던 법안들도 그것이 막상 다른 당이 집권해 똑같은 취지의 법률안을 제출했을 경우, 그 정당이 과거의 주장

을 아무렇게나 뒤집고 반대의 주장을 펴는 것을 우리는 자주 보아왔다. 토론과 논리로 또는 다수 의석으로 뜻을 관철할 수 없으면 의장석을 점거하고 농성해 표결을 막는다. 이런 상황에서 정책의 입법화는 거의 모두 정당의 정략적인 타협의 산물이 될 수밖에 없다. …… 국회에서 막바지 시한에 몰려 수십 개 법안이 일괄 상정되어 날치기 통과되는 경우가 적지 않았다(조윤제, 2009: 103).

(5) 사회 통합의 위기

민주화 이후 대의민주주의의 또 하나의 문제점은 사회적 균열의 증폭이다. 물론 민주화 이전 군부권위주의 시대는 치열한 갈등과 균열로 점철되어 있었다. 그러나 그 당시 균열을 야기한 최대 쟁점은 이른바 민주-반민주를 둘러싼 것이었다. 따라서 민주화와 함께 근원적 갈등요인이 제거되며 통합의 시대가 열릴 것으로 예상되었다. 그러나 오히려 민주화 이후에 균열양상은 더욱 다기화되고 심화되는 양상을 보였다. 민주화 이후에 오히려 사회 통합이 더욱 중요한 사회적 화두로 부각되는 것은 이런 사정을 잘 보여준다.[10] 군부권위주의를 거치며 한국은 압축산업화라고 일컬어질 만큼 기록적인 빠른 속도로 농경사회에서 산업사회로의 변모를 경험한다. 경쟁을 기본 속성으로 하는 산업사회는 본래 갈등 유발요인을 내재한 사회이고, 특히 산업화가 급진적으로 진행되며 다양한 갈등요인도 압축적으로 누적된다. 산업화는 원래 존재하던 지역갈등을 크게 증폭시켰을 뿐 아니라 계층과 세대 간의 갈등을 창출하고 확대하는 기제로도 작용한다. 산업화의 결실이 지역과 계층과 세대에게 격차를 보이며 분포되는 면이 있

10) 이명박 정부와 박근혜 정부 모두 대통령 직속 '사회통합위원회'를 설치한 것이 이 점을 잘 시사한다.

었기 때문이다. 여기에 남북분단이라는 특수한 상황을 배경으로 해방정국부터 내연되어왔던 이념갈등이 민주화 이후 더욱 기승을 부린다. 이념갈등은 주로 북한과 미국에 대한 한국의 입장, 그리고 성장과 분배 사이의 강조점 차이로 표출된다. 압축산업화와 남북분단 등과 연계되어 생성된 균열은 군부권위주의 시기에는 상당 부분 작위적으로 억제되고 관리될 수 있었다. 그러나 민주화는 갈등을 억제했던 창을 일시에 열어젖히는 계기가 된 것이다. 민주화 이후 이념을 둘러싼 갈등이 첨예화한 것을 보여주는 명증한 예로써 2010년 천안함 폭침으로 야기된 국론 분열을 들 수 있다. 천안함 폭침은 국가안위에 관련된 중대한 사건이다. 당연히 범국민적·초당적 입장에서 의견이 조율되고 대책이 강구되어야 할 사안인 것이다. 그러나 이런 중차대한 사건 앞에서도, 우선 침몰원인 자체를 놓고 사회적 합의를 도출하는 데 실패했다. 천안함 폭침이 북한 소행이라는 것은 국제 공조를 통해 명백히 입증된 바이다. 그럼에도 여론조사에서는 30% 가까운 응답자가 정부 발표를 믿지 않는 것으로 나타났다. 지역갈등 역시 민주화 이후에도 확대일로의 길을 걷는데, 최근의 극적인 표현은 국책사업의 유치를 둘러싸고 지역 간 벌어진 난폭한 형태의 갈등양상이다. 세대갈등 또한 오히려 민주화 이후 점차 증폭되는 모습이다. 2010년 10월 서울시장선거에서 극명하게 표출된 2040세대와 5060세대 간의 대조적인 투표행태는 이를 보여주는 가장 최근의 대표사례이다. 갈등은 잠재되어 있던 문제를 노출시키고 그에 대한 해법을 모색하는 계기를 만들어 사회발전의 계기로 작용할 수 있다는 면에서 적극적 의미를 지닌다. 민주화 이후 적어도 과도기적으로 일정 기간 균열과 갈등이 증폭되는 것은 자연스럽고 바람직한 일이라고 할 만하다. 문제는 민주화 이후 거의 사반세기가 지난 현시점에도 이념, 지역, 세대 또는 계층 건 갈등이 지속적으로 증폭되는 모습을 보이고 있다는 것이다. 즉, 민주화 이후 갈등이 순화되는 모습을 보이기는커

녕, 오히려 어떤 면에서는 여러 후진국의 경우에서처럼 민주화 이후 오히려 집단갈등과 인종분규가 훨씬 악화되어 국민공동체가 분열로 나아가는 것과 유사한 징후까지도 보여준다(자카리아, 2004: 126)는 우려를 낳고 있는 것이다. 실제로 삼성경제연구소의 조사에 의하면 2010년 한국의 갈등지수는 종교적 갈등이 심한 터키에 이어 경제협력개발기구(OECD) 2위를 기록했다(2009년에는 4위였다고 한다). 이러한 결과로 한 해 예산안에 육박하는 갈등비용을 지불하는 것으로 추론되기도 한다.

(6) **효율성의 위기**

민주화 이후 대의민주주의 체제 아래 초래된 또 다른 문제는 국정운영에서의 효율성 저하이다. 이는 국가에 의해 설정된 정책과 목표의 추진능력 약화로도 요약될 수 있다. 민주화 이후에 대통령의 강력한 권력과 정책 집행 의지를 뒷받침하기도 했던 국가보위기구들의 역할에 한계가 생기고 국가 권력구조 자체가 '견제와 균형' 원리의 좀 더 철저한 적용으로 분권형의 모습을 띄게 된 반면, 시민사회의 존재감과 영향력은 증대되었다. 다시 말해 민주화 이전까지 억제되었던 야당과 시민사회의 욕구와 요구, 그리고 비판은 분출되는 반면, 국가는 이를 전체적 차원에서 조망하고 조정할 수 있는 역량을 상당 부분 상실하게 되었다. 이는 결과적으로 국가의 국정수행능력 저하로 연결되는 것이다.

민주화 이후 과도기적으로 이런 현상이 발생하리라는 것은 쉽게 짐작할 수 있는 일이다. 문제는 이것이 과도기적 현상이 아니고 지속적 현상이 되었다는 것이다. 민주화 이후 노태우 정부에서 국정운영의 효율성 저하는 뚜렷한 현실이었다. 노태우 시대는 출발부터 억압되었던 개인과 이익집단의 욕구 분출에 직면한다. 특히 1987~1988년의 노동운동은 폭발하는 모습을 보였고 여소야대 국회의 압력 아래 농어촌 부채 탕감, 쌀 수매가격 인상 등 전형적 포퓰리즘 시책이 무더기로 통과된다. 이런 와중에도 노태우 정부는 재벌의 부동산 투기를 억제시키기 위해 불요불급한 부동산의 판매를 압박하는 등 재벌개혁에 노력하는 모습을 보이기도 한다. 그러나 재벌개혁의 핵심이라 할 수 있는 재벌 경제력 집중을 완화하고부터 업종 전문화의 촉진을 위한 개혁은 모두 지지부진한 상태에서 마감된다(이장규 외, 1995). 뒤이어 문민정부로 일컬어지는 김영삼 정부가 등장하며 하나회 척결, 공직자 재산 등록, 금융실명제 등 중요한 개혁조치가 집권 초기에 이루어진다. 뒤이어 재벌업종 전문화, 부실금융의 정상화, 공정거래 확립, 노동시장 유연화 등과 관련한 개혁 논의가 있었으나 이해집단의 반대에 부딪치며 대부분 좌절로 끝나 버린다. 특히 말기에 국회를 통과했던 「노동법」을 야당과 노동단체의 압력으로 다시 폐기하는 이른바 노동법 파동을 거치며 김영삼 정부의 국정수행력은 사실상 마비상태에 빠진다(윤영관, 1998: 236). 특히 김영삼 정부 때 금융시장이 개방되고 각종 규제가 완화되었으며, 재벌의 과잉투자와 방만한 확장을 견제하고 금융거래를 규제할 필요에 직면했음에도 이완된 관료제의 기능부전 때문에 이에 대한 적절한 대책을 마련하는 데 실패했다. 결과적으로 이는 97년 외환위기의 중요한 배경이 된다.

민주화 이후 국가효율성의 저하를 가장 상징적으로 보여주는 것은 대통령의 지지도가 임기 후반으로 진입하면 바닥을 치고 대통령이 집권여당에서 출당당하는 국면에 직면하는 것이다. 진보 대통령으로 불리는 김대중, 노무현도 이런 국면에서 자유로울 수 없었다. 이들도 결과적으로 예외 없이 처참할 정도의 지지도 하락으로 여당 당적을 상실하는데, 지지도 하락을 야기한 중요한 요인은 국가경영에서의 실책이다. 김대중 정부는 초기에 고비용 저효율 구조를 혁파하기 위한 개혁에 매진하고 상당한 효과를 낸 것도 사실이다. 그러나 이 개혁도 사실은 절체절명의 외환위기라는 비상한 상황에서 국제통화기금(IMF)의 힘에 의존한 것이었다. 외환위기 후에는 다시 국정개혁과제를 추구하는 능력을 상실한 것으로 평가된다. 그 실태는 다음과 같이 제시된다.

> 경제위기 극복 이후의 국정도 위기 이전과 유사한 양상을 보인다. 실질적 권능이 강해진 국회, 권력화한 노조, 정치화한 언론, 투쟁적 시민단체의 틈에서 국가의 기능은 점점 더 취약해졌으며, 외환위기 이전에 보이던 정책 추진의 답보와 정체가 되풀이되고, 오히려 더욱 심해지고 있는 듯하다. 한국은 또 다른 위기가 와야 정체되어 있는 개혁과제를 해결할 수 있는 '위기의존형' 국가가 되어가고 있는 것은 아닌가?(조윤제, 2009, 53)

노무현 정부도 비효율적 국정운영에서 예외는 아니었다. 노무현 정부의 주요한 국가과제 중 하나는 외환위기 이후 심화되어가는 양극화 현상에 대책을 마련하는 것이었다. 외환위기는 비교적 빠른 시일 내에 – 기술적으로는 – 극복되었지만 이후 양극화는 점차 심화되는 추세를 보이고 노무현 정부 들어서는 더욱 심각한 양상을 띠게 된다. 그러나 초기에 노무현 정부는 보안법 폐지, 과거사 청산, 신문법 개정, 사학법 개정 등 이른바 강한 정치성을 띤 4대 개혁과제에 매달리며 양극화의 심각성 자체를 인식하지 못하고 있었다. 임기 말년에 이 과제의 심각성을 인식하고 적극적 관심을 보이지만 실효성 있는 방책을 내놓을 수는 없었다. 노무현 정부의 국정실패의 실상은 무엇보다 극명하게 보여주는 것은 한국 대통령 선거 역사상 유례 없는 500만 표 이상의 표차로 정권을 상실했다는 사실이다(김헌태, 2009: 111~112).

이상의 고찰은 87년 민주화는 일단 비민주적 체제로의 역류가능성을 제거하는 수준까지 진전될 수 있었다는 면에서 커다란 성과를 거두었으나 대의민주주의 체제의 확립이라는 면에서는 적지 않은 문제점을 동반한 과정이었음을 보여준다. 대의민주주의 오작동의 실체는 대의민주주의가 사적인 권력욕구에 매몰된 정치인들의 대중영합적 행태에 크게 좌지우지되어 운영과정에서 공익적 관심은 증발하고 사회적 균열은 심화되며 국정수행력은 저하된 것을 통해 확인된다. 이는 민주화 이후에 대의민주주의의 정상화가 중요한 과제로 부상하게 되었음을 보여준다. 특히 97년 외환위기는 대의민주주의의 정상화를 위한 노력을 매우 절박한 과제로 만들었다. 97년 외환위기는 미증유의 충격적 사건이었으나 짧은 시일 내에 차입한 외환을 되갚아 위기 자체는 극복된다. 그러나 위기극복과정에서 경제적 양극화의 만성적 악화라는 엄청난 후유증을 남긴다. 양극화의 심화는 국민 통합을 근원적으로 위협하고 정치적 불안정을 심화시켜 근대국가의 존립을 위협할 수도 있는 사항이다. 따라서 이에 대한 적절한 해법의 모색은 한국사회에 절체절명의 중요성을 띤 과제로 부상했고 그 해법을 둘러싼 논란은 이미 상당 기간 지속되고 있다. 특히 2013년 총선과 대선을 앞두고 양극화는 한국사회를 뒤흔드는 쟁점으로 부상했고 차기 집권을 노리는 여야는 각자 나름대로 이에 대한 대응책을 제시하는 데 여념이 없다. 그러나 다시 상론될 것이지만 현재 한국의 정치세력은 국가 백년대계의 차원이 아니라 예외 없이 선거에서의 승리라는 단기적 목적을 염두에 두고 이 문제에 접근하고 있는 것으로 보인다. 이는 궁극적으로 국가체제의 파탄으로 이어질 수도 있는 매우 위중한 상황 전개이다. 이 글은 다음 절에서 이런 상황의 전개를 억제할 수 있는 기본적 해법은 대의민주주의가 국가적 쟁점에 대해 숙의할 수 있는 기능과 정책 집행의 효율성을 되찾는 데 있다는 전제에서 그에 대한 방안을 모색한다.[11] 대의민주주의의 개혁

11) 바람직한 복지정책을 제시하는 것은 이 글의 범위를 벗어나는 것이다.

방안을 제시하기 전에 먼저 개혁을 더욱 절실한 과제로 만든 97년 외환위기의 배경과 발생과정, 그리고 그것이 남긴 과제의 심각성을 다시 한 번 점검한다.

3. 외환위기 이후의 민주주의

이 절에서는 먼저 97년 외환위기 발생의 배경과 과정에 대해 살펴보고 그것이 양극화라는 심각한 국가적 과제를 남기게 되었음을 보여준다. 뒤이어 양극화의 해법을 둘러싸고 일종의 복지 포퓰리즘이 대두하는 모습을 제시하고 복지에 대한 포퓰리즘적 접근을 억제하는 근원적 방안은 체제적 차원에서 대의민주주의가 본래 기능을 발휘하도록 하는 데 있다는 전제 아래 그것을 위한 개혁방안을 제시한다.

1) 외환위기와 복지 포퓰리즘의 대두

(1) 문민정부와 외환위기의 발생

이미 고찰했듯이 5·16과 함께 형성된 국가 주도적 경제운영체제는 그 당시 역사적 맥락에서는 적실성이 있었다. 그것은 압축산업화를 결과하고 87년 민주화로의 전환을 위한 사회경제적 토대 구축으로 이어진다. 그러나 산업화가 진전을 이루었음에도 산업화 초기에 통용되던 국가개입체제의 지속은 성장동력의 잠식을 낳는다. 이런 문제는 이미 1970년대 후반 유신 후반기에 접어들며 현저하게 가시화되어 일부 관료들에 의해 시장친화적 방향으로 정책 전환의 필요성이 제기되고 1979년 4월에는 안정 쪽으로의 정책 전환이 시도된다(강경식, 2010: 322~407). 박정희의 갑작스러운 사망 후에 등장한 신군부는 초기에 강력한 긴축재정을 추진해 경제안정화에 성공하고 대내외적 개방을 추진해 국가 주도 경제운영체제에서 탈피하기 위한 노력을 보였다. 물가안정 등 안정화정책의 기반 위에서 1980년대 중반 발생한 저유가, 저환율, 저이자율 등 3저 현상에 힘입은 한국경제는 국제수지흑자, 고성장, 저물가 등 이른바 단군 이래 초유의 호황을 누리게 된다. 반면 미증유의 호황이 지속되며 비효율 부문에 대한 구조개혁을 통해 경제의 체질을 강화하기 위한 노력에 소홀하게 된다. 87년 민주화와 함께, 특히 재벌의 방만한 경영구조와 경직된 노동시장의 관행이 도마에 오른다. 그러나 앞서 언급했듯이 민주화 이후 들어선 노태우 정부는 이 과제를 실천하는 데 실패한다. 뒤이어 등장한 김영삼 정부는 세계화의 기치 아래 시장 중심으로의 전환의지를 확고히 한다. 일정 부분 행정규제의 완화도 추진되고 OECD 가입과 함께 외환자유화, 자본자유화, 무역자유화도 추진된다. 그러나 외환자유화는 매우 급진적 조치로서 무절제한 외환의 차입과 대출로 연결될 수 있는 것이기에 그 조치가 국민경제에 순기능을 하도록 하기 위해서는 정부의 해외금융 외환업무에 대한 관리기능의 강화가 동반되어야 했지만 정부는 이 기능의 도입을 소홀히 한다. 또 일부 행정규제를 완화했음에도 금융기관에 대한 국가의 간섭과 규제는 그대로 존속되고 이들의 독자적 금융관리와 대출심사 기능은 여전히 무기력한 상태로 남는다. 반면 민주화 이후 분산된 권력구조와 이완된 분위기 아래서 재벌과 노조 등 강력한 이익집단에 포획되어 능력과 자율성이 약화된 정부는 재벌의 방만한 차입경영 행태를 방치하고 일부 재벌은 이런 구도하에서 이른바 문어발식 팽창을 거듭하여 부실화된다. 김영삼 정부가 강한 의욕으로 추진했던 노동유연화를 위한 개혁도 결국 정부 말기에 야당과 노동계의 연합투쟁에 밀려 포기되고 이는 결국 1997년 말 IMF에 구제금융을 요청하는 초유의 사태로 귀결되는 중요한 원인이 된다(남덕우 외, 1998). 역설적으로 외환위기는 지체되었던 국가 주도의 경제운영 패턴의 변화와 경제자유화의 중요한 계기가 된다. 1997년 말부터 IMF와의 협약에 따라 금융, 기업, 노동, 공공 부문에 대한 대대적 구조개혁이 추진된다. 금융개혁은 금융기관의 자금중개능력, 신용평가력, 위험관리능력 향상에 초점을 맞추어 진행되고 그와 동시에 정부의 금융감독기능도 강화된다. 기업 구조조정은 부실기업을 처리하는 것이 목표였지만 실질적 과제는 재벌개혁에 있었다. 이를 위해 불투명한 경영구조와 사업구조, 지배구조, 재무구조, 그리고 과도한 사업 확장을 제어하기 위한 조치가 도입되었고 적대적 인수합병을 허용하여 재벌기업에 대한 시장 규율의 강화를 도모했다. 노동부문 개혁은 노동시장 유연성 제고가 목표였고 이를 위해 정리해고제도가 도입되는데, 이 제도는 기업의 양도인수합병 경우에도 허용되도록 했다. 그리고 비정규직 채용도 허용되었다. 공기업 개혁은 거센 저항하에 지지부진했지만, 조직의 축소와 인력 감축이 추진되어 1997년 말 공공부문 정원의 20%가 감축된다(유종근, 1998).

종합적으로 이는 경제의 합리화와 자유화를 통해 한국경제의 체질을 시장지향적인 것으로 전환하는 획기적 계기로 작용한다. 개혁에 힘입어 경제는 빠른 회복세를 보이고, 예상보다도 이른 2001년에 외채를 청산하고 공식적으로 IMF 관리체제에서 벗어난다(이헌창, 2006: 589~600). 그러나 획기적·시장주의적 개혁을 통한 외환위기 극복과정은 마치 1987년 이후 민주화의 진전이 대의민주주의의 기본 원리를 위협하는 문제를 동반하게 된 것처럼 한국사회에 심각한 사회경제적 양극화로 요약되는 전래가 드문 새로운 문제와 과제를 동반한다.

(2) 양극화의 심화와 복지 포퓰리즘

97년 외환위기는 2001년 외채의 청산과 함께 기술적으로는 극복이 선언된다. 그러나 외환위기 극복과정에서 무엇보다 정리해고에 따른 수많은 실업자와 비정규직이 양산되고, 이는 사회적으로 중산층의 축소와 양극화의 심화로 나타난다. 양극화는 물론 매우 복합적 원인의 결과물이다. 이 글에서는 이를 위해 먼저 그 나름대로 정의한 '시장실패' 현상의 중요성을 강조한다. 여기서 말하는 시장실패는 통상적으로 쓰이는 것과는 다른 의미의 현상이다. 일반적으로 외부효과와 독점의 발생이 시장실패로 정의된다. 그러나 이른바 무한경쟁을 자극하는 세계화와 지식산업 경제화의 추세에 빠르게 적응하며 작동하기 시작하는 시장은 '고용과 분배를 동반하지 않는 성장'을 야기하는바, 이 글에서는 이를 통상적 의미와 구별되는 또 다른 유형의 '시장실패'로 정의했다. 시장에 대한 정통적 이해는 시장의 작동을 통한 성장과 축적은 더 많은 고용과 더 균등한 소득분배를 창출해내 전체적으로 균형 있는 발전을 보장한다는 것이다. 그러나 비용의 최소화를 강요하는 세계화와 고용유발효과가 미미한 지식정보 산업시대의 개막은 축적과 성장이 그에 상응하는 고용과 분배효과를 동반하지 않는다는 의미로서의 시장실패현상을 야기한다. 이와 관련된 로렌스 서머스(Lawrence Summers)의 관찰을 인용한다.

> 오늘날 경제학에서는 성장이 일자리 창출을 통해 분배도 해결한다는 논리가 더 이상 잘 맞지 않는다. 지난 1970년대에는 성장이 최고의 분배정책이었으며 이것이 계량분석을 통해서도 입증되었다. 즉, 소득분배는 매우 안정적이었으며 생산성의 증가와 임금의 증가는 거의 일정한 비율로 움직였다. 그러나 이러한 안정적 관계는 2000년대 이후에 붕괴하기 시작했다. 경제성장의 혜택은 상위 10%, 그것도 상위 1%나 0.1%에 집중되고 중산층의 소득은 전체 경제성장의 반도 안 되는 증가율만 보였다. 더욱이 저소득층은 경제성장의 혜택을 거의 보지 못했다(Summers, 2007).

특히 2000년대 접어들며 심각성을 더해가는 한국의 양극화도 일정 부분은 이런 의미의 '시장실패'의 연장선상에서 이해될 것이다. 특히 한국의 경우 97년 외환위기 발생과 이것의 극복과정은 이 현상을 가속화한다. 즉, 외환위기 극복과정에서 재벌기업은 경쟁력 강화를 위해 자동화와 합리화를 강하게 추진하게 되었고 이는 고용을 최소화하는 성장패턴을 고착시켰다. 이와 관련된 실상은 다음과 같다.

(2013년 8월) 23일 한국은행에 따르면 우리 경제의 평균취업유발계수는 2005년 15.8명에서 2011년 11.6명으로 낮아졌다. 불과 6년 사이 4.2명(25.6%)이 줄었다. …… 일자리 창출능력이 가장 많이 떨어진 건 수출분야이다. …… 한은 투입산출팀장은 '정보기술이나 자동차처럼 자본 투입이 많은 수출기업의 발전속도가 빠르고 다른 산업에서도 자동화시스템이 확산되어 인력의 수요가 적어지고 있다'고 분석했다(≪중앙일보≫, 2013년 8월 24일 자).

덧붙여 외환위기 극복과정에서 자본자유화와 무역자유화가 속도를 냈고 이는 국내 보호부문의 급격한 쇠퇴와 국내의 산업 연관의 약화를 가져와 수출부문과 내수부문, 대기업과 중소기업 사이에 양극화를 직접적으로 촉진한다. 또 외환위기 이후 집중적으로 양성된 고도기술 및 자본집약적 IT산업은 한국경제를 이끄는 견인차가 되어 외환위기 이후 지속적 성장에 기여했으나 IT산업의 성격상 고용창출효과를 동반하지 못한다. 이 과정에서 소수의 고도지식정보를 지닌 근로자만이 상층으로 편입되고, 범용 근로자는 해고되거나 하층으로 방출된다. 또 외환위기 극복과정은 정규직 고용행태의 경직성은 남겨둔 채 정리해고와 비정규직제를 허용하는 형태의 노동시장 개혁을 이루는데 이 역시 양극화 심화의 중요한 계기가 된다. 대기업의 경우 외환위기 이후 거의 전적으로 외부 노동시장에서 단기계약을 통해 비정규직의 신규 고용을 증가시키는 형태로 고용형태를 바꾸고 중소기업 역시 저임금의 비정규직 노동자에 의존하는 비율을 높인다(임혁백, 2007: 273~304).

한국사회의 소득불평등은 1990년대 중반까지만 해도 정체되거나 개선되는 모습을 보였으나 이상의 고찰은 97년 외환위기가 양극화를 급속히 악화시키는 계기가 되었음을 보여준다. 실제로 지니계수, 소득5분위배율, 빈곤율, 정규직과 비정규직의 소득격차, 수출기업/내수기업과 대기업/중소기업 수익성을 보여주는 통계는 예외 없이 양극화가 외환위기 이후 지속적으로 악화되는 추세에 있음을 알려준다. 2011년 최저생계비(4인가족 기준 월 144만 원 이하)에 못 미치는 수입에 의존하는 신빈곤층이 382만 명에 달하고 전체 빈곤층[12]은 5가구당 1가구(20.9%)인 352만 가구, 즉 922만 명에 이르렀으며 중산층의 비중은 1990년대 100가구 중 75가구에서 현재 66~67가구로 축소되었다(≪조선일보≫, 2011년 8월 5일 자).

이렇게 심각하게 진행된 양극화는 이미 외환위기 초기의 극복단계부터 사회 저변에서 핵심 과제로 부상하고 있었다. 그러나 그것이 국가적 차원에서 본격적 화두로 등장하는 것은 노무현 정부 후반에 진입하면서부터이다. 2000년 8월 김대중 정부는 구제금융 조기상환에 성공하며 외환위기의 종식을 선언하고 같은 해 6월에 역사적 남북정상회담을 성사시킨다. 그러나 이런 호재에도 2000년 연말이 가까워지면서 대통령 지지도가 30% 이하로 떨어진다. 그 배경에는 양극화를 나타내는 울프슨 지수, ER지수, 소득5분위배율 지표가 보여주듯이 외환위기 다음해인 1998년부터 지속적으로 악화되는 소득양극화라는 현실이 작용했던 것으로 보인다.

그러나 김대중 정부의 '평화에 대한 열정'은 심화되는 민생불안의 심각

12) 빈곤층은 중간소득(median income)의 절반이 안 되는 소득을 올리는 가구를 지칭한다.

성을 간과하게 했던 것으로 평가된다(김헌태, 2009: 21). 노무현의 승리로 마감되는 2002년 대선은 일종의 정치선거 형식을 띤다. 즉, 노무현이라는 의외의 인물이 몰고 온 흥분과 관심이 양극화에서 비롯되는 구체적 민생 문제에 대한 정치권과 대중의 엄중한 인식을 방해하는 면이 있었다. 집권 후 탄핵정국이 돌출하고 뒤이은 총선에서 노무현 여당은 압승을 거둔다. 그 후 노무현 정부는 보안법 철폐, 언론개혁, 사립학교법 개정, 과거사 바로잡기 등 이른바 4대개혁에 몰두하며, 지속적으로 악화되는 양극화는 주변적 관심사로 밀려난다. 노무현 정부는 2004년 말까지도 민생경제가 어렵다는 지적을 보수언론에 의해 부풀려진 '경제위기 과장론'으로 치부할 정도였다. 급기야 대통령 4년차에 접어드는 2006년에서야 비로소 양극화의 심각성을 인식하고 국가적 의제로 선언하게 되는 것이다(김헌태, 2009: 54). 그러나 이미 양극화는 고삐를 벗어난 형국이 되어 노무현 정부가 마감하는 날까지 악화일로의 모습을 보인다. 성공신화의 주인공 이명박이 압도적 표차로 당선된 배경에는 무엇인가 탈출구를 바라는 시민들의 바람이 놓여 있었던 것이다(김헌태, 2009: 129). 이명박 정부는 애초에 747공약[13]이 보여주듯이 성장을 통해 양극화 등 경제현안에 대처하려 했으나 2007년 갑자기 발생한 미국발 금융위기를 맞아 사실상 747공약은 방기된다. 이명박 정부는 적실성 있는 응급조치로 미국발 위기를 극복하는 데는 성공했으나 양극화와 빈곤층 현상은 지속적으로 확대 재생산된다. 2007년 한국은 1인당 국민총생산(GNP) 2만 달러 시대를 열게 되는데, 일반적으로 GNP 2만 달러 시대가 열리면서 복지쟁점도 본격화된 것으로 평가된다. 여기에 양극화 문제가 중첩되며 복지는 이명박 정부 후반에 한국사회의

13) 747은 4% 성장으로 1인당 4만 달러 소득을 달성해서 세계 7대 대국의 반열에 진입한다는 것을 상징하는 수치이다.

첨예한 쟁점으로 부상한다. 구체적으로 2010년 지자체 선거에서 무상급식 문제가 제기되며 복지논쟁이 본격화된다. 이른바 보수진영의 대표주자인 박근혜도 2010년 말 복지를 독립된 정책주제로 심도 깊게 검토하고 있음을 분명히 한다. 급기야 2011년 10월 오세훈 서울시장이 무상급식 실시 여부를 둘러싸고 시장직을 건 시민투표를 제안했다. 그리고 무상급식 반대안이 부결되자 시장직을 사퇴하는 사건이 벌어지는데 이는 복지논쟁을 한국사회 전체의 중심적 의제로 만든 결정적 계기이다. 주목할 것은 무상급식을 둘러싼 시민투표가 개시되기 전에 이미 한국사회의 여론을 주도하는 집단은 복지가 2012년 한국사회의 가장 중요한 쟁점이 될 것을 예단하고 있었다는 사실이다(≪시사IN≫, 2011년 9월 10일 자, 209호).[14]

2012년에 접어들며 보수/진보 또는 여야를 불문하고 경쟁적으로 복지정책을 쏟아낸다. 원론적으로도 적절한 복지체계의 구축은 선진사회 진입을 위한 전제조건이고, 특히 확산되는 빈곤문제의 심각성에 비추어 복지가 국가적 쟁점으로 부상하는 것은 자연스럽고 바람직한 현상이라 할 수 있다. 그러나 우려할 사항은 한국사회에서의 복지논쟁이 대의민주주의 기제가 제대로 기능을 발휘하지 못하는 상황 아래서 충동적이고 정치구호적 또는 대중영합적 성격을 띠고 전개되는 모습을 보인다는 점이다. 이런 실상을 보여주는 몇몇 현장 보고성 기사를 인용한다.

> 한나라당 비상대책위원회가 설 연휴를 앞두고 '100만 명을 위한 정책'이라며 '제2금융권 전월세 금리를 연 14%에서 절반으로 깎아주겠다'고 발표했다. 1조

14) 2011년 9월 한 시사주간지는 100인의 보수/진보 지도급 인사들에게 다음 해에 가장 크게 부각될 것으로 보이는 국가적 쟁점에 대한 의견을 청취한 바 있다. 결과는 보수와 진보를 불문하고 압도적 다수가 2012년 핵심 쟁점으로 '복지'를 예측하고 있음을 보여준다.

4,000억 원 추가재정이 필요한 정책이다. 한나라당은 신용카드 중소가맹점 수수료율과 학자금대출상환 이자율 인하, 소 사료 구입자금 상환 1년 연기 등 각종 선심성 정책을 내놓고 있다. 민주통합당도 마찬가지이다. 한명숙 신임 대표는 '70만 명이 혜택 받는 정책이라며 부가가치세 간이과세기준을 연매출 4,800만 원에서 8,000만 원으로 올리겠다고 밝혔다(≪동아일보≫, 2012년 1월 25일 자).

새누리당이 붕어빵 굽듯이 공약을 찍어내고 있다. 중소기업에 취직할 대학생에게는 장학금에 생활비까지 얹어준다고 한다. 군 사병 월급을 …… 9만 원에서 40만 원선으로 올린다고 한다. …… 800만 명 비정규직 근로자에게 정규직이 받는 경영성과금의 80% 이상을 주도록 법으로 강제하겠다고 민주통합당은 아예 금고문을 떼버렸다. 17조 원이 들어갈 무상급식, 무상의료, 반값등록금 약속은 이미 내놨다. 16조 원이 필요한 일자리 주거 취약계층 지원공약도 발표했다. 여기에 군 사병에게는 '사회복귀지원통장'을 만들어 월 30만 원씩 넣어주고 취업준비자에게는 월 25만 원씩 '구직촉진수당'을 지급하겠다고 한다(≪조선일보≫, 2012년 2월 4일 자).

복지정책은 단순한 경제적 재분배의 수준을 넘어서 사회적 기풍과 국민의식, 그리고 국가체제의 성격과 작동원리에까지 심각한 영향을 미쳐 장기적으로 특정 사회의 명운을 결정한다고 볼 수 있는 중차대한 쟁점이다. 따라서 복지정책이 사적·파당적 목적으로 남발되는 것을 억제하기 위한 노력의 의미는 충분히 강조할 수 없는 중요성을 지닌다. 이 글은 이미 이에 대한 근원적 해법으로 대의민주주의의 정상화를 전제했다. 이는 구체적으로 대표성과 숙의성의 상실, 분열현상의 증폭, 국정효율성의 저하로 요약되는 대의민주주의의 문제점에 대한 치유법의 모색을 의미한다. 대의

민주주의가 제 모습을 찾게 되면 복지문제에 대해서도 합리적이고 이성적인 해법이 모색될 수 있을 것이기 때문이다.

2) 대의민주주의의 정상화를 향하여

(1) 공화주의 이념의 강조

대의민주주의의 대표성과 숙의성의 상실이라는 문제점을 극복하기 위한 방안의 하나로 먼저 '공화주의' 또는 '공화주의적 자유' 이념의 중요성과 그것의 대중적 확산의 필요성을 제기한다. 일반적으로 한국사회에서 대의민주주의의 기본 이념으로 강조되는 것은 인민에 의한 지배를 원칙으로 하는 민주주의 이념과 개인의 자유를 지고의 가치로 전제하는 자유주의 이념이다. 개인의 자유와 선택을 최고의 가치로 존중하는 자유주의는 종교적·관습적·정치적 억압으로부터 개인의 해방을 추동하는 힘으로 작용해 근대사회의 탄생과 민주주의 발전에 결정적으로 공헌한다. 특히 자유주의는 민주주의가 인민의 의지를 앞세워 개인의 자유를 자의적으로 침해하는 것을 억제하는 역할을 감당해왔다는 점에서도 중요성이 인정된다. 그러나 그와 동시에 자유주의에는 양날의 검과 같은 측면이 있다는 사실도 간과할 수 없다. 즉, 그것은 개인의 상상력과 창조성이 한계까지 발휘될 것을 허용하고 개인 자유의 보호를 민주주의 정치의 기본 속성으로 만들었다는 면에서 매우 적극적 의미를 지닌다. 반면에 자유주의는 개인의 사적 이익과 욕구 추구를 정당화하여 민주주의를 사적 이익의 추구를 위한 쟁투의 장으로 전락시킬 수 있는 소지를 안고 있다. 즉, 자유주의는 자유롭고 독립된 존재로서의 개인을 존중하기 때문에 자기가 선택하지 않은 의무에 대한 이해를 어렵게 하는 자아 개념을 발전시켜 공동체적 연대감과 의무감과는 무관한 이기적 목적과 욕구가 활보하는 사회를 만들어낼 수도 있는 것이다(샌델, 2010: 247).

앞에서 민주화 이후 대의민주주의가 허용한 자유로운 공간이 절제되지 않은 대중적 욕망과 정치인의 권력욕구 분출의 장으로 변질되고 있음을 지적했다. 여기에는 다양한 요인이 작용하고 있을 것이나 중요한 요인의 하나로 대의민주주의의 기본 이념인 자유주의 이념이 구성원 모두의 욕망과 욕구의 무절제한 분출을 정당화하는 것으로 수용되고 있을 가능성을 지적한다. 자유주의의 자기본위적 수용은 대의민주주의가 '대표성'과 '숙고성'이라는 덕목의 발휘를 방해하는 요인이 될 것이고 이런 배경에서 '공화주의'와 '공화주의적 자유' 이념을 한국사회가 숙지하고 수용해야 할 필요가 있음을 강조한다.

공화주의(공화국)를 규범적으로 정의한 최초의 인물로 꼽히는 로마인 키케로(Marcus Tulliut Cicero)는 "공화국은 인민의 일이다. 그러나 인민은 아무렇게나 모인 일군의 사람들을 뜻하는 것이 아니라 정의와 공동의 이익을 인정하고 동의한 사람들의 모임이다"(김경희, 2010: 20에서 재인용)'라고 정의했다. 이는 공화국은 개인들의 단순한 집합이 아니고 "정의와 공동의 이익을 인정하고 동의한 사람"들의 집합, 다시 말해 공화주의적 덕목을 체득한 자들의 집합임을 강조하는 것이다. 공화주의적 덕목의 핵심은 사적인 삶 또는 사익의 영역을 넘어서서 공공영역, 공익, 공공선 또는 연대의식의 중요성을 인정하는 데 있다. 즉, 공화주의는 개인이 사적으로 누려야 할 권리 확보를 넘어서 시민 또는 공민으로 갖추어야 할 덕의 고양을 강조하는 정치이념인 것이다. 이에 따라 근대적으로 재정의된 공화주의적 자유는 "공공의 일에 대한 지식과 귀속감, 전체에 대한 관심, 공동체와의 도덕적 연대"(유홍림, 2002: 72)의 맥락 속에서 행사될 것이 요구된다. 이는 공화주의적 자유는 개인의 이익 또는 사적 욕구의 여과 없는 표출을 정당화할 수도 있는 자유주의적 자유와 확연히 구분되는 것임을 보여준다. 즉,

'공화주의적 자유'는 시민들로 하여금 '공공의 일에 대한 지식과 귀속감, 전체에 대한 관심, 공동체와의 도덕적 연대'를 지닌다는 의미에서 이른바 '시민적 덕목(civic virtues)'의 체득을 강조한다(유홍림, 2003: 164~165).

공화주의 이념은 서구에서도 개인의 무절제한 욕구 분출이 초래할 수 있는 민주주의 정치의 타락가능성에 대한 우려에서 강조되었다는 점에 주목해야 한다. 미국의 경우에도 이미 건국 당시부터 민주주의의 중요한 이념적 배경의 하나로 공화주의가 강조되었는데, 이 역시 사적 영역의 논리가 공적 영역을 압도할 수 있는 위험성을 견제하기 위한 것이었다.[15] 이런 맥락에서 민주화 이후 한국의 대의민주주의가 공익과 공공성에 초점을 맞추는 숙의기능을 회복시키는 하나의 방안으로 공민의 덕, 공동체적 유대, 공공의식을 강조하는 공화주의적 덕목을 민주주의의 통합이념 중 하나로 적극 강조할 필요가 있음을 지적하는 것이다. 사실 대한민국 헌법은 제1조에서 "대한민국은 민주공화국이다"라고 규정함으로써 공화주의가 한국 민주주의의 기본 이념 중 하나임을 설파하고 있다. 그러나 어떤 배경에서인지 한국사회에서는 공화주의 대신 남용의 소지를 지닌 자유주의만이 일방적으로 대의민주주의 이념으로 강조되어왔다. 새삼스럽게 대의민주주의 이념의 하나로 공화주의가 강조되어도 그것이 정치영역과 시민사회 전반에 침투하여 대의민주주의를 추동하는 이념으로 자리 잡는 것은 시간을 요하는 일일 것이다. 바로 그것이 공화주의 덕목을 강조하는 작업을 늦출 수 없는 이유이기도 하다.[16]

---

15) 이런 배려에도 불구하고 현재 미국 민주주의는 공화주의 전통이 강조하는 품성, 판단, 숙고, 책임감을 실천하는 데 전반적으로 실패한 것으로 평가된다(샌델, 2010: 257).

16) 공화주의는 공동체주의를 전제로 하는 이념이라고 할 수 있다. 이는 그것이 개인주의를 핵심으로 하는 자유주의와 존재론적 차원에서 정합성을 찾을 수 없는 이념이라는 지적도 가능하다. 이 글에서도 이런 가능성을 인정한다. 그럼에도 이 글은 일단 행동강령적

(2) 혼합정과 비선출직제도의 역할 확대

앞서 대의민주주의의 대표기능과 숙의기능을 살리는 방도의 하나로 공동체에 대한 무관심과 무절제한 사익 추구를 억제하고 공익, 연대, 공공성 등을 강조하는 공화주의 가치의 중요성을 강조했다. 이는 의식의 변화를 통한 제도운영의 개선을 모색하는 것이다. 여기서는 대의민주주의의 숙의기능의 강화를 위한 또 다른 방안으로 대의민주주의 제도 자체의 개선방안을 제안한다. 이는 구체적으로 대의민주주의 지배구조에서 비선출직제도의 기능을 강화하는 것이다.

이미 언급했듯이 대의민주주의는 더 많은 학식과 덕망을 지닐 것으로 간주되는 시민대표들 사이의 토의를 통한 의사결정을 보장하기 때문에 적어도 숙의성 확보라는 면에서 직접민주주의에 비해 우월한 제도로 간주된다. 그러나 선거에 의해 시민대표가 선출되는 구도 아래서는 때로는 사익으로부터의 유혹은 물론, 선거구민의 요구와 압력 때문에 의사결정이 선출직제도에만 위임될 경우에는 숙의기능이 방기될 가능성이 상존한다. 이에 덧붙여 뒤에 논의되듯이 현대사회에서 대의민주주의는 부단한 여론조사(칼레츠키, 2011: 351)와 소셜네트워크서비스(SNS) 같은 새로운 소통매체의 등장으로(김은미 외, 2012: 198~202) 직접민주주의적 압력에 크게 취약한 모습을 보이게 된다. 따라서 대의민주주의의 숙의적 기능을 좀 더 효율적으로 확보하는 방도의 하나로 의사형성과정 또는 정책결정과정에서 선거와 무관하게 작동하는 비선출직제도의 역할을 강화하는 방도가 중요한 의미를 지닐 수 있음을 강조하는 것이다. 이는 비선출직제도가 정치인의 이기적 욕구와 대중적 여론으로부터 거리를 두고 전문가적 식견으로 숙의를 중시하는 의사결정에 임할 것이라는 기대가 가능하기 때문이다. 주목할

수준에서는 두 개념이 모순 없이 결합될 수 있다는 입장을 전제한다.

것은 공화주의자들도 공화주의적 자유와 시민적 덕목이라는 가치와 함께 제도적으로는 혼합정을 이상적 지배형태로 강조했다는 점이다. 즉, 공화주의자들은 지혜와 덕, 그리고 숙의를 대표하는 귀족정 요소와 인민의 의사를 대표하는 평민정이 결합된 혼합정을 이상적 통치체제로 간주했다. 실제로 로마시대의 통치구도가 행정관, 원로원, 민회 등으로 구성된 것은 혼합정 원리를 반영하기 위해서였다. 공화주의가 혼합정을 강조한 것은 좋은 정치는 인민의 여론을 반영하는 것뿐만 아니라 덕과 재능, 그리고 지혜를 필요로 하는 숙의가 함께할 때 가능한 것으로 보았기 때문이다. 이는 정치에서 인민의 뜻과 지혜와 숙의의 조화로운 결합의 중요성을 시사하는 것이다(허승일, 1995). 혼합정의 정신은 근대민주주의 시대에 진입하면서 지배구도에서 인민의 뜻을 대변하는 선출직제도와, 숙의가 본래 직무인 전문가로 구성되는 비선출직제도와 여타 자율적 제도의 역할이 강조되는 것으로 나타난다. 실제로 서구 민주주의는 이런 의미에서 혼합정 형태로 작동되어온 것으로 지적된다.

> 우리가 알고 있는 서유럽의 민주주의는 아리스토텔레스가 '혼합정체'라고 명명한 것이다. 확실히 혼합정체는 선출된 정부를 갖고 있을 뿐만 아니라 헌법과 권리, 독립적인 사법부, 강력한 정당, 교회, 기업, 사적 결사체와 전문 엘리트를 갖추고 있다. …… 이와 같은 여러 비민주적 제도와 집단의 목적은 대중의 열정을 완화시키고 시민을 교육하며 민주주의를 선도함으로써 자유를 보장하기 위한 것이었다. 하버드 대학 법대에서는 졸업생에게 졸업장을 건네줄 때 "인간을 자유롭게 하는 현명한 제약"으로서의 법을 상기시킨다(자카리아, 2004: 24).

서구적 전통에서 강조되어왔던 혼합정의 전통은, 특히 민주화 이후 한국 대의민주주의의 건강한 발전을 위해서도 간과할 수 없는 의미를 지닌다. 이미 지적했듯이 민주화 이후 한국사회 일부에는 민주주의를 인민의 지배라는 전제에 초점을 맞추어 대중적 참여 또는 대중적 요구를 반영하는 정책만이 정당한 것이라는 풍조가 만연했다. 이를 배경으로 대중동원의 정치가 일상화되고 이는 대의민주주의의 정책결정과정을 뒤흔들어 주요 현안에 대한 숙의기능의 마비를 초래하기도 했다. 이것이 대중동원 정치에서 거리를 둘 수 있는 비선출직제도의 자율성과 역할의 강화, 다시 말해 혼합정체의 강화를 대의민주주의의 숙의기능 활성화를 도울 수 있는 방안으로 제시하는 까닭이다. 이는 구체적으로 대중적 여론 또는 선거로부터 거리를 두고 중요한 정책사항에 대한 숙의를 본령으로 하는 헌법재판소, 금융통화위원회, 공정거래위원회, 국가인권위원회 등과 같은 비선출직제도에 더 큰 역할과 자율성을 부여한다는 의미일 수도 있다. 이 밖에도 정부와 시민사회에는 숙의 전문가로 구성된 다양한 조직들이 포진하고 있는바, 정책결정과정에서 이들 조직의 적극적 역할을 제도화하는 노력이 강조될 수도 있다. 물론 비선출직제도 역시 구성원 개개인의 사적 이해관계 또는 제도 자체의 관성과 이익 때문에 왜곡된 형태의 숙의가 이루어질 가능성, 다시 말해 기대되는 대리인의 역할에서 일탈하려는 유혹으로부터 자유로울 수 없다는 점도 간과할 수 없다. 따라서 이 제도들은 구성과정에서부터 사적·정파적 고려가 배제되도록 최대한의 배려가 있어야 하고 숙의과정 자체도 중립적 제3자에 의한 검증에 노출될 수 있도록 디자인되어야 할 것이다. 이런 유보사항에도 이들은 수와 대중적 여론에 흔들리는 선출직과는 달리 전문성과 합리성을 발휘해 대중적 여론과 요구의 단순함과 열정을 걸러내는 역할을 감당하여 선출직제도의 불안정성과 대중영합적 관성을 상당 부분 억제하는 역할을 할 것이 기대된다. 다음에는 구체적으로 스웨덴의 경우를 참고하여 중요 정책이 전문가 집단이 주도하는 위원회를 통해 조율되는 가상적 시나리오를 제시한다. 이런 위원회의 가동은 혼합정적 지배기구의 가동을 통해 대의민주주의의 숙의기능을 보강하는 예가 될 수 있다는 점에서 그 의의를 찾을 수 있다.

> 스웨덴의 위원회(kommitte)와 의견수렴(remiss) 제도는 사회적 합의의 핵심이다. …… '비전 2030'(노무현 정부의 장기 국정운영계획)과 같은 경우를 스웨덴식으로 풀어간다면 이럴 것이다. 노무현 정부든 당시 한나라당이든, 성장과 복지 문제에 대한 이슈를 제안한다. 그러면 각 당을 대표하는 인사들, 전문가 그룹, 시민단체 등으로 위원회를 구성한다. 이후에는 정부의 간섭 없이 위원회의 재량에 따라 '1~2년씩' 활동한다. 그 결과를 국가정책보고서로 만들어 내놓고, 3개월 이상의 의견수렴과정을 거친다. …… 모든 과정은 공개하고 모든 것을 기록으로 남긴다. 그리고 의회의 결정이 나면 국민 모두가 '따른다'. 정부는 작다. 그 대신 위원회 활동이 그를 보완한다(≪중앙일보≫, 2012년 2월 15일 자).

이런 취지에서 대중적 여론과 무관하게 작동하며 중대한 국정 현안에 조언할 수 있는 국정 유경험자로 구성되는 국가원로회의 같은 비선출직 조직의 구성(조윤제, 2009: 121)이 필요하다는 의견이 제시되기도 한다.[17)]

(3) 행정부 자율성의 강화

민주화 이후 대의민주주의의 또 다른 약점은 국정수행능력의 저하에 있

---

17) 일찍이 자유주의자 밀도 이른바 숙련민주주의(skilled democracy)를 제시했는데 이는 대중 지배의 틀 속에서 전문가의 능력이 발휘될 수 있는 방안을 마련함으로써 민주주의가 국정운영에 효율성을 확보할 수 있다는 의미에서 일종의 혼합정 원리가 구현되는 민주주의를 지칭한다(서병훈, 2008: 210~212에서 재인용).

음이 지적되었다. 민주화 이후 정부의 국정수행 비효율성과 난맥상의 심각성은 민주화 이후 집권한 노태우, 김영삼, 김대중, 노무현 등 4명의 대통령이 예외 없이 집권 초 짧은 시기를 제외하고 매우 낮은 지지도를 기록하고, 급기야 집권 말에는 여당의 선거전략에 부담이 된다는 이유로 사실상 강제 퇴출되었다는 사실에서 분명하게 나타난다고 강조한 바 있다. 민주화 이후 정부가 이른바 진보/보수를 막론하고 국정운영의 난맥상을 보이며 추락하는 원인은 여러 수준에서 설명될 것이다. 예를 들어 대통령 개개인의 부적절한 리더십도 중요한 원인 중 하나임이 틀림없다. 실제로 노태우는 '물태우'로 회자될 정도로 시류에 따라 흔들리는 모습을 보였고, 김영삼의 저급한 정책인식능력은 널리 알려진 사실이며, 카드 남발과 시민단체 동원을 통한 정치로 표출된 김대중의 대중조작적 행태, 노무현의 분열지향적인 가벼운 언동과 처신은 널리 회자된 사실이다. 이들은 또 예외 없이 친인척과 측근 관리에 실패하여 부패정부의 이미지로 퇴장한다.

그러나 이들의 실패에는 행위자적 요인을 넘어서는 지배구조, 즉 제도차원의 요인도 작용하고 있다는 사실에 주목해야 한다. 다시 말해 민주화 이후 작동하기 시작한 대의민주주의 체제에 효율적 국정운영을 어렵게 하는 구조적 또는 제도적 요인이 작용하고 있을 가능성을 제기하는 것이다. 이 글은 이와 관련해서 민주화 이후 대의민주주의의 운영에 '견제와 균형'의 원리가 과도하게 작동하고 있음을 강조하고, 따라서 지배구도를 '효율과 책임'의 원칙에 따라 새롭게 디자인할 필요가 있음을 제기한다. 이는 구체적으로는 대통령과 행정부의 입지를 강화하기 위한 제도적 보완책을 강구하는 것이다. 이 글의 진단과 관련된 몇 가지 관찰을 소개한다.

> ⋯⋯ (민주화 이후) 권력이 행정부의 방패역할을 제대로 하지 못하는 가운데 행정부 내부 권한의 하부 이동, 즉 분권화가 추진됨에 따라 관료들이 외부의

요구와 압력에 쉽게 굴복하는 경향이 심화되었던 반면, 정책의 종합적인 조정 능력은 크게 약화되었다는 점이다(윤여준, 2011: 369).

한국의 정치발전 정도에 비해 현재 법으로 부여된 국회의 권한과 역할은 너무 크고 포괄적이다. 민주적 선거를 통해 대통령을 선출했으면 대통령에게 주어진 임기 동안 그가 비전과 국가경영 철학을 충분히 실천할 수 있도록 그에 상응하는 권력을 위임해야 한다. 그러나 지금(민주화 이후)의 제도는 국회를 대통령 임기 중에 따로 선출해 국민 스스로 선출한 대통령을 국민 스스로 선출한 국회의원들로 하여금 견제하게 하고 때로는(특히 야당이 다수당이 될 경우에) 무력화하게 함으로써, 대통령이 권력을 제대로 행사하지 못하게 하는 이원적 민주주의 정통성 문제를 안고 있다. …… 오늘날의 대통령은 4~5년의 짧은 임기를 부여받고, 국민이 직접 선출한 최고행정관이기 때문에 이를 의회가 철저히 견제하게 하는 것만이 반드시 민주주의의 원칙에 부합된다고 할 수는 없다. 오늘날 같은 세계화 시대에는 국가의 의사결정이 신속하고 과감히 이루어져야 하는데, 의회의 지나친 권력과 행정부에 대한 견제는 결국 국정의 정체를 가져오기 쉽다. 이른바 '오지도 가지도 못하는 사회'로 향하는 길이 될 수 있는 것이다. 기업과 국가를 직접 비교할 수는 없으나, 이는 마치 이사회가 CEO를 사사건건 견제하고 무력화하는 것과 같다(조윤제, 2009: 47~48).

첫째 인용은 요약하면 행정부의 힘은 약화되는 반면, 이익집단의 힘이 강화되며 정부의 정책조정과 추진 능력이 약화되고 있음을 증언한다. 둘째 인용은 좀 더 구체적으로 민주화 이후 입법부의 대통령과 행정부에 대한 위상의 강화가 어떻게 행정부의 국정운영 또는 정책수행 능력을 저하시키고 있는지를 제시한다.

물론 군부권위주의 시대에도 제도적으로는 대통령과 행정부에 대한 다양한 견제장치가 설정되어 있었다. 그런 구도 아래에서도 국정이 상대적으로 효율적으로 수행될 수 있었던 것은 대통령과 행정부 우위를 보장하는 다양한 관행과 장치가 공식적·비공식적으로 작동하고 있었기 때문으로 진단된다는 점에 주목할 필요가 있다.[18] 그러나 행정부 우위를 담보했던 군부권위주의 시대의 장치와 비공식적 관행은 민주화 이후 더 이상 작동할 수 없게 되는데, 문제는 이런 변화가 일정한 조정기간이나 아무런 보완장치의 도입 없이 갑자기 이루어졌다는 데 있다. 나아가 민주화 이후 자유방임적 분위기가 만연하고 정파적 대결정치와 사회적 균열이 오히려 심화된 상황에서 대통령은 국회와 야당의 적극적 견제와 비판의 대상이 되는 것을 넘어서서 언론, 이익집단, 시민단체, 지역단체 등 시민사회 전체의 집중적 감시와 공격의 대상이 되고 '대통령 때리기'는 일상적 질서의 일부가 된다. 이런 상황에서 대통령과 행정부가 국정운영의 효율성을 기하는 것은 사실상 매우 어려운 일이 아닐 수 없다.

97년 외환위기는 앞에서도 논의했듯이 복합적 요인이 작용한 결과이다. 그중에는 상황 판단에 미숙했던 리더십, 이익집단에 포획되고 조정과 관리 능력이 이완된 관료제의 문제 등 대통령과 행정부가 책임져야 할 부분이 적지 않음은 물론이다. 그러나 원인의 상당 부분은 입법부와 야당의 과도한 견제로 행정부가 위기관리에 필요한 조치를 신속하게 시행에 옮길 수 없었다는 사실에서 유래한다는 점에도 주목해야 한다. 관련된 증언을 제시한다.

(외환위기를 선제적으로 예방하고자) 문제 해결을 위해 내건 정책 중 실제로

18) 권위주의 시대의 관행이었던 국가보위기구에 대한 대통령의 효율적 장악과 자의적 통제도 행정부의 우위를 보장한 실질적으로 중요한 요인 중 하나이다.

실천에 옮겨진 정책이 없었다. …… 가장 큰 원인은 국회의 태업에 있었다. 1980년대는 이른바 권위주의 정부 때여서 행정부에서 결정하면 대부분 그대로 시행에 들어갈 수 있었다. 그런데 민주화 이후에는 행정부가 결정을 해도 국회의 협력이 없으면 시행에 옮길 수 없는 경우가 비일비재해졌다. 민주화에 따라 국회의 책임이 커졌음에도 책임감이 희박한 것이 문제의 핵심이다. 국회 스스로 국정운영에 직접 책임이 있다는 자각이 희박하다. 행정부 견제 역할이 전부인 것처럼 생각하고 국회의 비협조로 국정수행에 차질이 생겼을 경우에도 국회는 아무런 책임이 없는 것처럼 행동한다. 예를 들어 금융개혁 법안을 통과시키지 않아 국정수행능력의 신뢰가 크게 손상되어도 이는 행정부의 책임이지 법안심사를 하지 않은 국회에는 아무런 책임이 없다고 생각한다. …… 1997년 외환위기는 국회의 태업에도 상당한 원인이 있다(강경식, 2010: 188~189).

이상은 민주화 이후 대통령들의 실패에 대해서는 다양한 수준의 논의가 가능하지만 주요한 측면 중 하나로 민주화 이후의 지배구도가 대통령과 행정부에 효율적 국가경영에 필요한 권한과 재량을 부여하지 못한 데서도 찾을 수 있음을 보여준다. 이와 관련해서 박근혜 정부가 출범한 지 1년이 경과한 2013년 11월에도 국회에서 경제활성화 등과 관련된 법안 44개가 평균 223일 동안 처리되지 않고 잠자고 있다는 사실을 지적할 필요가 있다(≪조선일보≫, 2013년 11월 13일 자).

이런 전제하에 민주화 이후 대의민주주의 체제에서 저하된 국정수행력을 향상시키기 위한 제안은 입법부에 대한 대통령과 행정부의 자율성 강화를 기본 내용으로 하게 된다. 예를 들어 국회의 국정감사권 폐지를 고려할 수 있다. 국정감사권의 취지는 긍정적이나 실제에서는 정책에 대한 감사보다 정략적 공격의 장이 되기 일쑤이고 그 기간에는 행정이 실질적으로 마비되는 폐단이 동반된다. 또 대통령의 인사자율권 강화를 위해 인사청문회도 축소 운영하는 방안이 있을 수 있다. 청문회 기간에는 역시 해당 부처의 행정이 사실상 마비되고 청문회가 정책의제에 대한 숙지도나 실현 역량을 검증하는 장이 되기보다는 정파적 동기가 작용해 대다수 경우 여야 간 정쟁이 격화되는 계기가 되기 때문이다. 이 밖에 입법에 관한 원칙과 절차도 재검토할 필요가 있다. 물론 조세, 예산, 언론, 집회 같은 국민의 기본권과 관련된 것은 국회에서의 입법조치를 필요로 하지만 행정의 효율성을 위해 국무회의 의결로 시행할 수 있도록 절차를 재검토할 필요가 있는 입법사항도 적지 않기 때문이다.

물론 이것이 인민의 지배원리, 즉 인민주권에 의한 대통령과 행정부를 통제할 필요성을 경시하기 위한 것이 아님은 물론이다. 국정감사기능은 민주화 이후 활발해진 상임위원회 활동을 통해 대체될 수 있으며 국회의 국무위원 해임건의권으로 대통령의 인사권을 견제할 수도 있는 것이다. 민주화 이후 과도하리만큼 입법부에 행정부 견제기능을 부여한 것은 역사적으로 아마도 군부권위주의 시대에 작동했던 행정부의 패권적 우위체제에 대한 반작용으로도 해석될 수 있다. 비록 87년 6월항쟁과 함께 민주화는 한국사회의 돌이킬 수 없는 큰 흐름이 되었지만 현실적으로 "한국은 아직도 대의민주주의의 역사가 일천하고 사회적 자본 축적이 얕으며, 이해집단의 욕구가 빠르게 변하고 분출하는 상황에 비추어, 대통령의 법적 권한과 책임이 선진국보다 더 강하게 규정될 필요가 있다"(조윤제, 2009: 97)는 판단도 가능하다. 따라서 견제와 균형 쪽으로 과도하게 편향된 민주화 이후의 지배구도는 국정운영에 최적의 배치가 될 수 없을 개연성이 매우 높은 것이다. 심지어는 수백 년의 민주주의 역사를 지닌 영국의 경우에도 대중민주주의 아래 국가의 의사결정의 효율성과 장기성을 담보하기 위한 여러 가지 제도적 장치를 도입하고 있다는 사실에 주목해야 한다. 예를 들어 선거정치의 영향에서 자유로운 상원의 운영, 소선거구제 운영으로 소수당 난립구도의 형성을 억제한 반면, 다수당의 창출을 돕고 총리에게는 막강한 권한이 부여된다. 이는 크게 보아 '견제와 균형'보다 '효율과 책임'을 강조하는 방향으로 지배구조가 운영되고 있음을 보여준다(조윤제, 2009: 73). 이런 면에서 2012년 입법화된 이른바 「국회선진화법」은 조속히 최소한 다수결 원칙에 따라 의사 진행이 가능한 방향으로 개정되어야 할 것이다. 「국회선진화법」은 야당이 의도적으로 의사일정을 방해할 경우 재적 5분의 3의 찬성 없이는 의결이 불가능하도록 되어 있다.

이제까지 대의민주주의의 대표성과 숙의성과 국정운영의 효율화를 확보하기 위한 방안을 몇 개의 항목으로 나누어 살펴보았다. 다음으로는 대의민주주의 운영 개선을 위한 또 다른 방안으로 소셜미디어 운영상의 개선안을 논한다.

(4) 소셜미디어 혁명과 숙의적 소통법의 도입

대의민주주의는 여론의 바다에 떠 있는 배라고 할 정도로 여론에 민감한 체제이다. 이는 여론 형성의 기제 자체에 대중적 욕구 분출과 쏠림 현상을 자극하는 요인이 내재되어 있다면, 대의민주주의 운영은 불안정한 것이 될 수밖에 없음을 의미한다. 그런데 현재 한국사회에서 주요 소통기제로 급속히 그 영역을 확장해가고 있는 소셜미디어는 숙의보다는 대중적 충동 또는 쏠림 현상에 바탕을 두고 여론 형성을 자극하는 요인을 다분히 내재하고 있다. 소셜미디어가 여론 형성, 나아가 대의민주주의 작동에 미치는 영향은 혁명적이라고 할 만큼 급속하게 증대되고 있다. 소셜미디어는 민주주의 작동에 매우 적극적 역할을 감당한다. 무엇보다 소셜미디어의 등장으로 대중의 정보 수집과 정보 소통의 비용이 획기적으로 절감되었고 대중 스스로가 정치적 정보의 생산자 역할까지 맡게 되었다. 이에 따라 제도권 정치과정에서 소외되어 방관자에 머물던 대중이 정치적 효능감을 느낄 수 있게 되었고 정치가 전체적으로 활성화되었다. 또 소셜미디어는 특정 쟁점에 대한 여론의 표출과 결집을 수시로 가능하게 하여 대중이 현실에서의 정책 수립과 집행 방향에 실시간으로 영향을 행사할 수 있게 했다.

이상의 적극적 측면과 함께 소셜미디어의 급속한 확산은 사회동태와 대의민주주의 작동에 간과할 수 없는 문제점도 야기한다. 먼저 지적할 것은 소셜미디어의 확산은 이른바 진영논리를 강화하여 사회적 균열을 증폭시키는 경향이 있다는 점이다. 이는 소셜미디어가 열린 소통을 통해 사회적 갈등과 균열을 최소화하고 사회 통합을 촉진하리라는 기대와는 다른 방향으로 작용하는 면이 있음을 의미한다. 무엇보다 먼저 소셜미디어를 통한 소통과정에서 이른바 인지불일치 현상에 의해 참여자들은 대개 그들이 이미 지니고 있던 가치와 의견에 합치되는 정보만을 찾아서 섭취하는데 이는 소셜미디어가 사회 통합이 아니라 진영논리를 강화하는 요인으로 작동하게 됨을 의미한다. 이 밖에 특히 개개인은 정보습득과정에서 정보 자체의 진위를 기준으로 하기보다는 정보에 대한 주변인의 평판, 그리고 다수가 동의하는 정보에 순응하는 경향을 보인다는 사실에 주목해야 한다. 이는 이른바 동일진영에 속한 사람들이 진영논리를 지지하는 정보로 쏠리는 현상, 다시 말해 '정보의 폭포화' 그리고 '동조의 폭포화' 나아가 '집단극단화' 현상을 강화하게 됨을 말한다(선스타인, 2009, 2011). 소셜미디어의 또 다른 쟁점은 대의민주주의의 직접민주주의화 현상에서도 발견된다. 소셜미디어가 활성화되면서 대통령을 포함한 행정부의 주요 정책라인에 위치한 인물은 물론, 국회의원과 그 외 지방자치단체 관계자 등 선출직 정치인들 모두가 예외 없이 실시간으로 주요 국정쟁점에 대한 유권자들의 요구에 노출되고 그에 대해 적극적으로 반응하라는 압력에 놓인다. 이 실상은 다음과 같이 요약된다.

> 그전까지 대의민주주의는 주기적 선거 때에만 참여가 이루어졌지만 이제는 24시간 가동되는 온라인을 통해 참여가 가능해졌다. 온오프로 분리되어 있던 정치 참여가 융합하고 참여가 일상화되고 있다(≪조선일보≫, 2012년 1월 13일 자).

이는 소셜미디어의 확산과 함께 대의민주주의가 급속하게 직접민주주의적 형태로 변질을 경험하고 있음을 지적하는 것이다. 물론 소셜미디어가 가능하게 한 대중의 직접적 참여는 대의민주주의에 나타날 수밖에 없는 관료주의, 그리고 과두적 지배경향을 억제하는 긍정적 기능도 한다. 그러나 이는 정치과정이 대중적 충동에 의해 지배될 수 있다는 직접민주주의에 대한 고전적 문제의식이 현대 대의민주주의에서도 나타날 수 있다는 우려를 낳는다. 이와 함께 특히 소셜미디어가 왜곡된 여론 형성을 촉진할 수 있다는 사실에도 주목해야 한다. 앞서 지적했듯이 대의민주주의는 여론에 매우 민감한 제도이다. 따라서 소셜미디어가 왜곡된 여론 창출을 촉진한다면 이는 대의민주주의의 건전한 작동을 근본적으로 위협할 수도 있는 것이다. 이 점에서 소셜미디어는 대의민주주의의 최대 위협요인의 하나로 적시되기도 한다(조윤제, 2013). 먼저 소셜미디어가 여론의 왜곡 또는 왜곡된 여론 형성을 야기할 수 있는 근거를 살펴본다.

소셜미디어를 통해 형성되는 여론은 대표성, 숙의성, 그 외 책임성에서 중대한 결함을 포함할 수 있다. 소셜미디어는 원론적으로 누구에게나 열려 있는 공간이다. 따라서 그것을 통해 형성된 여론은 시민 전체의 평균적 의견을 대변하는 것으로 인식되기 쉽다. 그러나 실제로 소셜미디어가 제공하는 광장에서 적극적으로 의견을 개진해 여론 형성을 주도하는 자들은 극히 제한된 숫자의 적극적 참여자들이라는 사실은 널리 알려진 바이다. 이는 소셜미디어를 통해 표출되는 여론이 대표성을 지니기 어려울 수 있음을 보여준다. 다음으로 소셜미디어의 여론은 일반적으로 대부분 숙의적 소통과정이 결여된 것이라는 점에 주목해야 한다. 소셜미디어에서는 복잡한 정보는 단순화되고, 사용되는 언어는 감성적 성격을 띠는 경향이 강하다. 또한 소셜미디어가 많은 정보를 빠른 속도로 유통시키는 매체라는 사실도 여론 형성에 숙의를 어렵게 하는 요인이다. 그와 동시에 소셜미디어 소통행위에는 정보 교환의 차원과 오락적 요소가 함께하는 경향이 있는데 이 역시 사실 자체에 대한 객관적 성찰을 어렵게 하는 요인이다(김은미 외, 2012: 172~175). 또 소셜미디어에서의 정보소통행위에는 책임이 뒤따르지 않는다. 이에 따라 소셜미디어에는 참여자의 현시욕구 또는 개인적·정파적 이익 심지어는 파괴본능을 충족시키기 위한 각종 허위사실, 괴담 등이 유통되고 때로는 이것이 여론 형성의 향방을 좌지우지하는 요인이 되기도 한다.

이상의 고찰은 소셜미디어의 운영을 개선하려는 노력이 절실함을 보여준다. 그러나 소셜미디어 운영의 개선방안이 민주주의 사회의 기본 원리인 표현과 언론의 자유를 침해하는 것이 될 수는 없다. 따라서 입법을 통한 개선방안은 기존하는 허위사실유포죄, 명예훼손죄에 관한 법률의 엄격한 운영에 머물 수밖에 없는 것으로 보인다. 물론 장기적으로는 이른바 '생각의 시장' 원리[19]에 따라 다양한 정보와 의견이 생각의 시장에서 공개된 경쟁을 통해 걸러질 것을 기대해볼 수도 있다. 그러나 이는 규범적 추론으로써 '생각의 시장' 원리가 효율적으로 작동하리라는 기대는 현실로 나타

19) 일반 재화의 경우 시장에서의 경쟁을 통해 품질 향상이 이루어지듯이 좀 더 진실에 가까운 생각이 시간이 경과하며 시장원리에 의해 더 많은 사람들에게 수용된다는 개념이다.

나지 않을 수도 있는 것이다(선스타인, 2009: 21). 이런 배경에서 이 글은 소셜미디어의 작동과 병행하여 그것에 대안적인 – 더 합리적이고 이성적인 – 방법을 통해 여론 형성을 모색할 수 있는 기제를 적극적으로 개발하고 제시할 필요가 있음을 강조한다. 구체적으로 소셜미디어와 대비될 수 있는 여론 조성 그리고 여론조사로 숙의민주주의 원리를 적용하는 방식을 제시한다.

주지되듯이 최근에 중요성이 강조되는 숙의민주주의는 원리적으로 의사결정의 결과보다 의사결정의 과정 자체를 중요시한다. 이는 기존 민주주의 이론들에서 다수결 원리 혹은 소수자의 거부권 인정 등을 둘러싼 논쟁이 보여주는 것처럼 적절한 의사결정 결과를 찾는 데 초점을 맞추는 것과 크게 대비되는 입장이다. 즉, 기존의 민주주의 이론들은 직접민주주의든 혹은 대의민주주의든 의사결정에서 결과의 정당성 확보가 주요 관심사이다. 그러나 숙의민주주의는 기본적으로 앞서 언급했듯이 의사결정에서 결과의 도출보다 의사결정과정 자체, 즉 숙의적 논의과정의 중요성과 의미를 강조하는데, 그 근거는 다음과 같다.

첫째, 공적인 숙의과정은 모든 참여자에게 쟁점에 대한 정보의 공유 및 지식의 공동 이용을 가능하게 한다. 둘째, 공적 숙의는 개인 그리고 집단을 단위로 형성된 의견과 선호가 사적 또는 정파적 이해관계와 연결될 수도 있고, 또 이데올로기적 목표를 내재하고 있을 가능성을 성찰하고 자각하는 계기를 제공할 수 있다. 셋째, 따라서 공적 숙의는 감정과 이해관계의 언어를 이성의 언어로 바꾸어 개인과 집단의 판단기준을 높이고 향상시킬 수 있다. 숙의는 정보의 공동 이용이나 견해의 교환을 넘어서서 견해들에 대한 논리적 판단과 검증까지도 포함하게 되기 때문이다(헬드, 2010: 452). 이런 논리적 근거에 기반을 두는 숙의민주주의의 원리는 숙의적 여론조사, 시민배심원 등의 제도를 통해 구체화될 수 있다(헬드, 2010: 469).

숙의적 여론조사의 핵심은 여론조사를 실시하기 전에 참가자들이 특정 쟁점에 대해 숙지할 수 있는 기회를 제공하는 데 있다. 먼저 인구비율에 따라 선정된 여론청취 대상자들을 한 장소에 모으고 이들의 여론을 청취하기 전에 두 단계의 숙의과정을 거친다. 첫째 단계에서는 문제가 된 쟁점에 대한 다양한 시각의 전문가들이 견해를 피력하는 시간을 마련한 다음에 그들과 여론청취를 위해 소집된 자들 사이에 충분한 질의응답시간을 보장한다. 둘째 단계에서는 첫 단계를 거친 참가자들 사이에 토의를 진행시킨다. 이후에 비로소 참가자 전체를 대상으로 여론조사를 행하는 것이다. 어떤 숙의과정도 거치지 않고 특정 쟁점에 대한 선호를 확인하는 일반 여론조사에 비해 방금 제시한 숙의적 여론조사가 사려 깊은 결과를 보여주리라는 것은 자명한 일이다(헬드, 2010: 469).

이 밖에 숙의적 방법은 시민배심원의 운영에도 적용될 수 있다. 긴급 쟁점들 사이에 정책의 우선순위를 둘러싼 논쟁이 치열하게 전개될 때 시민배심원제도가 활용될 수 있다. 배심원들은 숙의적 여론조사의 경우처럼, 전문가들의 증언을 청취하고 이에 대해 전문가들과 배심원들 사이의 토론과정을 거친 다음 우선순위를 매기게 하는 것이다(헬드, 2010: 473).

숙의적 소통방식을 적용하는 여론조사는 소셜미디어를 통해 형성되는 여론의 취약점과 한계를 들추어낼 수 있다. 이는 더 합리적인 여론을 근거로 대의민주주의가 작동할 수 있는 가능성을 열어주는 것이다.[20)]

---

20) 이 글은 대의민주주의를 안정시키는 또 다른 조건으로 대학 정원을 축소 조정할 필요성도 덧붙인다. 한국사회에서 과도한 대학생 인구는 대의민주주의의 사회적 기반을 침식하고 원활한 작동을 저해하는 데 간과할 수 없는 요인이기 때문이다. 주지되듯 한국사회의 대학진학률은 80%에 육박하는데 이는 전 세계적으로 유래를 찾기 힘든 고비율이다. 고등교육인구가 많은 것은 적극적 현상일 수도 있다. 그러나 이는 첫째, 그들 모두가 대학교육을 이수하기에 적절한 교육 역량과 시설을 갖춘 대학에서 교육을 받는다는 조건

마지막으로 대의민주주의가 대중적 충동의 압력 아래 무절제하게 전개되는 것을 선제적으로 방지하기 위한 구체적 방책으로서 공공예산에 대한 입법적 규제가능성에 대해 논한다.

(5) 공공예산의 입법적 규제

대의민주주의는 기본적으로 건전재정을 위협하는 요인을 안고 있다. 1인 1표로 대표되는 대중민주주의 선거에서 승리하기 위해서는 중간투표자(median voter)의 표심을 잡는 것이 매우 긴요한 일인데, 중간투표자의 성향은 대개 중산층 이하의 의견을 대표한다. 중간투표자의 요구에 부응하는 지출정책은 팽창재정으로 흐를 가능성이 높다. 따라서 정부는 일반적으로도 항상 중간집단의 요구를 밑도는 수준에서, 다시 말해 그들의 요구를 일정 부분 억제하는 보수적 방향에서 예산운영에 임할 필요가 있다. 그러나 현실에서 정치인들은 득표를 위해 일반 유권자들을 앞지르는 공약을 내세우는 경향을 보이고 이는 팽창예산으로 나타난다. 이런 추세가 장기적으로 지속되면 결국 재정건전성을 위협하게 된다.[21] 근대국가가 재정건전성을 상실하는 것은 대외적으로는 사실상 주권 상실의 위험에 노출되는 것이고 국내적으로는 필요할 경우에도 국가가 재정정책이라는 지렛대를 사용할 수 없는 위험한 상태에 빠지게 됨을 의미한다. 특히 한국의 경

과 둘째, 사회가 그들을 수용할 수 있는 구조를 갖추고 있다는 조건하에서이다. 한국의 경우 대학이 모두 대학교육기관으로 적절한 역량을 지녔는지 의문이 제기될 수 있는 상황이다. 또 매년 창출되는 직장은 20만 개인 데 비해 대졸자는 50만 명에 이른다. 따라서 대졸자의 다수는 실업상태로 남고 이는 고학력 불만계층의 누적이라는 매우 위험한 사회현상을 야기하는데 이는 대의민주주의의 안정적 전개를 위협하는 근원적 요인이 될 수 있는 것이다.

21) 뷰캐넌(Buchanan, 1977), 올슨(Olson, 1982)은 이런 속성이 민주주의에 내재되어 있음을 주장하는 고전적 반열의 학자들이다.

우 양극화와 복지가 첨예한 쟁점으로 부상하는 반면, 정치인들이 정파적 이해관계에 몰두하며 앞서 논의했듯이 경쟁적으로 무절제한 복지정책을 남발하는 상황이 지속된다면 건정재정을 유지하기 어려운 상황에 빠질 확률은 매우 높다고 할 수 있다. 실제로 한국의 경우 2013년 말 국가부채는 1,053조 원로 전망되는데 이는 2007년 571조 2,000억 원이던 국가부채가 불과 6년 사이에 2배로 증가했음을 보여준다(≪중앙일보≫, 2013년 10월 17일 자). 부채의 급속한 증가는 대의민주주의 국가의 일반적 현상이기도 하다. 역사학자 니얼 퍼거슨(Niall Ferguson)은 현대 민주주의의 "병폐의 가장 뚜렷한 증상은 최근 수십 년간 쌓여버린, 과거처럼 전쟁 탓으로 돌릴 수도 없는, 어마어마한 부채이다"(퍼거슨, 2013: 58)라고 단정하고 이는 "투표권조차 없는 어린 세대나 아직 태어나지도 않은 세대를 희생시켜 현재의 유권자 세대를 부양하는" 사회계약의 기본을 파괴하는 행위로 규정하기도 한다(퍼거슨, 2013: 60).

이미 논했듯이 이런 사태의 발생을 근원적이고 선제적으로 예방하는 것은 체제적 차원에서 대의민주주의가 합리적이고 건전하게 작동할 수 있는 방안을 모색하는 데 있다. 이에 덧붙여 여기서는 대중영합적 추세에 맞서 건전재정을 유지하기 위한 직접적이고 구체적인 방안으로 공공예산 편성에 대한 법적인 규제조치 도입을 제안한다. 공공예산에 대한 선제적인 입법 규제는 공공정책의 대중영합적이고도 방만한 집행을 막을 수 있는 가장 효율적인 방안의 하나가 될 것이다.

이와 연관된 예를 제시하는 것으로 이 절의 논의를 마무리한다.

1970·1980년대 1인당 GDP가 세계 4위로 부상하며 스웨덴에 방만한 예산지출시대가 개막된다. 이 시기는 표면적으로는 이른바 '스웨덴의 황금시대'로 지칭되었으나 실질적으로는 재정적자가 눈덩이같이 불어나고 GDP성장률은

급속도로 추락했다. 결국 절박한 위기감 속에서 사회민주당 정부는 재정적자의 발생을 억제하기 위해 GDP의 1%를 흑자재정으로 편성하도록 강제하는 예산법을 1996년 도입했다. 그와 동시에 매년 세출한도를 정해 정부가 예산 회기 중 임의로 지출을 늘릴 수 없게 했다. 또 의회가 새로운 정책을 주도할 경우에는 반드시 그에 필요한 재정을 확보할 세입계획도 함께 세우도록 했고 이런 예산운용의 관리 감독을 위해 독립적인 위원회가 설립된다(≪조선일보≫, 2012년 1월 2일 자).

이 결과 스웨덴은 재정건전성을 확보하는 데 성공한다. 스웨덴이 2009년 금융위기 때도 다양한 부양책 도입으로 위기의 파도를 성공적으로 극복할 수 있었던 것은 건전재정이 뒷받침되었기 때문이다.

입법 규제를 통해 대중영합적 정책을 억제하는 조치는 다양한 수준에서 시도되었다. 예를 들어 브라질의 경우 전통적으로 지방정부의 재정적자를 중앙정부가 지원하는 관행이 작동해왔다. 이는 지방정부의 방만한 재정지출을 허용해 결과적으로 국가재정 건전성을 잠식하고 국민경제 전체를 위협하는 결과를 초래했다. 즉, 지방정부의 재정이 부실하면 연방정부가 돈을 찍거나 국채를 발행해 지방정부를 지원했고, 이는 물가상승과 국가부채를 늘리는 요인이 된 것이다. 이에 대해 정부는 강력한 반발을 무릅쓰고 중앙정부가 지방정부의 재정지원을 금지하는 내용의 「재정책임법」 입법으로 대응한다. 이 결과 1990년대 이후 적자행진을 거듭해온 지방정부의 재정이 2000년에 모두 흑자로 돌아선다. 2007년에 이르러서는 GDP 대비 지방정부의 재정흑자가 8%까지 높아졌다. 이는 국가재정 전체를 안정시키는 중요한 요인으로 작용한다(≪조선일보≫, 2012년 1월 6일 자).[22]

---

22) 이 밖에 미국의 경우에도 1980년에 이미 균형예산 및 긴급적자 통제법안인 「그램-러드맨-

한국에서도 2013년 11월 '열린 건전재정포럼'이라는 민간 전문가 집단이 재정파탄을 선제적으로 예방하기 위서는 재정준칙을 정하고 이를 입법화할 필요가 있다고 제안했는데, 그 핵심 내용을 소개한다(≪조선일보≫, 2013년 11월 21일 자).

① 수입 내에서 지출을 하겠다는 수지균형의 원칙.
② 대통령 임기 중에 늘릴 수 있는 국가부채의 규모를 미리 정할 것.
③ 새 정책을 도입할 때 수반되는 재원대책을 반드시 마련할 것.
④ 공공기관 부채한도에 대한 국회의 승인.
⑤ 공기업에 대한 재정수지 균형 준수의 의무화.

4. 글을 마치며

이 글은 97년 외환위기는 한국사회에 양극화로 요약되는 힘든 국가적 과제를 남겼고 이 과제에 대한 합리적 해법의 전제는 한국 대의민주주의의 정상화에 있다는 인식하에 그것을 위한 방안 제시를 목적으로 한 것이다. 이를 위해 먼저 민주주의가 1948년 건국과 함께 도입된 후 반공권위주의 시기와 군부권위주의 시기의 시행착오를 거쳐 87년 6월항쟁을 계기로 본격적인 실천에 들어가는 과정을 살펴보았다. 1987년이 계기가 된 민주화는 1950년대 반공권위주의 아래에서 한국이 자유민주주의를 기본 이념으로 하는 정체성을 지닌 사회로 확립되고 뒤이어 1961년 5·16과 함께 성

홀링스법」을 입법화했다. 그러나 이 경우에는 법이 제대로 준수되지 못하는 문제가 발생했다(비트만, 2011: 103).

립된 군부권위주의에서 달성된 산업화를 배경으로 하는 것임을 지적했다. 1987년 이후 한국에서 대의민주주의는 무엇보다 예측불가능한 열린 선거절차를 통한 통치권력의 탄생이 관행으로 정착되었다는 면에서 불가역적 질서로 정착된 것으로 규정했다. 그러나 구체적 실천과정에서 민주화 이후 민주주의는 심각한 부작용을 동반하는 것으로 평가되었다. 구체적으로 대의민주주의의 기본 특징인 '대표성'과 '숙의성'의 구현에 실패했고 사회적 갈등은 더욱 심화되고 국정운영의 효율성은 현저히 저하되는 모습을 보인 것이다.

1987년 민주화가 본격화되고 10년이 경과한 시점인 1997년 말에 한국사회는 외환위기라는 미증유의 사태에 직면한다. 1997년 말에 발생한 외환위기는 2000년에 빌린 외환을 되갚는 데 성공하여 기술적으로는 짧은 시일 내에 극복되었으나 장기적으로는 한국사회에 양극화의 극복이라는 중대한 과제를 남긴다. 이때 외환위기는 복합적 요인의 결과물이지만 간과할 수 없는 배경적 요인의 하나는 87년 민주화 이후 대의민주주의가 숙의능력과 효율적인 국정수행력을 상실한 것으로부터 찾을 수 있음을 강조했다.

외환위기를 계기로 심각한 양상을 띠기 시작한 양극화는 김대중, 노무현, 이명박 정부를 경과하며 계속 심화되는 양상을 보인다. 그러나 양극화와 복지가 한국정부의 심각한 과제로서 본격적으로 인식되는 것은 노무현 정부 후반부터이다. 사회의 양극화는 사회적 균열과 정치적 불안을 낳고 이는 경제적 침체로 연결되어 국가를 총체적 위기로 몰아넣을 수 있는 심각한 현상이기에 이에 대한 해법을 둘러싼 논란이 활성화되는 것은 바람직한 현상이라 할 만하다. 문제는 이것이 정략적 관점에서 논의되는 모습을 보이게 되었다는 점이다. 예를 들어 2013년 총선과 대선을 계기로 여야는 대중영합적 복지정책을 경쟁적으로 남발했는데 이에 대한 대응이 필요함을 주장하는 것이다. 이 글은 기술적 수준에서의 합리적이고 바람직한 대안복지정책의 제시로서, 이에 대처할 입장에 있지는 않다. 그 대신 대중영합적 복지의 바람을 근원적으로 극복하는 방안은 체제적 차원에서 한국의 대의민주주의를 정상화하는 데 있다는 전제하에 그 방안을 제시하는 것에 초점을 맞추었다. 이는 구체적으로 대의민주주의의 덕목인 '대표성'과 '숙의기능'을 발휘할 수 있는 방안을 모색하고 나아가 국정운영의 효율성 확보를 위한 지배구조 개선과 국론 분열의 억제방안을 모색하는 것이다. 이를 위해 먼저 공동체적 연대의식 또는 공공성을 강조하는 공화주의 이념을 대의민주주의를 뒷받침하는 이념으로 강조할 것을 제의했다. 제도 수준에서는 대의민주주의의 '숙의성'을 강화하기 위한 방안으로 지배구조에서 혼합정의 전통에 따라 선출직제도와 함께 대중적 압력에서 거리를 둘 수 있는 비선출직제도의 역할을 균형 있게 강조할 것을 제안했다. 민주화 이후 저하되었던 국정운영의 효율성을 확보하기 위해 입법부에 대해 행정부의 자율적 영역이 확대되도록 '견제와 균형'보다는 '효율과 책임'에 중점을 둔 제도개혁의 필요성을 강조했다. 다음으로는 무절제하고 충동적인 여론 형성을 통해 대중영합 정치의 근원으로 작용할 수 있는 SNS식 소통방식의 영향을 견제하기 위해 숙의적 소통방식 또는 숙의적 여론취합방식의 도입을 제안했는데 이는 대의민주주의의 대표성과 숙의성 확보, 그리고 국정운영의 효율화와 국민 통합의 추동을 위해서도 중요한 의미를 지닌다. 끝으로 대의민주주의하에 무절제한 재정운용으로 국가재정이 위험한 상황에 빠질 것을 선제적으로 예방하기 위해 효율적 방책으로 공공예산 책정에 입법적 한계를 설정할 것을 제안했다.

대중영합적 충동에 휘둘리던 대의민주주의가 새로운 리더십의 등장과 뒤이은 과감한 개혁조치의 도입으로 국정운영의 틀을 복원하게 된 예로는 이탈리아를 들 수 있다. 직업 정치인들의 대중영합적 정치의 결과로 국가

부채가 위험수위를 기록하고 국정이 혼란에 빠졌던 와중에 관료 출신 비정치인인 마리오 몬티(Mario Monti)를 수반으로 하는 새 정부가 수립되고 이 정부는 경제자유화와 과감한 긴축법안 도입을 중심으로 하는 개혁정책에 박차를 가해 한때 상황을 통제할 수 있는 적극적 결과를 낳고 있는 것으로 평가되었다(≪동아일보≫, 2012년 2월 27일 자). 몬티 내각에 대한 한 관찰자의 적극적 평가를 소개하는 것으로 결론을 대신한다.

> …… (개혁을 이끄는 몬티 내각에 대한) 항의자들은 잘못된 목표를 설정하고 있다. 이탈리아가 오늘날의 구렁텅이로 빠진 것은 민주주의가 부족해서가 아니라 타락한 지배구조 때문이다. 이탈리아의 선거민주주의는 — 미국의 그것과 유사하게 — 파당적 입장에 따라 너무나도 정치화되어 기능부전 상태에 빠졌고 국가가 직면하는 도전에 응답할 능력을 완전히 상실했다. …… 몬티 수상에 의해 실천되고 있는 탈정치화된 민주주의는 이탈리아를 전진시키기 위한 유일한 형태의 지배질서이다. …… 오늘날 서방의 지배형태는 실적주의적 기구(비선출직 전문가 제도)의 역할 강화로 단기적 이익집단정치에 빠진 선거민주주의 문화가 억제될 수 있도록 해야 한다는 의미에서 **민주주의에도 진화가 필요함을 보여준다**(필자 강조)(Gardels, 2012).[23]

23) 물론 필자는 탈정치화된 민주주의도 기본적으로는 '인민의 지배' 원칙하에서 작동하는 체제임을 강조한다. 과감한 개혁의 칼을 빼들었던 몬티 정부는 결국 낙마하지만 몬티 내각에 대한 적극적 평가의 의의는 여전히 유효하다고 생각한다.

참고문헌

강경식. 2010.『국가가 해야 할 일 하지 말아야 할 일』. 김영사.

강광하·이영훈·최상오. 2008.『한국고도성장기의 정책결정과정』. KDI.

김경희. 2010.『공화주의』. 책세상.

김대중. 2013.11.19. "김대중 칼럼". ≪조선일보≫.

김세중. 2005.「5·16과 산업화 체제의 대두」. ≪정신문화연구≫ 통권 101호, 67~110쪽.

_____. 2008.「건국 헌법과 근대국가건설」. ≪시대정신≫ 39호, 89~108쪽.

_____. 2009.「한국의 압축 민주화」.『대한민국 건국의 재인식』. 기파랑.

_____. 2011a.「권위주의적 산업화와 민주주의」.『한국 민주주의의 기원과 미래』. 도서출판 시대정신.

_____. 2011b.「위로부터의 혁명과 5·16」. ≪시대정신≫ 50호, 180~207쪽.

김영명. 2006.『한국의 정치변동』. 을유문화사.

김은미 외. 2012.『SNS혁명의 신화와 실체』. 나남.

김정오 외. 2006.『한국인의 정체성』. 서울대학교출판부.

김주성. 2011.「현대 정치의 복합구조와 민주주의 논쟁」.『한국 민주주의의 기원과 미래』. 도서출판 시대정신.

_____. 2012.「심의민주주의인가 참여민주주의인가」.『왜 대의민주주의인가』. 이학사.

김헌태. 2009.『분노한 대중의 사회』. 후마니타스.

남덕우 외. 1998.『IMF사태의 원인과 교훈』. 삼성경제연구소.

달, 로버트(Robert Dahl). 1996.『민주주의』. 김왕식 외 옮김. 동명사.

라보르드, 세실(Cecile Laborde) 외. 2009.『공화주의와 정치이론』. 곽준혁 외 옮김. 까치.

마넹, 버나드(Bernard Manin). 2007.『선거는 민주적인가?』. 곽준혁 옮김. 후마니타스.

박광주. 1988.『한국권위주의 국가론』. 인간사랑.

비트만, 발터(Walter Wittmann). 2011.『국가부도』. 류동수 옮김. 비전코리아.

서병훈. 2008.『포퓰리즘』. 책세상.

_____. 2012.「대의민주주의의 꿈과 포부, 그리고 과제」.『왜 대의민주주의인가』. 이학사.

선스타인, 캐스(Cass R. Sunstein). 2009.『루머』. 프리뷰.

_____. 2011.『우리는 왜 극단에 끌리는가』. 프리뷰.

샌델, 마이클(Michael Sandel). 2010.「공화주의와 자유주의에 대하여」.『하버드, 철학을 인터뷰하다』. 강유원 외 옮김. 돌베개.

송복. 1990.『한국사회의 갈등구조』. 현대문학.

아블라스터, 앤서니(Anthony Arblaster). 2007. 『서구 자유주의의 융성과 쇠퇴』. 조기제 옮김. 나남.

유종근. 1998. 『IMF, 알아야 이긴다』. 조선일보사.

유홍림. 2002. 「정치사상(서양편)」. 『정치학의 이해』. 박영사.

_____. 2003. 『현대정치사상연구』. 인간사랑.

윤여준. 2011. 『대통령의 자격』. 메디치.

윤영관. 1998. 「정치경제의 제도개혁」. 『IMF사태의 원인과 교훈』. 삼성경제연구소.

이근식. 2000. 『자유주의 사회경제 사상』. 한길사.

이만갑. 1960. 『한국농촌의 사회구조』. 한국연구도서관.

이영훈. 2011. 「한국사회 갈등의 역사적 배경」. ≪시대정신≫ 51호, 82~105쪽

이장규 외. 1995. 『6공경제: 흑자경제의 침몰』. 중앙일보사.

이헌창. 2006. 『한국경제통사(제3판)』. 법문사.

임혁백. 2007. 「양극화 시대의 한국 민주주의」. 『한국사회의 새로운 갈등과 국민 통합』. 인간사랑.

잉글하트, 로널드(Ronald Inglehart)·크리스찬 웰젤(Christian Welzel). 2011. 『민주주의는 어떻게 오는가』. 지은주 옮김. 김영사.

자카리아, 파리드(Fareed Zakaria). 2004. 『자유의 미래』. 나상원·이규종 옮김. 민음사.

조윤제. 2009. 『한국의 권력구조와 경제정책』. 한울아카데미.

_____. 2013.11.9. "조윤제 시평". ≪중앙일보≫.

칼레츠키, 아나톨(Anatole Kaletsky). 2011. 『자본주의4.0』. 위선주 옮김. 컬처앤스토리.

퍼거슨, 니얼(Niall Ferguson). 2013. 『니얼 퍼거슨 위대한 퇴보』. 구세희 옮김. 21세기북스.

한배호. 1994. 『한국정치변동론』. 법문사.

허승일. 1995. 『로마공화정 연구』. 서울대학교출판부.

헬드, 데이비드(David Held). 2010. 『민주주의의 모델들』. 박찬표 옮김. 후마니타스.

홍성기. 2010. 「광우병 촛불 시위와 천안함 음모설의 사회 병리학」. ≪시대정신≫ 48호, 138~163쪽.

Buchanan, James M. 1977. *Democracy in Deficit*. Academic Press.

Gardels, Nathan. 2012.2.10. "Monti's 'depoliticized democracy' a harbinger for West." *The Korea Herald*.

Huntington, Samuel P. 1991. *The Third Wave*. U.of.Oklahoma Press.

Olson, Mancur. 1982. *The Rise and Decline of Nations*. Yale University Press.

Summers, Lawrence. 2007.6.24. "Harness Market Forces to Share Prosperity." *Financial Times*.

제3장

외환위기 이후 한국의 금융산업

김창수 | 연세대학교 경영학부 교수

1997년 말 한국의 외환위기는 급격한 경기침체, 대량 기업부도 및 대규모 실업이라는 미증유의 경제적 고통을 수반했다. 외환위기 이전까지 평균 7%를 넘던 경제성장률이 위기가 시작된 후 1년 만에 -6.8%로 떨어졌고 2.5%를 밑돌던 실업률도 1999년에는 8.6%까지 급증해 45만 명 수준이었던 실업자가 한때 170만 명을 넘어섰다. 1999년부터 실물경제는 급속한 회복세를 보였지만 또다시 대우사태, 신용카드대란 등 금융시장의 교란이 반복되었다. 그 이후 부침을 반복하던 한국경제는 2003년 이후 연평균 경제성장률이 4%대에 머물고 있는 등 위기의 후유증이 완전히 사라지지 않고 있다.

외환위기는 고통스러운 과정이었지만 기업과 금융 부문의 강도 높은 구조개혁과 국가경제 운용시스템 개혁의 계기가 되었다. 한편 단기적이며 불가피한 개혁을 수행함으로써 여러 문제점을 노정시킨 것도 사실이다. 이 글은 외환위기의 전개과정을 정리하고 이로써 한국경제, 특히 금융분야의 변화과정을 돌아보며, 외환위기 이후 한국경제가 당면하게 된 새로운 과제에 대해 논의함을 목적으로 한다. 이를 위해 제1절에서는 외환위기 이후 금융산업의 재편을 살펴보고, 제2절에서는 금융산업의 재편에 따른 금융기관의 금융관행 변화를 확인한다. 제3절에서는 한국에서 경제적 의미가 남다른 대기업의 재무관리가 외환위기 이후 어떻게 변화했는지 검토하며, 제4절에서는 위기에 대한 대응 및 이에 따른 경제발전과정에서 나타나는 금융소외 및 양극화 현상을 살펴본다. 마지막으로 제5절에서는 향후 한국의 금융산업이 나아갈 방향을 제안하면서 결론을 맺는다.

1. 외환위기 이후 금융산업의 재편

1) 외환위기 이전

외환위기 이전 한국의 금융산업은 위기로 이어질 다양한 요인들을 내재하고 있었다. 무엇보다도 금융산업이 시장원리에 의해 작동되지 않았다는 점을 들 수 있다. 물론 금융산업의 특성상 일정 부분 정부의 규제가 필요함은 사실이나 자본의 효율적인 배분을 담당하는 금융부분에서 시장의 역할이 매우 한정되면 금융산업의 효율성 및 안정성을 심각하게 훼손하는 결과를 초래한다. 이러한 인식 아래 한국정부는 시장 중심형 금융산업을 구축하기 위해 1980년 후반부터 1990년대에 걸쳐 점진적으로 지속적인 금융자율화를 추진해왔다. 그러나 관치에 길들여진 금융시스템은 효과적으로 정부 개입의 공백을 대체하지 못하고 다양한 현상적 문제점들을 노정했다.

우선, 위험을 반영한 적절한 수익률이 시장기구에 의해 경쟁적으로 결정되어야 함에도 그간의 관치금융의 폐해로서 금융기관들이 위험의 평가 및 이에 근거한 수익률의 결정이라는 가장 기본적인 기능을 수행할 능력을 결여하고 있었다. 이로써 금융저축의 결집을 통한 양적 중개기능은 상당 부분 이루어졌으나 중개대상의 위험도를 평가해 적절한 수익률로 자금을 공급하는 질적 중개기능은 매우 취약해 자본의 요소생산성이 매우 낮은 수준에 머물렀다. 예컨대, 함준호(2003)는 외환위기 이전의 자료를 대상으로 예금은행 민간신용, 고정투자율, 총요소생산성(TFP) 증가율의 세 변수 편차(VAR)를 추정하고 충격반응함수를 계산했는데, 그 결과 은행신용의 증가는 이후 1~2년간 고정투자율을 증대시키는 효과가 있지만 총요소생산성에는 유의한 영향을 미치지 못함을 발견했다.

시장의 자율적인 가격 결정 및 자원 배분이 결여된 산업구조는 정보 비대칭을 낮춤으로써 자원의 공급자와 수요자를 효율적으로 연결시키는 금융기관 본래의 기능을 매우 약화시켰다. 금융기관이 자율적이며 경쟁적으로 기업을 분석하고 이를 바탕으로 자원을 배분하는 구조가 아니었기 때문에 기업정보의 생산이 매우 낮은 수준에 머물렀고 이로써 유효한 기업정보의 생산을 통한 효과적인 금융시장의 감시 감독이 이루어지지 않았다. 함준호(Joon-Ho, Hahm)와 프레더릭 S. 미시킨(Frederic S. Mishkin)은 위기 이전 외부감사 대상기업의 재무자료를 이용해 이자보상배율[세전·이자지급전이익(EBITDA)/이자지급비용]이 1 미만인 잠재적 부실기업의 은행여신에 대한 분석을 수행했다(Hahm and Mishkin, 2000). 그 결과, 평균 10%의 대손충당금이 설정되었을 경우 일반은행의 총자산 대비 자기자본비율은 이미 1995년 9월부터 정상기준인 4% 수준을 하회하고 있었던 것으로 나타났다.

기업에 대한 정보력이 낮은 상태에서 기업 규모와 담보에 의존하는 여신의 관행이 팽배하다 보니 기업에 대한 사후적 감시 감독을 소홀히 하게 되고, 부채상환능력의 변화에 따른 조기경보 발령 및 부채 조정 등 적극적인 기업구조 조정기능도 이루어질 수 없었다. 그 결과 기업의 수익성이 전체적으로 하락하고 있었음에도 여신의 회수와 구조조정을 통한 적기 시정을 할 수 없었고 기업부문의 부실이 금융부분의 건전성 악화로 이어지는 문제를 초래했다.

정부의 금융자율화 및 자본자유화 정책이 비체계적이고 균형을 상실한 것도 위기의 중요한 원인이다. 정부는 1980년대 초반 은행의 민영화를 추진했음에도 대기업에 대한 경제력 집중 방지 및 중소기업 등 취약부문에 대한 금융지원을 명분으로 은행에 대한 규제를 지속했다. 그러나 직접금융과 제2금융권에 대해서는 규제완화를 추진했는데 이로써 비은행 금융기관이 대거 산업자본에 의해 소유되는 현상이 발생했고(김준경, 1999), 기업어음(commercial paper: CP), 회사채 및 비은행 금융기관이 대기업의 대체자금을 조달하는 경로로 대두되었다. 문제는 규제완화가 진행된 분야에서 과거 관치금융의 폐해 때문에 기업투자에 대한 선별기능이 작동하지 못해 위험관리가 제대로 이루어지지 못하는 문제점이 발생했다는 것이다. 즉, 관치금융시기의 광범위하고도 암묵적인 정부의 보증이 1980년대 말 이후 1990년대에 걸친 금융자율화 시기에 비은행부문으로부터 점차 축소되기 시작했으나, 관치금융을 대체할 시장구조가 미처 정립되지 못했기 때문에 금융시장의 위험조절기능이 제대로 작동하지 못했고, 이런 구조에서 금융저축이 비은행부문을 통해 대기업투자로 중개되면서 위기관리에 허점이 발생하게 된 것이다(Hahm, 2003; Lim and Hahm, 2006).

대외부문에서도 불균형이 발생했는데, 정부는 대기업의 경제력 집중 문제를 완화하고 자본 유출입으로 초래될 수 있는 거시경제의 불안정성을 방지하기 위해 기업의 직접적인 해외자금 조달보다는 금융기관을 통한 해외자금 조달을 유도했다(최두열, 2002). 또한 기업의 장기자금 조달은 억제하는 반면 무역 관련 단기금융은 자유화시켰는데, 기업이 해외자금 조달의 수단으로 단기금융을 활용함으로써 대외부채의 만기구조가 악화되는 결과를 초래했다(Shin and Hahm, 1998).

결론적으로, 위기 이전 한국 금융부문의 다양한 현상적 문제점들, 즉 외채구조의 단기화, 은행자본 건전성의 하락, 기업부채의 단기화, 금융감독기능의 미비 등은 함준호가 주장하는 바와 같이 비은행 금융부문을 통한 기업자금 조달의 과도한 팽창, 대내외 자금 조달의 단기화에 따른 유동성 위험의 상승 등 위기 이전의 구조적 취약성에 의해 발생했으며, 균형을 잃은 정부정책도 중요한 원인의 하나라고 볼 수 있다(Hahm, 2003).

2) 외환위기 이후

외환위기의 직접적인 원인에 대해서는 아직도 의견이 일치되지 않지만 그 이전에 한국의 경제구조와 금융시스템에 잠재해 있던 이상의 문제점들이 외부의 충격에 의해 가시화되었다는 점은 대부분 동의하는 것으로 보인다. 〈그림 3.1〉은 외환위기 이후 한국경제에 발생한 주요 사건들과 코스피(KOSPI) 금융업지수를 보여준다. 1998년 6월 5개 은행 퇴출조치, 2001년 2월 개방형 뮤추얼 펀드의 도입, 2003년 8월 1단계 방카슈랑스 시작, 2004년「간접투자자산운용업법」 시행 등 정부의 주요 조치들과 키코(KIKO) 사태, 2008년 세계금융위기, 최근의 저축은행사태 등이 나타나 있다.

외환위기가 발생한 1997년 말 이후 외환위기를 극복하기 위하여 다양한 조치가 취해졌는데, 그 특징은 다음과 같다. 먼저, 위기라고 하는 것은 이미 시장실패가 발생한 것이고 위기의 정도와 속도가 시장의 자생력에 의해 치유될 수 있는 수준을 넘었기 때문에 시장보다는 정부 주도로 위기를 극복하기 위한 조치가 집행되었다. 둘째, 은행이 경제에서 차지하는 비

그림 3.1 KOSPI 금융업지수와 외환위기 이후의 주요 조치 및 사건

(단위: pt)

자료: FnGuide.

중과 그 파급력을 감안해 은행에 우선순위를 둔 금융구조조정이 수행되었다. 셋째, 정부 주도의 구조조정을 하면서 규모의 경제, 범위의 경제효과를 달성하기 위한 대형화, 그룹화가 진행되었다. 넷째, 관치의 폐해를 줄이고자 시장 중심형 금융시스템을 지향하면서 영미식의 지배구조 개혁과 각종 제도 개선이 이루어졌다. 다섯째, 그 이전부터 추진되어온 금융과 자본 시장의 전면적 개방이 이루어졌다.

(1) 정부 주도의 금융개혁

통상 경제가 정상적인 상황에서는 시장원리의 작동을 통해 부실금융기관이 자연스럽게 시장에서 퇴출되고 그 빈자리에 경쟁력을 갖춘 새로운 금융기관이 진입하거나 또는 기존의 좀 더 효율적인 금융기관이 성장하면서 금융시장의 효율성과 경쟁력이 확보된다. 그러나 경제위기상황에서는

시장의 실패(market failure)가 발생하므로 정상적인 시장의 작동에 의한 부실금융기관 처리가 매우 어렵다. 외환위기는 한국역사상 한 번도 경험해보지 못한 사건이었고 그 경제적 파장이 지대했기 때문에 정부는 국제통화기금(IMF)의 자금지원을 받기로 한 상태에서 정부 주도로 금융산업 구조조정을 추진했다. 정부는 은행을 포함한 부실금융기관을 정리하기 위하여 166.5조 원의 공적자금을 조성하고 예금보험공사, 한국자산관리공사 등을 통해 금융기관의 출자·출연, 부실채권 매입, 예금대지급에 사용했다. 이 중 52%인 86.8조 원을 은행에 투입하면서 은행 퇴출은 최소화했고, 보험·증권사 등에 대해서는 극심한 유동성 부족 기관을 선별해 퇴출시키는 방식으로 과감히 정리했다. 이렇게 해서 1997년 말에는 2,103개이던 금융기관이 2007년 8월 말에는 1,305개로 감소했고, 2010년까지 14개 은행, 29개 종합금융회사, 18개 보험사 등이 퇴출 또는 다른 금융기관과 합병되었다.

이러한 정부 주도의 금융산업 구조조정은 그 불가피성을 인정할 수밖에 없으나 구조조정 초기에 정부 주도의 부실금융기관 선별이 이루어짐에 따라 실물부문에 대한 중개기능이 전반적으로 약화되었다. 다시 말해, 금융기관들이 시장에서의 경쟁력 등 미래지향적인 기준에 따라 선별되는 것이 아니고 규모나 단기 수익성, 정태적 건전성 지표에 집착해 선별됨으로써 위험요인을 분석하고 수익성을 고려해 자금을 배분하는 금융기관 본연의 기능이 발전되지 못하는 결과를 초래했다. 최공필(2007)은 위기 이후 과도한 위험기피적 성향과 위험 산정이 어려운 시장상황 때문에 자원의 배분이 왜곡되었으며, 금융시스템이 낙후되어 과잉유동성이 비교역서비스 부문에 대한 효율적인 투자와 미래의 성장기반 확충으로 이어지지 못했다고 분석하고 있다. 특히, 산업구조의 변화를 통해 발생하는 신기술·고위험 기반의 혁신산업 또는 유망 중소기업 부문의 금융수요가 제대로 충족되지 못하는 금융의 수요와 공급의 불일치현상이 지속되었다.

(2) 은행 위주의 구조조정

대한민국 정부는 은행시스템이 경제에서 차지하는 중요성을 감안해 은행 중심의 구조조정을 추진했는데, 은행서비스의 초과공급문제를 해소하고 규모의 경제를 통한 수익성을 향상시키기 위하여 중소·지방 부실은행의 인수 및 합병, 대형 부실은행 간 합병을 유도했다. 이 과정에서 정부는 은행의 대형화를 추진했다. 이는 대형화를 통한 규모의 경제를 달성함으로써 은행의 수익성을 향상시키고자 함이었다. 산업집중도의 척도로 흔히 사용되는 허핀달-허시먼 지표(herfindahl-hirschman index: HHI)로 보면 은행산업의 HHI는 1996년 말 707로 '경쟁적 시장' 상태였으나, 2006년 말에는 1,454로 상승해 '다소 집중된 시장' 상태로 전환되었다. 〈그림 3.2〉는 국내총생산(GDP) 대비 예금은행 총대출금을 나타내는데 외환위기 이후 동 비율이 급격히 증가했고, 2003년 카드사태 때 약간 감소한 후 계속 증

그림 3.2 **GDP 대비 예금은행 총대출금**

(단위: %, %)

자료: 한국은행 경제통계시스템.

가하는 추세를 보이고 있다. 이는 외환위기 이후 정부 주도의 인위적 금융구조조정이 은행규모의 급격한 증가를 가져왔음을 시사한다.

외환위기 이후 은행산업의 수익성이 개선되었는데 이는 정부가 의도한 대로 대형화에 따른 규모의 경제효과와 시장집중도의 상승에 따른 시장지배력 강화효과가 나타난 것으로 보인다. 그러나 겸업화가 확대되고 자본시장 활성화에 따른 간접투자상품 및 비은행 금융기관과의 경쟁이 심화되면서 수익성에 한계를 나타낸다. 은행의 수익구조도 문제인데, 외환위기 이후 10년간 한국의 은행 수익구조는 총이익 대비 이자이익이 85% 정도로 이는 선진국 은행의 50~60% 수준에 비해 지나치게 이자부자산과 예대업무에 의존하는 구조이다. 외환위기를 극복하기 위한 구조조정이 만료된 이후에도 은행들이 자산 확대를 위해 경쟁한 것 역시 이러한 구조 때문에 발생했다. 경쟁의 심화로 이윤율이 정체되는 상황에서 예대마진에 지나치게 의존하는 은행들은 수익성을 유지하기 위해서 자산 확대가 필수였던 것이다. 향후 은행산업은 이자부자산의 성장 정체와 함께 겸업화 확대에 따른 경쟁이 더욱 심화될 것이며, 따라서 증권 및 투자 서비스 등으로 업무를 다각화하고, 이익참가부사채(participating bond: PB), 상품 교차판매 등으로 비이자수익을 높여야 수익성을 유지할 수 있을 것이다.

한편, 은행 중심의 구조조정 추진과 외환위기로 위험에 민감해진 가계부문의 안전자산 선호로 금융저축이 은행권에 집중되고 또한 단기화되면서 상대적으로 비은행부문이 위축되고 자본시장의 성장이 정체되는 현상이 초래되었다. 〈그림 3.3〉에서와 같이 GDP 대비 시가총액 비중이 1980년대 후반 이후 감소하기 시작해 외환위기 기간까지 그 추세가 지속되었으며 2000년대 중반에 가서야 1980년대 후반의 수준을 회복했다. 간접금융시장은 외환위기 직후의 구조조정과 이를 통한 겸업화·대형화·수익성 개선 등을 통해 경쟁력을 확보하고자 노력해왔으나, 상대적으로 자본시장

그림 3.3 **자본시장의 변화**

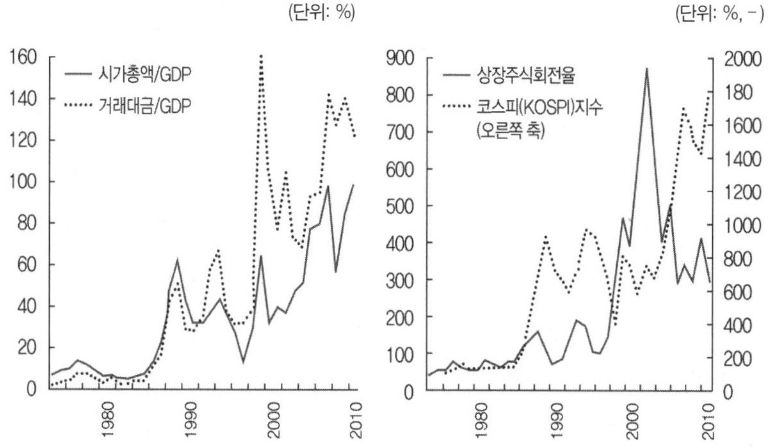

자료: 한국은행 경제통계시스템.

은 구조조정이 부진했고 대형화·겸업화·수익성 측면에서도 미흡했다. 국내 증권사는 자기자본 기준으로 볼 때 외국 투자은행의 20분의 1 수준밖에 되지 않고, 위탁매매를 주로 하는 영업구조로 기업금융, 자산관리, 자기매매를 골고루 하는 외국 투자은행과 비교할 때 수익성 규모뿐만 아니라 그 구조도 열등하다. 국내 자본시장의 발전이 늦은 주요 원인 중 하나는 정부의 규제이다. 2009년 2월 「자본시장법」이 시행되기 이전에 국내 자본시장은 금융업권별로 법령이 따로 제정되어 있었고 각 법령도 열거주의(positive system) 형태여서 효율성을 높이기 위한 경쟁이 제한되었고 새롭고 창의적인 금융상품의 개발이 거의 불가능했다. 다행히 늦은 감이 없지 않으나 기능별 규제와 소비자 보호를 목적으로 하는 「자본시장법」이 시행되고 정부의 규제가 완화되거나 정비되어 현재는 경제규모 대비 주식시장 규모가 미국, 영국보다는 작으나 독일보다는 크고 프랑스보다는 작은 정도로 자본시장이 발전했다.

(3) 금융기관의 대형화, 그룹화

외환위기 이후 정부는 권역별 금융기관의 통합을 촉진함으로써 규모 및 범위의 경제를 실현하고 이를 통해 단기간 내 금융기관의 수익력과 자본력을 확충하고자 했다. 금융기관이 대형화되고 업무영역이 통합되면 장점과 단점이 모두 존재한다. 장점으로는 규모 및 범위의 경제를 달성할 수 있기 때문에 비용효율성이 제고되고 시장지배력이 상승해 수익성이 높아지고 도산의 위험이 감소한다. 또한 금융서비스의 공급대상시장이 확대되어 지역적 분산 및 업무영역의 확대가 이루어져 수익의 안정성이 향상된다. 그러나 조직이 비대해지고 의사결정구조가 다층화되며 규모가 커짐에 따라 규제 유예의 가능성이 증가해 시장의 감시 감독이 약화되고 이로써 도덕적 해이가 발생하며 결국 도산의 위험이 증가할 수도 있다. 2011년 6월 말 은행지주회사는 9개, 보험지주회사는 1개, 금융투자 지주회사는 1개이다. 2001년 말 금융산업에서 금융투자 지주회사의 비중은 12.2%였으나 2010년 말에는 50%에 육박해 대형화에 따른 시장지배력이 매우 강화되었음을 알 수 있다.

한편, 외환위기 직후 각 금융권역별 통폐합으로 금융기관의 대형화를 유도한 정부의 적극적인 개입 덕분에 규모의 대형화는 조기에 달성했으나 겸업화는 2000년 이후 방카슈랑스 및 펀드, 신탁업무 등에 대한 겸업주의가 대두되면서부터 본격적으로 진행되었다. 방카슈랑스는 은행이 보험대리점 역할을 수행하는 판매제휴(distribution agreement) 형태, 은행과 보험사가 합작투자를 하는 합작회사(joint venture) 형태, 그리고 은행이 신규 보험 자회사를 신설하는 완전통합(full integration) 형태가 있다. 한국은 이 중에 시행기간이 단축될 수 있고, 자본 투입이 불필요한 판매제휴방식을 선택했다. 방카슈랑스는 보험 가입자에게는 편리성과 보험료 인하를 제공하고 보험사에게는 보험 모집비용 절감, 판매채널의 효율성 개선 등의 이점을 제공할 수 있다. 은행 또한 겸업화를 통해 새로운 수익원을 창출하고, 업무다각화로 시너지 효과를 기대할 수 있으나, 은행시장에서의 시장지배력을 보험유통시장으로 전이시킬 수 있다는 단점 역시 존재한다. 또한 한국은 시행의 용이성 때문에 판매제휴형식을 취함으로써 신상품 도입의 유연성 부족, 업종 간 갈등, 불완전판매, 끼워팔기 등의 부작용이 발생한다.

간접금융부문과 직접금융부문의 겸업화는 자산운용사가 대부분의 펀드를 은행이나 증권회사를 통해 유통하는 형태로 나타났다. 이로써 자산운용사는 새로운 투자 없이 펀드를 유통시키면서 자산운용업무에 전념할 수 있고, 은행과 증권회사는 펀드유통으로부터의 새로운 수익이 창출되는 효과를 얻을 수 있었다. 그러나 역시 대규모화된 은행의 독점력이 문제가 되는데, 은행이 운용과 유통을 아우르는 전체 수익 중 많은 부분을 판매수수료로 부과하여 자산운용사의 수익이 감소하는 등 인근 금융산업과의 충돌사례가 발생했다. 또한 은행이 대출로부터의 위험을 신용파생상품 거래(credit default swap: CDS) 등을 통해 다른 투자자에게 전이시킴으로써 은행산업에 적절한 위험관리가 이루어지지 않는 문제점도 발생했다.

〈표 3.1〉은 외환위기 이후 금융기관의 건전성 및 수익성의 추이를 보여준다. 외환위기 이후 약 10년간 금융기관의 수익성과 건전성이 가시적으로 제고되어 정부의 목표는 일정 부분 성과가 있었다고 볼 수 있다. 은행의 경우 국제결제은행(BIS) 자기자본비율, 보험의 경우 총자산 대비 자기

표 3.1 **금융기관의 건전성 및 수익성**

(단위: %)

기관	지표	1995	1997	1999	2001	2003	2005	2006
은행	국제결제은행 자기자본비율	9.3	7.0	10.8	10.8	10.4	12.4	12.3
	고정이하 여신비율	5.2	6.0	13.6	3.3	2.7	1.3	0.9
	자기자본수익률	4.2	-14.2	-23.1	15.9	2.2	20.3	15.6

보험	총자산 대비 자기자본비율	0.1	-0.1	-5.4	1.2	6.5	8.3	8.1
	고정이하 여신비율	-	-	-	5.3	4.1	3.4	3.0
	자기자본수익률	-114.8	91.2	122.3	-111.4	34.1	13.7	12.9
증권	총자산 대비 자기자본비율	45.7	36.3	33.3	20.5	17.8	30.9	36.8
	고정이하 여신비율	-	-	-	-	29.4	11.9	5.6
	자기자본수익률	5.0	-5.7	9.3	-3.3	-7.3	0.3	14.3

주: 1) 국내 일반은행 기준, 신탁계정 포함.
주: 2) 생명보험회사 기준.
주: 3) 국내 증권회사 기준.
자료: 금융감독원 금융통계정보시스템.

자본비율이 지속적으로 높아졌고, 고정이하 여신비율은 은행, 보험, 증권 모두 상당히 낮아졌다. 수익성 측면에서도 자기자본수익률(return on equity: ROE)이 세 금융산업에서 모두 개선되는 추세이다. 이러한 경영성과의 개선은 위기 이후 금융통합에 따른 금융기관의 대형화, 그룹화 효과와 비용 효율성 증대에 기인한 것으로 보인다.

그러나 향후 자본시장의 활성화, 금융산업의 개방 등에 따라 경쟁압력이 높아지는 경우 대형화 효과의 추가적인 실현에는 한계가 있을 것으로 보이며 따라서 향후 금융산업의 지속적 성장을 위해서는 겸업화의 실질적인 진전에 따른 수익구조의 다변화가 요구된다. 강종구(2005)는 한국에서 위기 이후 은행의 안전자산 투자비중 및 단기자산 보유비중이 상승한 점을 들어 금융중개기능이 약화되고 있다고 지적한다. 이런 부작용의 원인은 여러 가지가 있겠으나 대형화, 겸업화에 의한 중소기업 대출비용의 상승, 단기 수익성과 안정성에 치중한 경영행태, 예대마진 위주의 안일한 경영형태, 겸업화에 따른 수익구조의 다변화 노력 부족 등이 그 이유이다.

한편 금융산업의 안정성 측면에서는 관치의 폐해로 시장의 규율이 확립되지 않은 상태에서 대형화된 금융그룹 간의 직간접적인 상호의존성이 증대되고, 겸업화를 통해 비은행부문으로부터 은행부문으로 또는 은행부문으로부터 비은행부문으로의 위험 전이가 가능하게 됨에 따라 전반적인 금융시스템의 변동성이 커져 시스템 위험의 발생 소지가 높아지고 있다. 또한 은행 간의 경쟁이 심해짐에 따라 장기적인 금융발전보다는 단기적인 성과에 치중할 가능성도 높아지고 있는데, 라구람 G. 라잔(Raghuram G. Rajan)은 은행 경영진에 대한 단기 업적주의 압력의 증대가 은행대출의 경기순응성을 심화시키는 요인으로 작용하고 있음을 보여준다(Rajan, 1994).

금융시스템 전체에 문제가 발생하면 예금인출사태를 포함해 금융기관의 지급결제기능이 마비되어 지불능력은 있으나 유동성이 부족한 기업이 도산한다. 또한, 신용공여의 축소가 진행되어 기업이나 금융기관의 투자기회가 상실되고 불확실성의 증대로 경제활동이 급속히 위축된다. 마지막으로 자산가치가 하락함으로써 통화와 신용의 창출이 급격히 축소되고 이것이 경제에 치명적인 악영향을 미친다. 그룹화의 진전이 이와 같은 시스템 위험을 증대시킬 수 있는 경로는 우선 대형 복합금융기관의 위험 통제 및 원활한 퇴출이 어려워지는 상황에서 소수의 대형 금융그룹 간 상호의존도가 상승하는 것이다. 구본성·신용상(2006)은 금융기관의 대형화, 그룹화를 통해 시장집중도가 상승하는 상황에서 대출업무의 유사성, 여신업무의 경기순응성, 겸업화에 따른 시장 간 연계성이 높아져 시스템 위험이 상승함을 보여준다. 그뿐만 아니라 대형 금융그룹과 산업자본 또는 해외 금융기관과의 연계성이 강화되어 실물 및 해외 부문의 충격에 금융시스템이 직간접적으로 노출되어 위험수준이 높아지고 있다. 2003년 신용카드대란은 카드 자회사의 위기가 모은행 및 형제 자회사 은행으로 파급되어 은행수익에 부정적 영향을 미침으로써 그룹화를 통한 시스템 위험의 가능성을 보여주었다

또한 금융의 대형화, 그룹화를 통해 소수의 대형 금융그룹에 의한 금융

산업의 지배가 가능해져 이들의 시장지배력 상승이 금융서비스 이용자의 부담을 증대시킬 수 있으며 지역, 서민 등 취약부문에 대한 원활한 금융서비스 공급이 위축될 소지가 있다. 또한 겸업화의 진전에 따라 비은행 금융권 및 직접금융시장으로의 자산 이전이 증대되어 예금자 보호 등 공적안전망에 의한 금융안정성 확보도 더욱 어려워질 수 있다. 따라서 금융정책 수립 및 감독 기능을 더욱 효율화해야 하며, 특히 금융시스템의 안정성을 확보하기 위한 다양한 조치를 강구할 필요가 있다.

(4) 시장 중심형 금융시스템

곽노선 외 2인(2008)은 그동안 정부가 시행해왔던 주요 금융정책들에 대해 시장친화성의 정도와 효율성 제고의 측면에서 전문가를 대상으로 설문조사를 실시한 후 이 두 변수 간의 상관관계를 분석했다. 구체적으로는 「자본시장통합법」, 금산분리정책, 인수·합병 관련 제도, 금융기관들에 대한 감독체계, 거시금융정책으로서의 통화 및 환율 정책, 정책금융 등 일곱 가지의 금융 관련 정책 및 제도의 금융시장 효율성 기여 정도와 시장친화성 정도에 대해 조사했다. 그 결과 자본시장의 효율성 제고와 시장친화성 사이의 상관계수값이 0.616에서 0.778의 강한 양의 상관관계를 보여 자본시장의 효율성 제고에 기여한 정책은 시장친화성 역시 높은 것으로 나타났다. 이는 시장친화성이 금융정책의 실효성을 결정짓는 중요 요인이라는 것을 의미한다.

외환위기 직후 정부는 자본시장의 하부구조 개혁, 장단기 자본시장의 전면적인 개방 등 시장 중심형 구조로의 전환을 위해 제반제도를 개선하고자 노력했다. 그럼에도 외환위기 이후 시장 중심형 금융시스템으로의 전환이 잘 이루어지지 못하는 것은 다음과 같은 점에 그 원인이 있다. 첫째, 외환위기 직후 암묵적 정부 보증에 대한 기대가 약화되면서 금융저축자의 안전자산 선호경향 및 투자위험에 대한 민감도가 증가했다. 반면 기업 구조조정에 따른 기업신용위험의 전반적인 상승과 잠재적 부실기업의 상존으로 비은행부문과 자본시장으로의 자금흐름이 제약되었다. 자본시장은 자본시장대로 신뢰할 만한 기업정보가 일천해 기업 간 가격차별화를 통한 효율적인 정보 생산이 이루어지지 못했다. 정보가 부족한 상황이기 때문에 투자자들은 장기투자를 기피했고 주로 단기매매를 위해 주식을 보유했으며 이로써 기업경영에 대한 감시기능을 수행할 장기투자자 및 기관투자자의 역할도 미미할 수밖에 없었다. 인수, 합병 등 기업경영권 시장은 물론 부실채권의 정리, 기업 분할매각 등을 촉진하기 위한 기업 구조조정 시장도 제대로 형성되지 못했다. 주주의 권리에 대한 인식 부족, 회계정보의 불투명성 등으로 은행, 금융저축자, 자본시장 참여자의 기업 모니터링 및 거버넌스와 관련한 기능이 전반적으로 작동하지 못했고 이에 대한 인식조차 크게 미흡했다.

둘째, 시장참여자들의 위험의식이 상승해 은행부문에 집중된 과잉유동성이 은행의 보수적인 자산운용행태로 기업과 위험자본시장으로 중개되기보다는 가계여신, 부동산 대출 등에 과도하게 집중됨으로써 은행의 건전성이 악화될 소지가 농후했다.

셋째, 위기 이후 산업구조의 변화와 함께 중소기업과 서비스산업의 비중이 증대되면서 외부의 금융에 대한 수요가 본질적으로 정보의 비대칭성이 높은 산업부문으로 이전되었다. 따라서 은행 특유의 관계형 금융기능에 대한 요구가 높아진 점도 시장 중심형 금융구조로의 전환을 제약하는 한 요인으로 작용했다.

이러한 문제점 때문에 외환위기 이후 금융이 양적으로 성장했음에도 실물부문에 대한 중개기능은 크게 향상되지 않았다. 이 같은 현상은 개별 금융기관의 자원 배분 비효율성에서 그 원인을 찾을 수도 있겠으나 그보다는 거시금융구조의 불균형성 심화와 금융기관 및 자본시장의 위험흡수·분산 기능이 작동하지 않은 것이 더 큰 요인이다. 향후 실물부문에 대한 금융중개기능을 강화하고 산업구조의 변화에 따른 금융수요의 질적인 변화에 효과적으로 대처하기 위해서는 은행과 자본시장이 함께 발전할 수 있는 금융구조를 정립해야 한다. 전통적으로 한국에서는 은행의 기능이 강조되어왔다. 2004년 말을 기준으로 기업부문의 총 외부 자금조달잔액 가운데 은행대출금이 차지하는 비중을 보면 한국 32.5%, 미국 14.9%, 일본 34.0%, 독일 39.2% 등으로 한국은 은행 중심형 금융구조를 보유한 일본과 독일에 가깝다. 그러나 바람직한 금융구조를 위해서는 은행의 저축결집기능 및 정보 비대칭성 완화기능과 자본시장의 위험흡수기능 및 위험분산기능이 유연하게 결합되어 최적의 금융기능이 발휘될 수 있도록 해야 하며 이를 위해서는 은행과 자본시장의 균형 있는 발전과 긴밀한 연계가 필수적이다.

시장 중심의 금융체제를 구축하기 위해서 가장 중요한 것은 공정성과 투명성이다. 외환위기 이후 정부는 정보의 공시 및 회계 등에 대한 국제적 기준을 도입함으로써 시장의 투명성을 확보하고자 했고, 금융과 산업 간 분리의 강화, 출자총액제한제도의 유지, 금융보험 계열사의 의결권 제한 조치 강화, 증권집단소송제도의 도입 등 공정성을 위해 노력했다. 그러나 중요한 것은 제도의 도입이 아니라 이를 실제로 수행하는 것이다. 많은 개발도상국이 다양한 선진제도를 이미 구축해놓고 있음에도 자본시장이 비효율적으로 운영된다는 점에 유의해야 한다. 따라서 정부는 규제체제의 중심을 공정한 시장 경쟁과 겸업화를 통한 범위의 경제 실현, 그리고 이에 기반을 둔 금융서비스의 질적인 기반 확대를 목표로 하면서 이것을 실제로 집행하기 위해 노력해야 한다.

(5) 자본자유화 및 개방

한국은 1980년대 이후 지속적으로 금융자유화와 금융개방을 추진했다. 이는 한국정부가 실물부문의 해외진출 촉진과 같은 대내외 여건의 변화를 감안한 측면, 세계무역기구(WTO) 가입과 다자간투자협정(MAI)에 따른 선진국의 시장 개방의 압박, 1996년 12월 경제협력개발기구(OECD) 가입과 더불어 외국인 국내투자 등 외환거래 자유화를 확대한 측면 등이 복합적으로 작용한 결과이다. 이렇게 해서 1997년 외환위기 이전까지 보험시장의 개방, 외국인과의 합작은행 설립 허용, 외국인의 간접증권투자 허용, 외환 및 자본 거래에 대한 규제완화 등이 진행되었다. 그러나 시중금리의 급격한 상승, 자본 및 외환 시장의 인프라 미비, 과거의 개발정책으로 인한 부실채권의 누적으로 단시일 내에 효과를 내기는 어려웠다.

외환위기를 맞으면서 금융자유화 및 자본시장의 개방이 가속화되는데, 1990년대 들어 지속적으로 추진되던 외환거래의 자유화는 외환위기를 계기로 급격하게 진전되어 1997년 12월 자유변동환율제도로 이행하는 한편 대외송금을 전면 자유화하는 등 외환자유화 조치를 단계별로 시행했다. 구체적으로 보면 1999년 4월 1단계 조치로 사전규제 중심의 「외국환관리법」을 사후관리 중심의 「외국환거래법」으로 대체하면서 기업 및 금융기관의 대외 영업활동 관련 외환거래를 자유화했고, 2001년 1월에는 2단계 조치로 개인의 경상지급 제한을 자유화하고 비거주자 원화예금거래 제한을 철폐했으며, 2002년 7월에는 3단계 조치로 대외송금 전면 자유화, 해외여행경비 자유화, 신용카드 국내결제한도 폐지를 시행했다.

주식시장도 〈표 3.2〉에서 보는 바와 같이 1992년 1월 금융시장 개방의 일환으로 외국인의 국내 주식투자를 전체 10%, 1인당 3% 한도에서 허용한 이후 지속적으로 개방화를 추진해왔으며 외환위기 이후인 1998년 5월에는 외국인 주식투자한도 자체를 폐지함으로써 주식시장을 완전히 개방

표 3.2 **외국인 주식투자의 한도**

(단위: %)

	1992	1996	1997	1998
전체	10	20	55	한도 폐지
1인당	3	5	50	한도 폐지

자료: 금융감독원(『금융통계월보』).

표 3.3 **외국인 주식소유 비중**

(단위: %, 기말 기준)

1997	1998	1999	2000	2001	2002	2003	2004
14.6	18.6	21.9	30.1	36.6	36.0	40.1	42.0

주: 거래소 시가총액 기준.
자료: 금융감독원(『금융통계월보』).

표 3.4 **주식시장 규모와 외국인 증권투자자금 유출입**

	1997	1998	1999	2000	2001	2002	2003	2004
주식시가총액 (조 원, 기말 기준)	71.0	137.8	349.5	188.0	255.9	258.7	355.4	412.6
일평균 주식거래량 (백만 주)	41.5	97.7	278.6	306.2	473.2	857.2	542.0	372.9
외국인 증권투자자금 유출입 합계(억 원)	244	282	780	1,090	805	1,316	1,496	2,229

자료: 한국은행, 한국증권선물거래소.

했다. 이런 자본자유화 조치에 따라 외국인의 주식보유 비중은 〈표 3.3〉에서처럼 시가총액 기준으로 1997년 말 14.6%에서 2004년 말에는 42%까지 상승했다.

외국인의 주식보유 비중이 상승함에 따라 외국인 증권투자자금 유출입 확대가 주식시장의 안정성을 저하시키는 요인으로 작용했다. 〈표 3.4〉를 보면 외국인 증권투자자금 유출입 규모가 1997년에는 244억 원에 지나지 않았으나 2004년에는 2,229억 원으로 거의 10배 증가했으며 이후 이 규모는 더욱 증가하는 추세이다. 외국인 증권투자자금은 미국달러화의 가치

표 3.5 **외국계 금융기관의 시장점유율**

(단위: %)

기관	1997	1998	1999	2000	2001	2002	2003	2004
은행[1)]	0.6	1.1	7.5	17.9	20.1	18.8	18.7	18.2
증권[2)]	4.0	7.5	8.8	15.2	15.7	15.8	17.2	22.3
보험[3)]	1.3	1.9	7.9	9.6	11.3	13.3	15.6	17.0
투신[4)]	0.1	0.3	5.1	6.0	6.4	12.3	17.0	24.6

주: 1) 1대 주주가 외국인인 일반은행(제일, 한미, 외환)과 외국은행지점, 원화예수금 기준(연중 평균잔고).

주: 2) 브릿지, 메리츠, KGI, 서울, 한누리, 푸르덴셜 투자증권 등 11개 외국계 증권사(총 41개사 중)와 외국사 지점(15개)의 거래대금 기준(연중).

주: 3) 알리안츠, ING, 메트라이프 및 푸르덴셜 생명 등 9개사(총 21개사 중)와 외국사 지점(2개)의 보유계약 기준(연말).

주: 4) 하나알리안츠, 신한BNP파리바, 외환코메르츠, 플랭클린템플턴 투신운용 및 푸르덴셜 자산운용 등 12개사(총 45개사 중)의 설정고 기준(연말).

자료: 금융감독원(「은행경영통계」), 증권거래소(「주식」), 생명보험협회(「월간생명보험」), 투자신탁협회(「투신」).

변동, 미국의 정책금리 변동, IT산업의 경기 전망 등에 민감하게 반응함으로써 한국 주식시장의 변동성 확대요인으로 작용하고 있으며 경제위기상황에서는 자본시장의 급격한 변동을 초래해 위기를 더욱 증폭시킬 가능성이 있다.

한편 외환위기 이후 부실금융기관을 매각하는 과정에서 경영권 확보를 목적으로 하는 외국인의 국내 금융기관 인수용 직접투자도 크게 증가했다. 외국인은 국내 금융기관을 인수하거나 현지법인을 설립하는 형태로 국내 금융시장에 진출했는데 〈표 3.5〉에서 보는 바와 같이 이들의 영향력은 매년 엄청나게 증가해왔다. 1997년에는 외국계 금융기관의 시장점유율이 높아야 4% 미만이었던 것이 2004년에는 보험산업이 최소 17%이고, 투자신탁의 경우에는 24.6%에 이른다.

국내 금융기관에 의한 외화증권투자도 국내의 저금리기조가 정착된 2001년 이후 기관투자가를 중심으로 꾸준히 증가했다. 국내외 금융시장이 빠르게 통합됨에 따라 금융기관들이 외화증권을 포트폴리오 다변화를 통한

표 3.6 **국내 은행의 해외진출 현황**

	1999년 말 (A)	2000년 말	2001년 말	2002년 말	2003년 말	2004년 말 (B)	증감 (B–A)
영업점수(개)[1]	112	109	105	103	108	108	△4
당기순이익(억 달러)	△961	△26	99	207	21	366	1,327
해외총자산(%)	326.0	207.6	225.8	254.0	266.2	275.3	△50.7
비중(%p)[2]	5.2	2.9	3.2	2.8	2.7	2.7	△2.5

주: 1) 기준일 현재 영업 중인 해외영업점 기준.
주: 2) 국내 은행의 총자산 중 해외진출자산의 비중.
자료: 금융감독원(「은행경영통계」).

위험분산 및 대체투자 수단으로 활용하기 시작했기 때문이다. 그러나 국내 금융산업의 대외진출은 그다지 활발하지 않았다. 금융업의 해외투자액은 2000년 910만 달러에서 2004년 40만 달러 수준으로 오히려 감소했고, 〈표 3.6〉에서 1999년 말과 2004년 말을 비교해보면 국내 은행 해외진출의 경우 영업점이 오히려 감소했으며 해외자산도 326억 달러에서 275.3억 달러로 50.7억 달러 감소했다.

전체적으로 볼 때 2000년대 중반까지의 한국 금융자유화 및 개방 상황은, 아직 구조적으로 취약한 상태에서 금융시장이 급속히 개방됨으로써 외국계 금융회사의 영향력이 지나치게 커지고, 세계 금융시장과의 연계성이 높아지는 가운데 대외적 취약성 또한 동반 상승하는 모습을 나타내고 있다.

2008년 이명박 정부가 출범하면서 금융자유화와 금융개방은 계속 지속되었고, 금융경쟁력을 한층 더 높이기 위해 진입장벽을 철폐했는데 대표적인 것이 금산분리 완화정책이다. 금융과 산업을 분리해 시스템 안정성을 유지해야 한다는 이전의 정책이 금융효율성 제고라는 목표에 우선순위를 내어주고 「은행법」과 「금융지주회사법」의 개정을 통해 금산분리의 원칙이 완화되었다. 그러던 것이 2008년 리먼 브러더스(Lehman Brothers)의 파산으로 세계 금융시장이 요동치게 되자 국내 자본시장도 KOSPI 지수가 급락하고 외국인 투자자금이 이탈하기 시작하면서 외환유동성 위기를 겪었고, 이로써 금융시스템 위험을 최소화하고 안정성을 추구해야 한다는 의견이 다시 힘을 얻었다. 사실상 한국은 외환시장의 규모나 심도가 일천해 금융회사의 외화 조달이나 단기유동성 확보가 금융회사들의 대외적 신인도뿐만 아니라 외화자금의 수요와 공급에 의해 좌우된다. 이러한 상황에서 대외부문으로부터의 충격은 즉각적으로 국내 금융산업에 영향을 미칠 수 있기 때문에 향후 금융경쟁력 제고와 금융안정성 확보라는 두 가지 상충되는 목표를 어떻게 달성할지가 정부정책의 핵심이 될 것이다.

2. 외환위기 이후 금융관행의 변화

외환위기 이전에 한국의 금융산업은 중개기능이 양적중개 위주로 이루어져 자본의 축적 및 성장에는 기여했으나 자본배분기능을 통한 생산성 향상에는 기여하지 못했다. 이는 금융자유화 추진으로 정부 개입의 공백이 발생했으나 이런 상황에서 시장 규율이 효과적으로 자리 잡지 못해 위험조절기능이 작동하지 않았기 때문이다. 또한 기업정보의 생산기능이 취약해 금융기관에 의한 감독이 효과적으로 이루어지지 못했고, 따라서 상시적 기업 구조조정을 통한 경제시스템의 효율화도 달성하기 어려웠다.

외환위기는 경제주체들로 하여금 자연스럽게 위험에 대해 평가하도록 만들었다. 이전까지는 금융의 양적중개기능이 주를 이루었으나 위기 이후에는 금융대상의 신용도에 따라 자원 배분을 달리하는 질적중개기능이 중요해졌다. 또한 금융기관의 대형화, 겸업화에 따라 판매망, 상품 등이 매우 다양해졌다. 금융자유화와 개방도 지속적으로 이루어져 국내 금융기관들의 해외자산 보유뿐만 아니라 해외 금융기관들이나 법인들의 국내 진출도 두드러졌다. 이하에서는 이 같은 관점에서 외환위기 이후 금융관행의 변화를 살펴본다.

1) 위험에 대한 민감도 증가

(1) 가계

가계부문은 1999년 7월 대우그룹의 구조조정, 2000년 5월 현대그룹의 유동성 위기, 2003년 3월 SK글로벌 회계부정사건, 2003년 12월 신용카드사 유동성 문제 등 금융시장이 지속적으로 불안정한 모습을 보임에 따라 투자자들의 위험에 대한 민감도가 높아졌다. 또한 외환위기 이후 가계도 시장위험에 노출되고 한시적으로 제공되었던 투자자 보호장치가 약화됨에 따라 투자자들은 안전한 투자처를 선호하게 되었다. 즉, 1998년 11월부터 은행신탁 및 투신펀드에 대한 채권시가평가제가 도입됨에 따라 시가평가 이전과는 달리 투자자들이 시장위험에 노출되었으며, 예금이 외환위기 직후인 1998~2000년에는 시장안정화 차원에서 한시적으로 전액 보호되었으나, 2001년 1월부터는 1인이 거래하는 1개 금융기관당 원리금 합계 5,000만 원까지만 보장해주는 부분보장제도로 변경되는 등 투자자 입장에서는 위험에 대한 관리가 더욱 필요해졌다. 이에 따라 가계는 시장위험에 직접적으로 노출되어 있는 주식이나 채권보다는 상대적으로 안전한 예금, 보험, 연금 등을 선호하는 경향을 보였다.

〈표 3.7〉은 개인부문 금융자산 추이를 나타내는데, 가계위험에 대한 민감도가 높아진 데다 구조조정을 추진하면서, 또는 금융불안 발생 시 주식 및 수익증권 등에서 이탈한 자금이 상대적으로 안전한 은행의 저축성 예금으로 유입되었다. 그래서 개인부문 금융자산에서 차지하는 저축성 예금

표 3.7 **개인부문 금융자산 비중**

(단위: %, 기말 기준)

	1997	1998	1999	2000	2001	2002	2003	2004
현금·요구불예금	2.5	2.2	2.9	2.8	3.0	3.2	3.1	3.3
금융기관 예치금	54.5	52.9	54.0	58.3	58.8	57.4	57.4	54.6
저축성 예금	17.7	19.7	23.3	29.0	30.3	31.1	30.8	27.7
기타	36.9	33.2	30.7	29.3	28.6	26.3	26.6	26.9
보험 및 연금	18.6	17.4	17.4	18.1	18.4	19.4	20.0	20.9
주식	6.4	6.9	7.3	6.9	6.6	6.2	5.7	5.5
유가증권	12.4	15.6	12.9	9.3	9.3	9.6	8.7	10.1
국공채	1.2	1.3	1.2	1.0	0.9	0.7	0.8	0.5
금융채	1.3	1.2	0.6	1.2	0.9	1.5	1.9	2.1
수익증권	8.3	12.8	10.4	6.5	6.3	6.4	4.8	6.3
기타	1.6	0.3	0.8	0.6	1.3	1.0	1.3	1.2
기타	5.6	5.0	5.5	4.6	3.8	4.2	5.0	5.5
합계	100	100	100	100	100	100	100	100

자료: 한국은행, 자금순환계정 각 호.

의 비중이 1997년 말 17.7%에서 2004년 말 27.7%로 증가했다. 또한 불확실한 미래 및 노후 대비에 대한 관심이 증대되고 1999년 국민연금제도의 대상이 확대됨에 따라 1997년 말 18.6%이던 보험 및 연금의 비중이 2004년 말에는 20.9%로 확대되었다. 반면 주식, 수익증권 등 실적배당형 금융상품의 비중은 금융시장 불안정과 주가 및 금리의 변동성 확대에 따른 투자자의 원금손실 우려 등으로 축소되었다.

금융상품의 투자만기 측면에서는 단기금융상품(money market fund: MMF) 선호현상이 뚜렷이 나타났는데, 계속되는 금융시장 불안으로 투신사 등 일부 금융기관과 회사채 발행기업에 대한 불신이 증대되어 투자자들은 장기투자를 기피했다. 그 대신 손쉽게 인출할 수 있고 중도 해지 시 수수료 손실이 없어 비교적 수익률도 양호한 은행의 수시입출식 저축성 예금(money market deposit account: MMDA), 투신사의 단기금융상품 등에 투자했다. 〈표 3.8〉의 통계를 보면 1997년 11.3조 원에 불과하던 단기금융상품 투자

표 3.8 MMF 잔액

(단위: 조 원, 기말 기준)

1997	1998	1999	2000	2001	2002	2003	2004
11.3	10.2	16.6	20.1	28.7	40.2	34.7	53.2

자료: 한국은행 경제통계국.

표 3.9 국내 은행 대출금 및 예수금의 만기구조[1)]

(단위: %, 기말 기준)

	1998	1999	2000	2001	2002	2003	2004
1년 이하							
원화대출금	24.8	53.6	61.2	58.0	54.6	58.2	61.8
중소기업자금 대출	28.6	76.9	70.8	77.1	74.3	73.2	72.2
원화예수금	14.6	68.3	72.5	70.9	70.8	67.8	64.3
외화대출금	13.3	32.6	35.7	40.2	57.6	61.6	67.6
외화예수금	3.5	77.2	82.3	83.6	85.4	82.7	81.7
3년 초과							
원화대출금	26.5	28.3	15.9	14.2	11.5	12.2	15.4
중소기업자금 대출	14.5	21.7	11.6	11.0	8.9	8.0	10.4
원화예수금	28.3	29.4	21.4	21.7	22.7	24.8	28.4
외화대출금	36.1	31.7	30.2	33.7	19.1	17.4	16.5
외화예수금	8.2	21.7	15.0	15.4	2.6	2.4	4.3

주: 1) 각 항목별 전체 금액 중 해당 만기금액의 구성비.

자료: 한국은행 은행국.

잔액이 2004년에는 53.2조 원으로 증가해 거의 5배의 신장률을 보인다.

한편, 장기투자를 꺼리는 가계의 추세에 따라 금융기관의 수신구조도 단기화되었는데 금융기관은 자산부채의 만기 불일치에 따른 위험을 낮추기 위해 대출조건을 신속히 변경하는 등 자산운용을 단기화했다. 〈표 3.9〉는 은행들의 여신과 수신의 만기구조 추이를 나타낸다. 우선 여신 측면을 보면 1년 이하 단기원화대출금의 구성비가 1998년에는 24.8%에 지나지 않았으나 2004년에는 61.8%로 2배 이상 증가했다. 반면 3년을 초과하는 원화대출금은 1998년 26.5%였으나 2004년에는 15.4%로 감소했다. 이는 유사한 패턴을 보이는 원화예수금 때문이다. 즉, 1998년 만기 1년 이하 예수금은 14.6%에 지나지 않았으나 2004년에는 64.3%로 늘어 4배 이상의 증가했는데, 여신부문도 만기구조를 유사하게 가져가야 할 필요가 생긴 것이다.

이상의 분석에서 얻을 수 있는 결론은 외환위기 이후 금융중개기관의 자본 배분 효율성 측면에서 볼 때 금융재원의 배분이 국민경제의 성장잠재력 확충이나 생산성 제고와 효율적으로 연계되지 못하고 있었음을 알 수 있다. 다만 기업여신에 한해 위기 이후 금융기관의 여신 결정이 점차 수익성과 위험을 중시하는 방향으로 변화하고 있음을 알 수 있다.

(2) 금융기관

금융기관들 또한 금융위기에 따른 부실기업 및 기관의 퇴출 등을 경험한 이후 수익성뿐만 아니라 위험에 대한 민감도가 크게 증가했다. 그러나 아직 수익성 대비 위험을 평가할 수 있는 능력이 확보되지 않은 상태이기 때문에 자금을 매우 보수적으로 운용하는 경향이 나타났다. 예를 들어 금융기관자산 중 대출금 비중이 1997년 46.5%에서 2004년 39.1%로 낮아진 반면, 채권비중은 같은 기간 중 22.7%에서 27.5%로 증가했는데 이는 금융기관들이 자금운용에서 기업대출보다는 좀 더 안전한 투자처인 국공채 등 유가증권의 비중을 확대했기 때문이다. 대출 중에서도 기업대출의 비중을 낮추는 대신에 상대적으로 안전한 주택담보 가계대출을 증가시켰다. 전체 대출 중 대기업에 대한 대출비중은 1997년 25.0%에서 2004년 5.4%로 대폭 감소했는데 이는 대기업들의 자금수요 부진, 직접금융의존도 증대 등에 기인한 것이다. 반면 가계대출 비중이 주택담보대출을 중심으로 대폭 증대되었는데 〈표 3.10〉에서처럼 2005년 3월 말 금융기관의 가계신용잔

표 3.10 **가계신용잔액**

(단위: 조 원)

	1996	1997	1998	1999	2000	2001	2002	2003	2004	2005.3
가계대출	151.0	185.0	165.8	191.9	241.1	303.5	391.1	420.9	449.4	453.1
예금은행	46.9	55.5	52.9	76.3	107.2	156.7	222.0	253.8	276.3	279.2
비은행	104.1	129.5	112.9	115.6	133.8	146.8	169.1	167.2	173.1	173.9
판매신용	23.6	26.2	17.8	22.1	25.8	38.2	47.9	26.6	25.3	24.6
총가계신용	174.7	211.2	183.6	214.0	266.9	341.7	439.1	447.6	474.7	477.7
(증감률, %)	(22.4)	(20.9)	(-13.0)	(16.5)	(24.7)	(28.0)	(28.5)	(1.9)	(6.1)	(0.6)

자료: 한국은행, 통화금융.

표 3.11 **예금은행 여신·수신 금리**

(단위: %, 기말 기준)

	2001	2002	2003	2004.6	2004.12	2005.6
저축성 수신금리	4.72	4.29	3.69	3.60	3.31	3.13
기업대출금리	7.71	7.13	6.73	6.67	6.37	6.30
(예대마진)	2.99	2.84	3.04	3.07	3.06	3.17
가계대출금리	8.40	7.71	7.03	6.75	6.33	6.18
(예대마진)	3.68	3.42	3.34	3.15	3.02	3.05
소액대출[1]금리	9.82	10.01	9.85	9.45	9.11	8.66
(예대마진)	5.10	5.72	6.16	5.85	5.80	5.53

주: 1) 500만 원 미만 가계대출.
자료: 한국은행, 통화금융.

액은 477.7조 원으로 1997년 말의 211.2조 원에 비해 266.5조 원(126.2%)이 증가했다.

가계신용이 확대된 것은 경제위기로 인한 대기업의 투자자금수요가 부진한 상황에서 위험 대비 수익성 측면하에 가계신용이 금융기관의 수익성 확보에 중요한 대안이 되었기 때문이다. 즉, 〈표 3.11〉에서 보는 바와 같이 주택담보대출의 금리가 크게 낮아진 2005년을 제외하면 가계대출 예대마진이 기업대출보다 높았고, 특히 소액대출의 경우 예대마진이 기업대출에 비해 월등히 높은 편이었기 때문에 금융기관의 입장에서는 매우 매력적인 투자처였던 것이다.

표 3.12 **국내 은행의 리스크 측정시스템 운영현황**

측정대상	시스템	내용	평가결과[1]
신용리스크	신용평가시스템 (개인여신, 기업여신)	차주등급 결정	중상
		여신등급 결정	하
	EAD[2] 측정시스템	부도 시 익스포저 산출관리	하
	포트폴리오 신용리스크 측정시스템	Credit VaR[3] 측정·관리	중
시장리스크	· 유가증권 평가시스템 · 시장리스크 측정시스템	· 유가증권 공정가액 평가 · Market VaR의 측정·관리	상
운영리스크	운영리스크 측정시스템	CSA[4]의 수행과 운영리스크량의 측정	하
종합리스크	RAPM[5]/한도관리시스템	리스크 통합 관리, 자본 배분, 성과 측정	하

주: 1) 2004년 9월 금융감독원 평가결과.
주: 2) exposure at default: 부도 시 익스포저 금액.
주: 3) value at risk: 발생가능한 최대손실금액.
주: 4) control self assessment: 개별 업무를 맡은 사람이 담당하는 업무에 대해 스스로 위험을 인식하고 통제하는 체제.
주: 5) risk adjusted performance measurement: 영업활동별로 위험도를 감안한 성과평가체제.
자료: 금융감독원.

위험관리를 위한 규제의 측면에서 보면, 외환위기 이후 정부는 금융기관 내부에 위험관리를 전담하는 독립기구의 설치를 의무화했다. 은행업감독규정(제30~31조)은 은행에 대해 신용, 시장 및 운영 위험 측정과 함께 동 위험의 종합적 관리를 전담하는 부서의 설치를 규정하고 있고 보험업감독규정도 개별 보험사에 대해 보험 및 금리의 위험 측정과 함께 동 위험의 종합적 관리를 전담하는 부서의 설치를 규정했다. 이러한 감독당국의 지도에 따라 은행들은 개인 및 기업에 대한 신용평가시스템을 구축하는 한편, 시장 및 운영 리스크 등을 통합 관리하는 종합리스크 관리시스템을 도입했다. 〈표 3.12〉는 2004년 금융감독원이 국내 은행에 대해 위험관리 운영현황을 평가한 것이다. 시장리스크나 신용리스크 중 차주의 등급결정 체계는 중상이지만 운영리스크나 종합리스크 관리 등 다른 부분의 위험관리는 아직 매우 초보적인 단계임을 알 수 있다.

전체적으로 볼 때, 금융기관들은 외환위기 이후 금리차별화 등 수익성과 신용위험에 따라 점진적이나마 차별화를 진행하고 있다. 그러나 위기 이후에도 잠재적 부실기업에 대한 여신 회수의 어려움 등으로 금융기관의 여신 배분이 기업성과의 개선과 직접적으로 연계되지 못하고 있으며, 기업정보의 생산기능 활성화로 담보력은 취약하나 사업성이 유망한 혁신기업부문에 상업적 베이스의 금융자금을 원활히 공급할 수 있는 좀 더 적극적인 위험 인수와 효율적인 중개기능이 발휘되는 수준에는 이르지 못하고 있다.

2) 다양화

외환위기 이후 금융업무의 무게 중심이 점차 시장 위주로 옮겨감에 따라 이전에는 볼 수 없었던 모습이 발생하게 되었다. 예를 들어 겸업화, 대형화에 따라 규모와 범위의 경제를 달성할 수 있는 금융상품들이 새로 출시되었으며 좀 더 생산적이고 비용효율적인 판매채널을 발굴하는 데 역량을 집중하게 되었다.

(1) 판매방식의 다양화

외환위기 이후 금융기관의 대형화와 겸업화가 진행됨에 따라 금융업무와 업무수행의 방식이 매우 다양해졌다. 우선 업무영역의 수평적 통합을 꼽을 수 있는데, 금융기관 사이의 겸업화가 진행되면서 본업을 제외한 대부분의 업무가 공유화되자 타 금융업종의 상품을 교차판매하는 수평적 통합이 발생했다. 예를 들어 2003년 방카슈랑스가 도입되어 과거에는 보험산업에서만 판매할 수 있었던 보험상품을 은행, 증권사, 저축은행 등에서도 판매할 수 있게 되었다. 2004년에는 「간접투자자산운용업법」의 개정

표 3.13 **인터넷 및 모바일 뱅킹 이용현황**

(단위: 천 건)

	2001	2002	2003	2004
인터넷 뱅킹(일평균)	3.1	5.9	7.2	9.0
모바일 뱅킹(12월 기준)	710	1,095	2,560	6,281

자료: 한국은행 금융결제국.

으로 간접투자자산의 판매와 운용이 은행 및 보험사로 확대되었다. 이는 수직적 분화현상으로 볼 수 있는데, 금융상품의 운용과 판매채널이 수직적으로 분리됨에 따라 운용은 자산운용사와 같이 해당 고유 금융업종의 금융기관이 수행하고 판매는 타 업종의 금융기관이 수행하는 형태로 발전되었다.

IT산업의 발전도 금융산업의 업무 및 영업 다양성에 기여했다. IT기술이 발전됨에 따라 현금자동입출금기(ATM) 등 자동화 기기가 도입되고 인터넷 뱅킹과 모바일 뱅킹이 상품의 판매 및 결제에 활용되는 등 새로운 형태의 금융 업종 및 서비스가 출현했다. 이러한 온라인 금융서비스는 가격인하 및 금융서비스 개선을 수반해 금융소비자의 편익을 증진한다. 〈표 3.13〉은 인터넷 뱅킹이나 모바일 뱅킹의 이용현황을 나타낸다. 2001년에는 일평균 인터넷 뱅킹 건수가 3,100건이었으나 3년 사이에 3배로 증가해 2004년에는 9,000건에 달했다. 모바일 뱅킹의 증가는 더욱 극적인데, 동기간 중 9배 정도의 증가를 보이고 있다.

이러한 산업의 변화에 따라서 경쟁의 양태가 과거 같은 업종 내의 경쟁에서 업종에 관계없이 판매채널과 금융상품 운용기관들 간의 경쟁으로 바뀌어 가격, 판매채널, 고객 베이스가 경쟁의 중요한 변수가 되었다. 우선 과거의 외형 중심의 수신고 경쟁에서 수익성을 중시하는 가격경쟁으로 바뀌었는데 이는 인터넷 및 모바일 뱅킹 확산, 금융상품의 온라인 판매망 확대 등으로 이어져 금융기관의 비용 절감에 크게 기여했다.

금융상품의 운용과 판매가 분리되고 금융상품의 판매영역이 타 업종 간으로 확대되면서 판매채널의 중요성이 부각되었는데, 금융권 구분에 관계없이 동종 상품의 판매를 취급하는 판매채널 간의 경쟁이 확대되고 효과적이고 경쟁력 있는 판매채널의 확보가 사업의 성패를 판가름하는 중요한 변수로 등장했다. 예를 들어 자산운용상품의 판매가 은행, 증권, 보험사 등으로 확대되자 이들 판매채널 간의 경쟁이 치열해졌다. 은행은 투자신탁과 자산운용사의 수익증권/뮤추얼 펀드뿐만 아니라 은행신탁, 보험상품까지 판매가 가능해 판매채널로서 좀 더 유리한 입장을 점했다. 금융기관에 의해 금융상품의 판매가 이루어지는 단계에서 더 나아가 비금융업체까지 판매채널에 활용되었다.

보험상품 판매의 경우 금융기관뿐만 아니라 대리점, 인터넷·홈쇼핑·모바일 뱅킹 제공 업체 등이 효과적인 판매채널의 역할을 했다. 대출상품 판매도 기존 금융기관과 대금업체뿐만 아니라 인터넷·유통·가전·자동차·건설 업체 등에 이르는 경쟁관계가 형성되었고 자금의 결제도 기존의 은행, 신용카드사뿐만 아니라 유통업체, 인터넷·모바일 뱅킹 및 유사 신용카드업을 영위하는 통신업체로까지 확대되었다.

고객 베이스 또한 매우 중요한 경쟁수단이 되었는데, 판매채널과 더불어 시장 영향도 높은 고객 베이스를 확보하기 위한 금융기관 간 경쟁이 가시화되었다. 금융기관은 자신들이 가지고 있는 고객 베이스에 추가해 제휴업체의 고객 베이스를 활용함으로써 수익을 높일 수 있고 또한 공동의 고객 베이스를 활용해 해당 서비스에 적합한 고객을 개발하고 이것이 매출의 증대로 이어지는 효과가 발생하게 되었다.

겸업화가 진행되어 산업의 경쟁양태가 변함에 따라 금융업종 간 장벽이 허물어지고 타 금융업체의 금융기관 및 비금융업체와의 하이브리드형 상품 및 서비스가 출현했다. 이 경우 비금융 제휴업체는 판매수수료 수익을 확보해 수익성을 다각화할 수 있고, 금융기관은 제휴업체의 고객 베이스를 활용함으로써 수익을 제고할 수 있다. 관련 서비스를 제공하는 다수의 업체들이 두 가지 이상의 기존 상품을 원스톱으로 연계해 하나의 상품이나 서비스를 위해 제휴하는 다각적인 제휴형태도 발전했다. 예를 들어 은행 및 여신전문기관, 보험사 등과 자동차 업체가 제휴를 맺고 보험, 차량관리, 리스 등이 모두 포함된 통합 패키지 상품을 판매한다. 또는 포털 사이트·솔루션·통신 업체, 보험사, 은행, 증권 등이 서로 연합해 제휴를 맺고 인터넷·모바일 뱅킹 서비스를 제공해 고객의 편의성이 확대된 종합서비스를 선보인다. 이렇게 해서 참여기업들은 공동의 마케팅을 통한 원가 절감을 모색할 수 있고, 고객의 편의성 증대로 만족도가 제고되어 매출이 늘고 수익성이 향상되는 효과를 얻는다.

(2) 상품의 다양화

겸업화의 진행에 따라 판매의 주체와 채널의 다양화가 이루어졌을 뿐만 아니라 금융환경과 이에 대응하기 위한 제도가 신설 또는 개정되면서 다양한 위험관리의 수단이 필요하게 되었다. 즉, 완전변동환율제도로의 이행, 주가 허용변동 폭의 확대 등으로 금융가격지표와 금융자산의 변동성이 증대됨에 따라 위험관리를 강화할 필요성과 금융수요의 다양화가 발생했고, 외국 금융기관들의 진입 확대 등이 금융 혁신을 촉진함으로써 새로운 금융상품들이 출현했다. 먼저 장내파생상품을 보면 1996년 5월 KOSPI 200 선물계약, 이듬해인 1997년 7월에는 KOSPI 200 옵션계약이 도입되었고, 이후 1999년 4월 선물거래소의 개장과 함께 금리, 환율, 주가 및 금을 대상으로 수많은 장내파생상품이 등장했다. 장외파생상품의 경우 종전에는 기초자산이 각국의 통화 또는 각 통화에 대한 금리인 외환 장외파생상품 위

표 3.14 **외환 장외파생상품 거래대금**

(단위: 억 달러, 일평균 기준)

	2000	2001	2002	2003	2004
선물환	10.4	11.3	12.5	20.7	29.6
역외선물환	4	5.1	6.7	13.4	17.0
통화스왑	0.5	1.2	1.6	2.7	4.1
통화옵션	0.6	0.8	1	2.9	4.3
금리스왑	0.2	0.7	1.6	2.6	3.8
선도금리계약	-	0.2	0.1	0.2	1.1

자료: 한국선물거래소.

주로 거래가 형성되었으나, 2001년 이후에는 금리스왑 및 주식워런트증권 등 원화 장외파생상품도 등장했다. 〈표 3.14〉는 일평균 외환 장외파생상품의 거래규모를 나타낸다. 각 외환 장외파생상품의 거래규모가 매년 상당 폭 증가하는 것을 볼 수 있으며 선물환 거래규모는 2004년 기준 29.6억 달러로 월등히 크고 역외선물환(non-deliverable forward: NDF) 거래가 17억 달러로 그 뒤를 잇고 있다.[1] 한편 파생금융상품을 유가증권이나 예금 등 기존의 금융상품과 결합한 금리연계채권, 주가연계증권, 지수연계예금 같

1) 역외선물환 거래의 원래 이름은 차액결제선물환이며 국내 선물환과 달리 원화와 달러 간의 원금교환을 하지 않는 방식이라 비인도선물환(非引導先物換)이라고도 한다. 결제일에 반드시 원화와 달러 간의 원금교환을 조건으로 하는 국내 선물환계약과는 달리 현물인도 없이 당초 약정된 환율과 실제 환율과의 차이만큼만 달러화로 결제하므로 실제 원화 없이 원화를 거래하는 독특한 방식이다. 금융조세, 외환관리 등의 특전을 누릴 수 있는 타국에서 운용하는데, 국내에서 말하는 역외선물환 시장은 1994년부터 홍콩과 싱가포르에 개설된 원·달러 선물환 시장을 말한다. 1개월물에서 5년물까지 10개의 상품이 500만 달러 단위로 거래된다. 거래는 은행 간 직거래와 브로커 중개거래의 두 가지 방식이 있으며, 주요 시장참가자는 외국 금융기관, 국내 기업 및 금융기관이다. 원래 역외선물환 시장은 국내에 들어온 외국 투자가들이 환율변동의 위험을 피하기 위해 만든 선물환 시장이지만 지금은 환차익을 노린 투기거래도 이루어지고 있다.

표 3.15 **자산유동화증권 발행실적**

	1999	2000	2001	2002	2003	2004
채권발행규모(A)[1](조 원)	208.2	267.0	288.8	257.5	286.3	351.5
자산유동화증권(B)(%)	6.8	49.4	50.9	40.0	40.0	27.0
B/A	3.3	18.5	17.6	15.5	14.0	7.7

주: 1) 신규상장 기준.
자료: 증권선물거래소(「주식」).

은 복합상품도 다양하게 출시되고 있다.

외환위기 이후 금융기관과 기업의 구조조정과정에서 막대한 유동성에 대한 수요가 발생했다. 이에 정부는 기업 및 금융 구조조정의 원활한 추진을 뒷받침하기 위해 1998년 9월 「자산유동화에 관한 법률」, 1999년 6월 「주택저당채권 유동화 회사법」을 제정하고 시행했다. 자산유동화란 기업이나 금융기관이 보유하고 있는 자산의 포트폴리오를 기초자산으로 자산유동화증권(asset backed securities: ABS)이라는 새로운 증권을 발행해 자금을 조달하는 방식이다. 1998년 12월 신용카드채권의 포트폴리오를 기초자산으로 한 자산유동화증권이 처음 발행된 이후 점차 대상자산이 부동산, 부동산담보대출, 부실채권, 리스채권, 오토론 등으로 확대되었다. 〈표 3.15〉는 자산유동화증권의 발행실적 추이를 보여준다. 관련 법 제정 이후의 초기단계인 1999년에는 발행이 3.3%로 매우 미미했으나 그 이후에는 발행규모가 상당함을 알 수 있다.

외환위기 이후 다양한 간접투자상품도 도입되었는데 이는 금융기관과 기업에 대한 구조조정을 원활하게 하고, 투신사의 유동성 위기를 수습하며 자본시장을 발전시키기 위한 것이었다. 이는 투자자로부터 자금을 모집해 수익성이 높은 대상을 찾아 투자한 후, 그 투자로부터 나온 수익을 원래의 투자자에게 배분하는 상품이다. 초기에는 투자대상자산이 주식, 채권 등 시장성 유가증권이었으나 시간이 지남에 따라 부동산이나 선박

등 실물자산, 장외파생상품, 기업지배권 등으로 확대되었다. 투자기구의 형태 면에서는 기존의 계약형 펀드에 더해 뮤추얼 펀드, 사모투자펀드(private equity fund: PEF) 등 회사형 펀드가 도입되고 1998년 9월부터 사모투자펀드가 허용되었다. 또한 상장지수펀드, 주가지수연계펀드, 전환형 펀드(umbrella fund) 같은 특수한 구조의 간접투자상품도 등장했다.[2)]

마지막으로 시장에 너무 다양한 상품이 쏟아지다 보니 투자자들이 이해할 수 없는 상품의 수가 점점 많아지고, 그와 동시에 투자기회도 매우 확대되었다. 특히 개인 투자자들은 점차 고도화되는 금융상품의 위험과 수익구조를 이해하기 어려워졌고, 설사 이해한다고 해도 투자를 위해 충분한 시간을 할애할 수 없었다. 이런 시장상황에서 고소득 가계의 금융수요에 부응해 은행의 프라이빗 뱅킹(private banking)과 맞춤형 신탁, 증권사의 랩어카운트(wrap account), 보험사의 변액보험 등이 활성화되었다.[3)]

3. 외환위기 이후 대기업의 재무관리전략 변화

외환위기 이후 대기업의 재무관리전략 변화 중 가장 중요한 것은 위험관리와 건전성 확보이다. 외환위기 이전 한국 대기업들의 부채의존도는 지나치게 높았다. 〈표 3.16〉은 당시 한국 5대 재벌의 부채비율을 나타내는데, 평균부채비율이 430%로 자기자본의 4배 이상이 부채였다. 부채비

---

2) 전환형 펀드란 다수의 펀드를 하나의 패키지로 묶어놓고 시장의 상황에 따라 투자자가 패키지에 속한 펀드 간에 전환할 수 있도록 허용한 것으로 2000년에 도입되었다.

3) 랩어카운트란 증권사가 다양한 자산운용서비스를 하나로 묶어 운용하는 자산관리 종합서비스로 이 중에서 투자자가 증권사에 자산운용을 전적으로 위임할 수 있는 일임형 랩어카운트는 2003년 10월에 도입되었다.

표 3.16 **외환위기 이전 5대 재벌의 부채의존도**

재벌	총자산(조 원)	자기자본(조 원)	부채비율(%)	상호지급보증(조 원)
LG	45.2	8.3	440	2.3(-0.38)
현대	58.9	9.8	500	10.0(-1.70)
삼성	74.7	14.1	430	2.4(-0.83)
대우	37.4	7.8	380	10.0
선경	23.9	4.7	410	0.78(-0.17)
합계	240.1	44.7	430(평균)	25.48

주: 1997년 4월 말 기준, '상호지급보증' 해당 괄호 속 숫자는 1999년 해소.
자료: 한국은행.

율이 높아 도산한 기업들은 부채를 지나치게 많이 사용한 경우였다. 예를 들어 한보는 1996년 재계 14위였는데 1995년 말 부채비율이 675%였고, 진로는 재계 19위였는데 맥주공장 등을 무리하게 증설하는 과정에서 부채비율이 높아져 1995년 말에는 2,531%, 1996년 말에는 3,765%를 기록했다(자기자본이 단지 3%밖에 되지 않았던 것이다). 역시 도산한 뉴코아는 1996년 재계 29위였는데 부채비율이 920%였다. 1997년에는 재계 25위로 상승했으나 부채비율은 오히려 더 악화되어 1,224%를 기록했다.

부채를 많이 쓰면 타인자본비용의 부담이 커질 뿐만 아니라 재무 레버리지(financial leverage)가 증가해 당기순이익의 변동성이 증가한다. 이는 결국 기업의 위험도를 높여 자본비용을 상승시키고 따라서 기업의 가치를 하락하게 만든다. 이런 기형적인 자본구조의 개선과 관련해 당시 한국은 스스로의 자정능력이 없었고, 외환위기를 맞아 IMF의 조건을 만족시켜야 하는 과정에서 피동적으로 자본구조 개선노력이 이루어졌다. 김대중 정부는 1년의 시한을 주고 재벌들로 하여금 부채비율을 200%로 맞출 것을 주문했는데 이는 결국 〈그림 3.4〉에서와 같이 기업들의 자본구조를 최적자본구조로 이동시키려는 노력이었다. 기업에는 각자의 최적자본구조가 존재하므로 모든 기업에 200% 부채-자본비율을 주문한 것은 합리적인 조치

그림 3.4 **최적자본구조로의 이동**

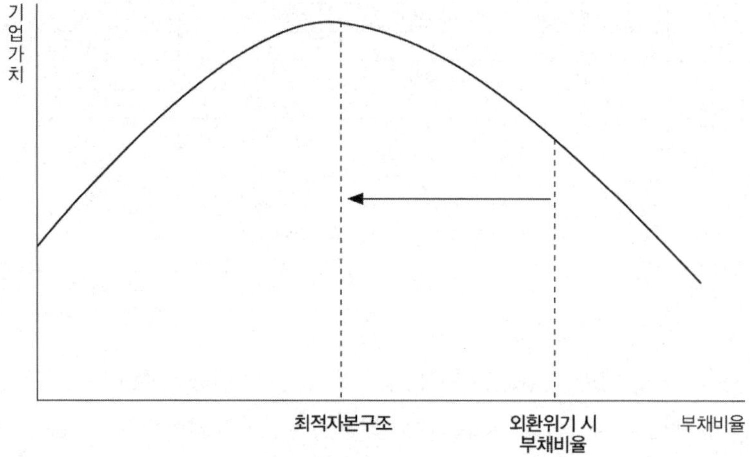

표 3.17 **차입의존도 변화**

(단위: %)

연도	부채비율	자기자본비율	차입금 의존도	금융비용 대 부채	금융비용 대 총비용	이자보상비율
1990	297.15	25.18	41.05	7.31	5.08	-
1991	318.02	23.92	41.43	7.63	5.59	-
1992	325.1	23.52	43.85	7.7	6.17	-
1993	312.93	24.22	43.11	7.13	5.83	-
1994	308.13	24.5	41.11	7.02	5.6	-
1995	305.6	24.65	41.55	7.22	5.58	-
1996	335.61	22.96	44.16	7.06	5.71	-
1997	424.64	19.06	50.01	7.13	5.99	-
1998	336.41	22.91	48.51	9.26	-	68.28
1999	235.13	29.84	41.32	7.64	-	96.06
2000	221.1	31.14	40.28	6.56	-	157.22
2001	195.58	33.83	38.4	5.97	-	132.55
2002	144.66	40.87	30.63	4.51	2.58	260.29
2003	131.31	43.23	29.06	3.64	1.89	367.09
2004	113.99	46.73	25.63	2.97	1.35	575.79
2005	110.86	47.42	24.14	2.75	1.19	525.42
2006	105.3	48.71	23.12	2.84	1.23	439.33
2007	114.94	46.52	26.3	2.9	1.38	435.29
2008	129.8	43.52	28.28	3.11	1.35	415.79
2009	122.95	44.85	28.87	2.94	1.45	417.06
2010	114.83	46.55	28.21	2.78	1.29	545.42

자료: 한국은행 경제통계시스템.

라고 할 수는 없지만 당시와 같은 급박한 상황에서 단기간 내 기업의 부채비율을 줄이기 위해서는 부득이한 측면이 있었다. 결국 최적자본구조 방향으로 이동함으로써 기업의 자본비용을 줄이고 기업의 가치를 극대화할 수 있었다. 현재의 부채비율은 〈그림 3.4〉와 〈표 3.17〉에서와 같이 매우 양호해져 있음을 알 수 있다. 1997년 외환위기 때는 전체 산업의 부채비율이 400% 이상이었으나 점차 감소해 2004년부터는 100%를 약간 상회하는 것을 알 수 있다.

기업은 자금을 조달할 때 최적자본구조를 고려해 지나치게 부채를 많이 쓰거나 또는 지나치게 부채를 적게 활용하는 것을 피하고 가능한 한 당해 기업의 최적자본구조와 동일한 구조의 자금을 조달해야 한다. 외환위기 이전에 과도한 부채를 사용한 결과 매우 높은 마이너스의 레버리지 효과를 경험한 대기업들은 신용위험에 대한 민감도가 매우 높아졌다. 또한 실물 측면에서도 세계 경제의 통합화에 따른 기업 간 경쟁 심화, 기술의 발달에 따른 제품의 생명주기(product life cycle) 단축, 외국 직수출에 따른 제조물 배상책임(product liability) 증가 등 글로벌 경영위험에 직면한 기업들은 차입을 통한 외형 확대보다는 재무건전성 확보 등 내실 위주의 주주 중시 경영으로의 전환을 꾀하기 시작했다.

〈표 3.17〉과 〈그림 3.5〉를 보면 자기자본비율, 차입금의존도, 부채비율이 이런 기업금융의 변화를 반영한다. 〈그림 3.5〉에서 자기자본비율과 차입금 의존도는 왼쪽 축, 부채비율은 오른쪽 축을 기준으로 표시된다. 외환위기 이전에는 부채비율이 평균적으로 300%를 넘었고 이로써 자기자본비율은 25% 안팎에 지나지 않았으며 차입금의존도도 40% 수준을 유지했다. 그러던 것이 외환위기 당해인 1997년에는 부채비율이 400%, 차입금의존도가 50%를 상회하면서 최대치를 보였고, 자기자본비율은 20%에도 못 미치게 되었다. 이러한 과도한 부채 때문에 외환위기라는 외부의 충격 앞에

그림 3.5 **부채의존도의 변화**

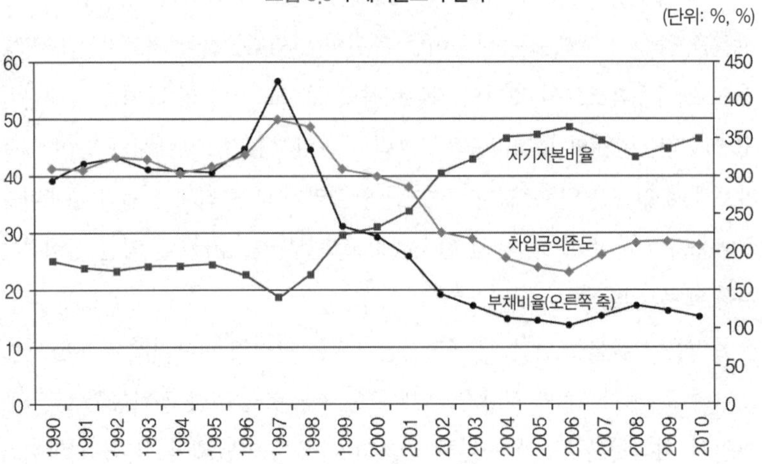

자료: 한국은행 경제통계시스템.

그림 3.6 **금융비용의 부담 정도**

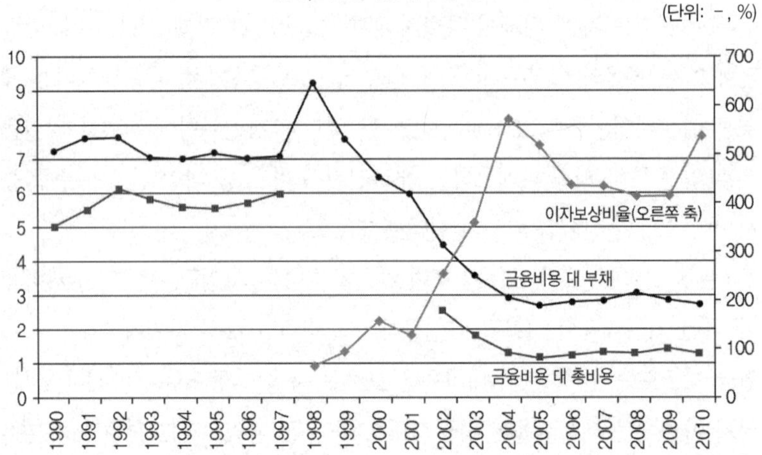

자료: 한국은행 경제통계시스템.

레버리지 효과로 많은 기업이 도산했고 한국경제는 그 전에는 겪어보지 못한 대변혁을 맞이했다. 대기업들의 금융비용 부담도 기업부채의 변화를 그대로 반영한다. 〈그림 3.6〉에서 금융비용 대 부채와 금융비용 대 총비용은 왼쪽 축, 이자보상비율은 오른쪽 축을 기준으로 표시되는데, 외환위기 이전과는 달리 위기 이후에는 지속적으로 금융비용 대 부채와 금융비용 대 총비용이 낮아진다. 외환위기 이전에는 금융비용 대 부채의 비율이 평균 7% 이상이었으나 위기 이후에는 지속적으로 낮아져 2010년에는 2.78%로 최소치이다. 이는 기업이 부채를 사용하는 이자비용 부담이 부채 감소에 따라 낮아졌다는 의미이기도 하지만 지나치게 높은 부채비율이 낮아짐에 따라 단위당 타인자본비용이 낮아졌기 때문이기도 하다. 한국은행 경제통계시스템상 자료가 미비해 외환위기 직후 기간의 자료가 없기는 하지만 금융비용 대 총비용의 비율도 금융비용 대 부채비율과 거의 유사하게 변화하고 있다. 한편 이자보상비율은 기업의 장기적인 안정성을 나타내는 부채비율과는 달리 단기적인 안정성을 나타내는 지표로 외환위기 이후 주목을 받은 지표이다. 이는 영업이익을 이자지급액으로 나눈 것으로써 외환위기 직후인 1998년과 1999년에는 이 비율이 100%에도 못 미쳐 기업이 평균적으로 이자를 지급할 여력도 없는 정도의 영업을 한 것으로 볼 수 있다. 이 역시 지나친 부채 사용의 결과이며 외환위기 직후 구조조정과정에서 일어난 기업들의 도산이 그럴 수밖에 없는 상황이었음을 알려준다. 그 이후 이자보상비율은 지속적으로 상승해 최근에는 이자비용의 5배가 넘는 수준으로 향상되었다.

외환위기 이후 기업들의 위험회피적 성향은 기업들의 자금조달행태에서도 볼 수 있는데, 기업들이 투자자금 조달 시 은행대출과 회사채 발행 같은 외부자금의 조달을 기피하고 내부의 유보자금을 주로 활용했다. 〈표 3.18〉을 보면 기업의 외부자금 사용은 2001년 21.9%에서 2005년 12%로 대폭 감소했고, 내부자금 사용은 동 기간에 78.1%에서 88%로 지속 상승했다. 대기업들의 내부자금 사용비중이 지속적으로 증가한 또 다른 이유는

표 3.18 **설비투자자금의 조달구조**

(단위: %, 제조업 기준)

	2001	2002	2003	2004	2005
내부자금	78.1	82.3	84.0	84.7	88.0
외부자금	21.9	17.7	16.0	15.3	12.0

자료: 한국산업은행(「설비투자계획조사보고서」).

표 3.19 **제조업[1] 단기자금 및 부채**

(단위: 조 원, %, 기말 기준)

	1996	1997	1998	1999	2000	2001	2002	2003	2004
총자산	407.5	509.0	518.6	573.6	558.8	544.8	578.1	622.1	665.9
현금·현금등가물(A)[2]	24.4	32.6	33.7	30.5	32.7	32.6	46.6	60.3	65.6
유가증권(B)[3]	4.4	3.1	7.6	8.6	6.0	4.5	7.0	8.5	9.1
단기자금(A+B)	28.8	35.6	41.3	39.0	38.7	37.1	53.6	68.8	74.7
단기자금/총자산	7.1	7.0	8.0	6.8	6.9	6.8	9.3	11.1	11.2

주: 1) 한국은행 기업경영분석 표본업체 기준.
주: 2) 만기 1년 이내 단기금융상품 포함.
주: 3) 단기 자금운용 또는 1년 이내 현금으로 전환할 목적으로 일시 보유 중인 시장성 유가증권.
자료: 한국은행(「기업경영분석」).

기업부문의 투자수요가 외환위기 이후 상당히 정체되고 있었기 때문이다.

외환위기 이후 경기 전망의 불확실성이 지속됨에 따라 기업들이 투자를 기피하게 되었고 이로써 자금의 여유가 생겼다. 또한 외환위기 이후 늘어난 수익의 상당 부분을 투자재원보다는 부채상환에 사용하거나 현금, 유가증권 등 단기여유자금 형태로 보유하는 것을 선호했다. 〈표 3.19〉를 보면 기업이 현금 및 현금등가물, 시장성 유가증권의 형태로 보유하는 자산이 1996년 28.8조 원으로 총자산의 7.1%를 차지했으나 동 자산의 규모와 비율이 계속 증가해 2004년에는 단기자금의 규모가 74.7조 원으로 총자산의 11.2%에 육박하게 되었다. 이는 기업들이 수시로 위기가 발생할 수 있는 달라진 경제환경에서 생존하기 위해 유동성 확보를 통한 위험관리를 점차 더 강화했기 때문으로 보인다.

기업의 위험관리에 대한 관심의 증대는 전체적으로 직접금융과 간접금융의 패턴에도 영향을 미쳤다. 외환위기 이전에는 기업어음, 회사채, 주식 등 직접금융의 비중이 지속적인 상승세를 보였으나 위기 직후에는 기업어음시장의 붕괴와 1999년 대우그룹의 부도에 따른 회사채 시장 경색으로 직접금융이 크게 위축되었다. 2000년대에 들어와서는 직접금융시장에 접근이 좀 더 용이한 우량 대기업을 중심으로 외부자금의 수요가 감소하면서 전반적으로 그 비중이 정체되었다. 이와 같이 외환위기 이후 기업의 자금조달잔액 중 직접금융 비중의 상승기조가 정체된 가운데 직접금융의 만기구조는 크게 개선되었는데, 직접금융 조달잔액 중 1년 미만 부채가 차지하는 단기자금의 비중이 현격히 감소했다. 이는 외환위기 이후 종금사 등 제2금융권의 많은 기업들이 구조조정되고 이에 따라 기업의 유동성 위험에 대한 인식이 높아져서 위험관리가 강화되었기 때문으로 보인다.

다음으로 간접금융에 의한 자금 조달을 살펴보면 간접금융 조달잔액 중 은행의 비중이 다시 상승해 비은행 금융기관의 비중이 크게 위축되었다. 비은행 금융기관의 비중 하락은 은행에 우선순위를 두어 진행된 금융구조조정, 부실한 비은행 금융기관의 퇴출, 금융기관의 도산위험에 대응한 가계의 안전자산 선호 등으로 간접금융에서 은행을 통한 금융 중개가 큰 폭으로 확대되었기 때문이다. 외환위기 이전 비은행 금융부문의 비정상적인 팽창은 정부가 대기업에 대한 경제력 집중을 견제하기 위해 은행권에 대한 대출규제는 지속하는 한편 비은행 금융기관에 대해서는 직접금융시장 육성 차원에서 규제완화를 지속했고 이 과정에서 비은행 금융기관에 대한 암묵적인 보증 기대가 존재했기 때문이다. 따라서 외환위기 이후 다시 은행권을 통한 자금의 중개가 증가한 것은 외환위기 이전의 왜곡된 자금흐름구조가 정상화되는 과정이 비은행 금융권의 구조조정과 맞물려 나타난 현상이라고 해석할 수 있다.

외환위기는 기업의 자금조달 측면뿐 아니라 다른 모든 측면에서도 그 이전과는 매우 다른 변화를 몰고 왔다. 본질적으로 기업경영의 중심이 외형 위주에서 점차 수익성과 위험을 중시하는 방향으로 변화한 것이다. 함준호(2008)에 의하면 외환위기 이전에는 기업규모가 클수록, 수익성이 낮을수록, 신용평점이 낮을수록 금융기관으로부터의 차입이 높은 기현상이 발견되었다. 그러나 외환위기 이후에는 기업규모가 클수록 차입금 비중이 낮아져서 기업규모의 영향력이 하락했고 수익성이 높을수록, 신용평점이 높을수록 차입금 비중이 상승하는 것으로 나타났다. 그러나 유형고정자산 비중은 외환위기 이전과 이후 모두 부채비중과 양의 관계를 보임으로써 차입 시 담보력이 여전히 중요함을 드러낸다. 차입금의 평균금리는 외환위기 이전과 이후 공히 수익성이 높을수록, 담보력이 높을수록 낮다. 신용도와 평균금리의 관계를 보면 외환위기 이전에는 신용도가 높을수록 평균금리가 높았으나 위기 이후에는 신용도가 높을수록 평균금리가 낮아 신용위험이 시장에 제대로 반영되기 시작한 것은 위기 이후라고 보아야 할 것이다. 이런 결과는 위험과 수익성을 감안한 기업의 재무구조 개선노력에 기인한 것으로 보인다. 그리고 외환위기 이전에는 규모가 클수록 수익성이 낮았으나 위기 이후에는 규모가 클수록 수익성이 높은 것으로 나타났다. 이는 대기업부문의 구조조정이 중소기업에 비해 빠르게 나타났다는 증거이기도 하지만 외환위기 이후 여신 배분의 효율성이 충분히 이루어지지 않았다는 증거이기도 하다. 즉, 외환위기 때문에 정부가 인위적으로 시장에 개입하기 어려워지자 관치에 길들여진 금융기관들은 중소기업에 대한 수익성과 위험을 평가할 능력이 결여되어 있었던바 상대적으로 안정적인 대기업 위주로 금융 중개를 했고 따라서 자금에 대한 접근이 쉬웠던 대기업들이 투자기회를 더 많이 가졌다는 증거이다.

외환위기 이후 한국의 대기업들은 대마불사의 신화 아래 전문성이 없는 사업분야에 무분별한 투자를 감행했다. 이 투자자금은 정부의 직간접적 보증하에 해당 기업의 자본비용보다 낮은 수준으로 조달할 수 있었으며 이것이 외환위기 이전 부채비율 상승의 주요 원인으로 작용했다. 외환위기 이전의 대기업 행태는 위험과 수익을 감안한 투자라기보다 적정한 자본비용보다 낮은 수준으로 조달한 자금을 통해 전문성이 결여된 비관련 다각화를 추진하는 것이었으며 그 결과 기업의 수익성이 악화될 수밖에 없었다.

〈그림 3.7〉은 최근 20여 년간 기업들의 수익성을 나타내는데, 자기자본순이익률과 매출액영업이익률은 왼쪽 축, 총자산순이익률과 매출액순이익률은 오른쪽 축을 기준으로 표시된다. 자기자본순이익률, 총자산순이익률, 매출액순이익률 모두 외환위기 직전 급속히 감소하는 것을 알 수 있다. 전술한 바와 같이 외환위기 이전 대기업들의 부채비율이 400% 정도인 상황에서 수익성이 하락할 경우 상당한 마이너스 레버리지 효과가 발생해 기업의 생존 자체가 위협받게 되고, 실제로도 여러 기업에서 구조조정 및 부도가 발생했다. 대마불사의 신화가 깨지면서 5대 재벌 중 하나였던 대우그룹도 해체되는 운명을 맞이했다. 외환위기 이후 기업들의 위험관리와 신중한 투자의사 결정으로 2002년까지 수익성이 지속적으로 향상되었고 그 이후 최근까지 비슷한 수준을 유지하고 있다.

외환위기 이후 발생한 또 하나의 특징은 국내 자본시장에서 외국인들의 영향력이 증가함에 따라 주주 중심의 경영이 확대되었다는 것이다. 외환위기 이전 한국은 배당을 – 기업의 주인인 주주에게 투자수익을 돌려주는 개념이 아닌 – 단순히 비용으로 인식하는 경향이 있었고 이 때문에 매우 낮은 배당률을 유지했다. 〈그림 3.8〉을 보면 외환위기 이전의 배당률은 5% 미만 수준인데 이는 이러한 현상을 반영한 것이다. 그러나 외환위기 이후 주주 중심의 경영이 확대되자 주주들의 배당에 대한 요구가 높아지고, 특히

그림 3.7 **기업의 수익성 변화**

(단위: %, %)

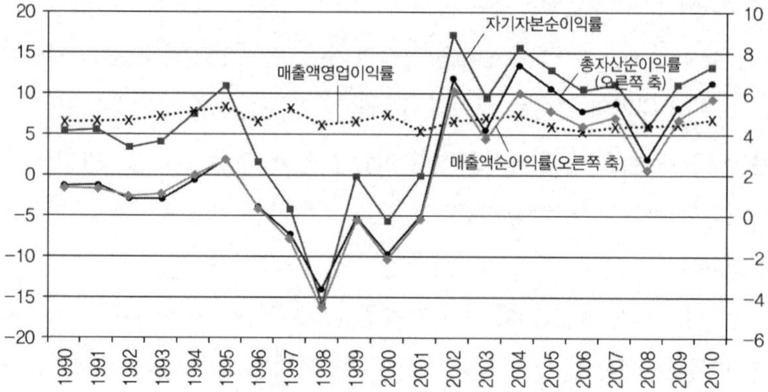

연도	총자산순이익률	자기자본순이익률	매출액순이익률	매출액영업이익률	매출원가 대 매출액
1990	1.48	5.56	1.42	6.53	82.96
1991	1.41	5.62	1.41	6.64	82.54
1992	0.89	3.66	0.94	6.64	82.00
1993	1.04	4.22	1.11	7.04	81.34
1994	1.90	7.56	1.97	7.65	80.68
1995	2.83	11.03	2.83	8.33	80.21
1996	0.50	2.02	0.53	6.54	81.76
1997	-0.93	-4.21	-1.03	8.25	79.95
1998	-3.59	-15.86	-4.35	6.11	81.53
1999	0.01	0.04	0.01	6.62	80.83
2000	-1.90	-5.80	-1.97	7.40	80.83
2001	0.01	0.02	0.01	5.52	81.67
2002	6.78	17.31	6.27	6.74	80.62
2003	4.21	9.56	3.82	6.87	79.95
2004	7.43	15.61	6.17	7.56	80.26
2005	6.32	12.87	5.27	6.12	81.80
2006	5.20	10.37	4.45	5.34	82.47
2007	5.59	11.09	4.82	5.87	82.48
2008	2.85	6.13	2.42	5.89	83.07
2009	5.25	11.34	4.89	6.15	82.55
2010	6.58	13.51	5.83	6.89	81.95

자료: 한국은행 경제통계시스템.

그림 3.8 기업의 배당

(단위: %)

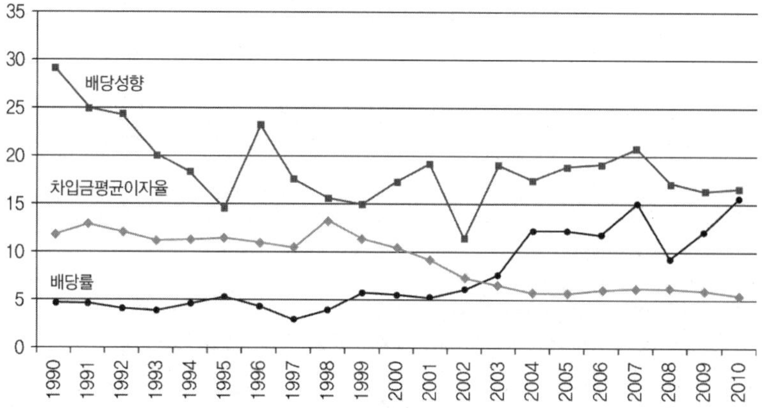

자료: 한국은행 경제통계시스템.

외국인이 국내 주요 대기업 지분의 상당 부분을 차지하면서 이 같은 경향이 더욱 높아졌다. 외환위기 이후 전 세계적으로 위험요인이 확대되고 이로써 대기업의 투자가 정체하는 상황에서 주주 중심의 경영이 배당의 확대를 가져왔다. 그래서 〈그림 3.8〉에 나타나는 것처럼 최근에는 15% 이상의 배당률을 보이고 있다.

4. 금융시장의 양극화

1) 중소기업의 자금난 심화

중소기업에 대한 자금지원은 외환위기 이전과 이후 상황이 여러 번 바뀌었다. 외환위기 이전에는 오랫동안 고착화된 담보대출의 관행, 낮은 자

표 3.20 **일반은행 주체별 대출금의 비중**[1)]

(단위: %, 기말 기준)

	1997	1998	1999	2000	2001	2002	2003	2004
기업자금	63.8	63.6	61.2	56.2	48.7	45.3	45.0	43.7
대기업	25.0	22.9	18.4	16.0	10.2	7.3	5.3	5.4
중소기업	38.7	40.6	42.9	40.2	38.4	38.0	39.7	38.3
가계자금[2)]	33.8	32.4	35.9	39.3	49.4	53.3	53.8	55.2
기타[3)]	2.4	4.1	2.9	4.5	1.9	1.4	1.2	1.1
총대출금(조 원)	147.9	146.1	184.3	231.9	270.7	357.4	405.0	420.4

주: 1) 일반은행 원화대출금 기준.

주: 2) 가계자금대출 및 주택자금대출.

주: 3) 공공자금대출, 재형저축자금대출, 은행 간 대여금 등.

자료: 한국은행(금융기관경영분석시스템), 금융감독원(「금융통계월보」, 「은행경영통계」).

그림 3.9 **중소기업의 대출**

(단위: 조 원)

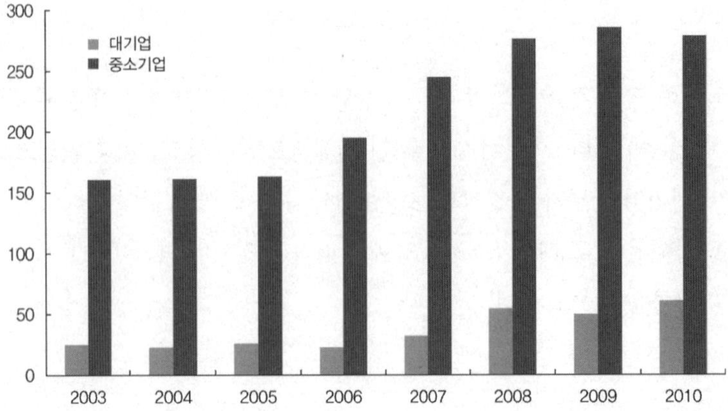

주: 일반은행 대상.

자료: 금융감독원(금융통계정보시스템).

표 3.21 **금융기관을 통한 자금 차입 시 대출조건**

(단위: %)

연도	부동산 담보	신용보증서	예적금 담보	연대보증	은행지급 보증	순수신용
2007	47.2	21.2	7.8	4.1	2.9	16.9
2008	44.3	26.7	6.9	4.0	4.3	13.8

자료: 중소기업중앙회.

기자본 및 높은 부채비율에 의한 재무구조 취약성 등으로 중소기업의 금융이용기회가 제한되었다. 그러나 〈표 3.20〉에서 나타나는 바와 같이 외환위기 이후 중소기업의 대출비중은 은행이 소극적인 태도를 보였음에도 정부의 지원정책으로 2004년 외환위기 전과 비슷한 수준인 38%대를 유지했다.

〈그림 3.9〉에서는 일반은행에 의한 최근까지의 중소기업 대출 추이를 확인할 수 있는데, 대출구조 면에서는 중소기업의 대출비중이 크게 상승했다. 중소기업의 대출비중은 신용위험 증대에 따라 외환위기 이후 일시 정체했으나 대기업의 은행자금수요가 감소하고 신용위험에 따른 금리차별화가 가능한 여건이 점차 형성됨에 따라 다시 빠르게 상승해 2006년에는 기업자금대출의 80% 이상을 차지했다.

그러나 중소기업에 대한 자금 공급의 문제점은 높은 담보비율과 단기의 고금리 대출이다. 〈표 3.21〉에서 보면 부동산 담보나 외부로부터의 신용 보강 없이 순수 중소기업의 신용도와 기술력에 의해 대출이 된 비중은 평균적으로 15% 미만이다. 따라서 부동산이 적은 중소기업이나 다른 신용 보강이 어려운 중소기업들은 자금에 대한 접근이 여전히 어려운 상황이다.

〈표 3.22〉에는 중소기업의 대출만기에 대한 통계가 나타나 있다. 만기 1년 이내의 대출비중이 평균적으로 70% 이상이어서 중소기업들이 장기투자를 하기에는 매우 힘든 상황이다.

이렇게 담보나 보증을 제공하고 1년 미만의 자금을 사용하면서도 금리는 매우 높게 지불하는 것으로 보인다. 〈표 3.23〉은 중소기업의 자금 조달 시 애로사항순위를 나타내는데 최근으로 올수록 1순위는 높은 대출금리이다. 기업의 경영환경이 급변할 뿐만 아니라 매우 경쟁적이어서 수익성을 확보하기 어려운 상황 아래 부담해야 할 자본비용이 너무 높다면 중소기업이 성장하기란 어려울 수밖에 없다. 다음으로 애로사항은 앞서 언급

표 3.22 **중소기업 대출만기**

(단위: %)

	2002	2003	2004	2005	2006	2007.9
만기 1년 이내 대출비중	77.1	74.0	68.3	74.5	72.0	69.8

자료: 한국은행(「중소기업대출동향」).

표 3.23 **중소기업의 자금 조달 시 애로사항 순위**

	2003	2004	2005	2006	2007	2008
높은 대출금리	3	4	4	1	1	1
신용보증서 위주 대출	1	1	1	2	2	2
과도한 부동산 담보 요구	2	2	2	3	3	3
매출액 위주 한도사정	6	6	6	5	4	6
신용대출 곤란	4	3	3	4	5	4
까다로운 심사	5	5	5	6	6	4

자료: 중소기업중앙회.

한 바와 같이 신용보증서나 담보 위주의 대출관행이다. 한국의 금융권이 중소기업의 기술이나 역량에 대한 평가를 기준으로 수익성과 위험을 파악할 수 있어야 이러한 관행이 사라질 것이다.

간접금융시장에서 중소기업이 겪는 어려움은 직접금융시장에서 더욱 악화된다. 〈그림 3.10〉은 중소기업이 주식시장에서 조달한 자금규모의 추이를 나타낸다. IT거품이 있었던 2000년대 초반을 제외하면 매년 평균 3조 원 미만의 자금만 주식으로 조달되고 있다.

〈그림 3.11〉은 중소기업이 회사채 시장에서 조달한 자금규모를 보여준다. 간접금융시장에서의 문제점인 담보 위주의 대출, 중소기업들에 대한 양질의 정보생산 부족 등은 기업에 대한 위험 대비 수익성의 평가를 어렵게 하기 때문에 직접금융 역시 매우 어렵게 만든다. 1999년 1.3조 원에 달했던 회사채 자금 조달이 2002년의 대우사태를 거치면서 악화되어 2004년

그림 3.10 **주식시장에서 중소기업의 자금조달 규모**

(단위: 조 원)

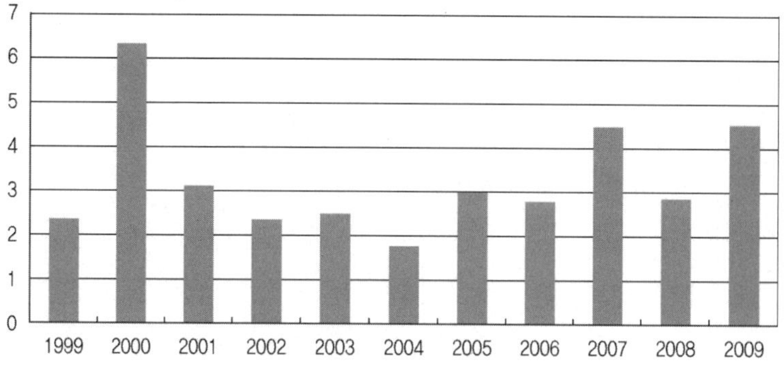

자료: 금융감독원(직접금융 자금조달 실적).

그림 3.11 **회사채 시장에서 중소기업의 자금조달 규모**

(단위: 천억 원, %)

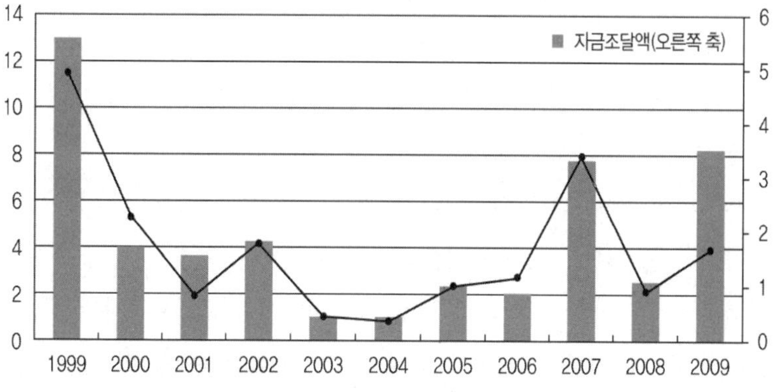

자료: 한국벤처캐피털협회.

에는 980억 원으로 감소했다. 이는 전체 회사채 발행액의 1~3%밖에 되지 않는 수치이다.

직접금융의 어려움은 벤처투자를 보면 매우 극명하게 나타난다. 〈그림 3.12〉에 나타난 바와 같이 2000년대 초의 IT거품을 거치면서 투자잔액이

그림 3.12 **벤처투자**

(단위: 억 원, 억 원)

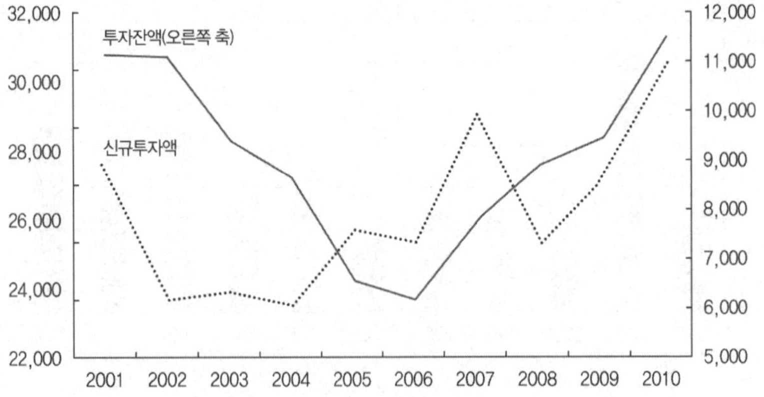

주: 일반 회사채 기준(자산유동화증권, 금융채 제외).
자료: 금융감독원(직접금융 자금조달 실적).

계속 하락하다가 2006년 이후부터 상승하기 시작한다. 신규투자액은 2004년부터 상승하기 시작하는데 이것은 민간투자가 늘어서라기보다 벤처투자 활성화를 위한 정부 관련 투자액이 증가했기 때문이다.

중소기업의 자금난을 완화하기 위해서는 다각적인 접근이 필요하다. 한국경제의 지속적인 성장잠재력을 확충하기 위해서는 대기업 위주의 경제운용보다는 좀 더 혁신적이며 잠재적인 역량을 보유한 유망 중소기업을 많이 발굴하고 이들에게 질 높은 금융서비스를 공급해야 한다는 문제의식이 뒷받침되어야 한다. 이를 위해서는 먼저 보호 및 육성에 치중했던 정책금융의 일회성 금융지원체제를 지양하고 금융지원이 중소기업의 자생적이며 지속가능한 경쟁력 확충으로 이어질 수 있도록 시장친화적인 중소기업 금융시스템을 구축해야 한다. 과거 과도한 정책금융이 오히려 민간금융기능을 위축시킨 측면이 크므로 정책금융은 시장실패를 보완하는 데 국한하고 정책금융이 요구되는 부문에 대해서는 정책금융 지원체계 및 운용을 효율화하고 투명성 및 책임성을 담보할 수 있는 장치를 도입해야 한다. 즉, 공적보증은 정보의 비대칭성이 매우 높은 창업단계 및 초기 성장단계의 중소기업에 집중적으로 배분하고 기술적·상업적 불확실성이 일정 수준 해소되는 단계에서는 시장의 의한 자율적인 자금 공급이 이루어질 수 있도록 해야 한다. 이때 시장기능을 보강하기 위한 지원으로 신용보증기금, 기술보증기금 등 공적보증기관이 금융기관과 공동으로 후순위채를 인수하도록 하는 등 공적보증을 점차 간접보증체제로 전환해갈 필요가 있다.

시장친화적인 중소기업금융의 활성화를 위해서는 양적인 중개기능이 아닌 질적인 중개기능, 다시 말해 유망 중소기업을 선별하고 해당 중소기업의 사업영역에 대한 이해를 바탕으로 영업위험을 인수하고 공유하고 분산하는 기능이 확충되어야 한다. 그러려면 중소기업에 대한 신용 및 기업정보가 원활히 생산되고 유통될 수 있는 하부구조가 정립되어야 한다. 중소기업 신용평가기관의 참여기관을 확대하고 공공정보를 공개하기 위한 관련 법제도가 정비되어야 하며 정부가 주관하는 기술가치평가 지원기구를 운영해 기술평가 및 인증체계의 정비, 기술가치 평가정보의 확인 및 공유, 관련 데이터베이스의 구축 및 관리 등이 효과적으로 이루어져야 한다. 또한 사업의 속성상 자금의 공급자와 수요자 간에 정보의 비대칭이 높을 수밖에 없기 때문에 중소은행과 중소기업 사이의 오랜 사업관계를 통한 관계형 대출의 역량을 강화해야 한다. 이를 위해서는 신용정보와 대출위험에 따른 거래조건의 차별화가 효율적으로 이루어질 수 있는 여건이 마련되어야 하며 관계형 대출을 위한 별도의 여신체계 및 위험관리시스템이 운용될 수 있도록 해야 한다.

직접금융시장에서 중소기업을 지원하기 위해서는 유망 중소기업의 코스닥 상장을 촉진하고 상장 전 프리보드시장에서의 거래를 활성화시켜야 한다. 일찍 자본시장에 노출시켜 기업에 대한 정보 비대칭의 문제를 해소하고 자본비용을 낮추는 방안이 될 것이다. 또한 중간회수시장을 활성화해야 한다. 기술개발에 어렵게 성공한 후 사업화 단계에서 실패하지 않도록 인수합병이나 기술협력이 이루어질 수 있는 여건을 조성해야 한다. 이를 위해서는 인수합병 및 기술협력 대상기업들에 대한 정보를 생산하고 이를 중개하는 것이 필요하며, 벤처기업이 대기업과의 협상에서 불이익을 당하지 않도록 정책당국과 관련 협회가 지도 감시를 철저히 해야 한다. 이상적으로는 유망기술에 대한 자금지원, 프로젝트 선정, 기술개발과정에서의 협력, 관련 정보의 네트워크 구축, 개발 이후 인수합병 및 기술의 상용화 등이 유기적으로 이루어질 수 있도록 시장선도 기업, 신생창업 기업, 대학, 벤처캐피털 등을 긴밀하게 연결시켜 시너지 효과를 극대화해야 할 것이다.

아울러 중소기업에 자금을 공여하는 금융기관을 지원하는 것도 필요한데, 자본시장을 통해 은행의 중소기업 대출을 유동화하고 위험분산이 가능하도록 지원할 필요가 있다. 금융기관의 선별기능을 활용해 혁신중소기업을 선정하고 이를 지원하기 위한 펀드 설립을 활성화하며 일반 중소기업펀드에 대한 은행의 투자도 활성화함으로써 유망 중소기업에 장기적·안정적인 자금 공급이 확대될 수 있도록 해야 한다.

결론적으로 정책금융에 의존한 은행 일변도의 금융재원 배분체제에서 탈피해 기업의 유형과 성장단계에 따라 은행, 비은행 금융기관, 자본시장 등 자금 공급자 간 연계를 통한 다원화된 금융서비스가 제공될 수 있어야 하며, 유망 중소기업의 성장과정을 효과적으로 지원할 수 있도록 자금, 정보, 경영지원, 구조조정 등 기업 종합금융서비스가 제공되어야 한다.

2) 신용불량자의 양산과 금융소외의 심화

외환위기 이후 시장 중심 금융제도로의 개편이 진행되면서 자본시장의 경쟁에서 밀려난 저신용 서민의 금융접근성(financial inclusion)은 계속 악화되고 있는 실정이다. 현재까지 상업적 기반의 서민금융시장은 실패했다고 보아야 하며 또한 정책금융만으로 시장기능을 보완하는 데도 한계가 있다. 금융소외가 확산되면 부를 창출할 수 있는 중요한 기회인 금융접근성이 박탈됨으로써 부의 양극화가 발생하고 이는 사회계층 간의 갈등을 증폭시켜 사회적 불안을 초래한다. 당연히 사회적 불안은 그 나라의 경제가 부담해야 하는 비용을 발생시키므로 서민금융 활성화는 그 중요성이 매우 크다. 또한 서민금융 활성화는 내수경기를 촉진시켜 경제성장률 제고에 도움이 될 수 있는데, 소득이 낮은 계층일수록 전체소득 대비 소비의 비중이 높으므로 경제활성화를 위해서도 매우 중요한 전략이다. 예를 들어 시장원리에 반해 저금리로 서민층을 지원하는 것이 단기적으로는 비용을 유발하는 것처럼 보일 수 있지만, 장기적으로는 오히려 서민금융 활성화를 통한 적극적 의미의 사회양극화 해소를 촉진해 경제를 한 단계 상승시킬 수 있는 중요한 대안이 되는 것이다.

금융소외현상은 대체로 저신용 계층이 겪는 문제인데, 개인에 대한 신용등급체계는 〈표 3.24〉에서와 같이 10단계로 구성되며 크게 1~4등급인 우량등급, 5~6등급인 일반등급, 7~10등급인 주의등급으로 대별할 수 있다. 국내 신용평가기관들은 신용거래가 있는 개인을 대상으로 신용거래의 형태, 규모, 기간, 연체이력 등을 종합해 신용도를 측정한다. 그러나 현재의 신용등급체계는 차주의 연체이력을 중심으로 작성되어 있기 때문에 신용등급과 상환능력 사이의 상관관계는 그리 높지 않은 것으로 추정된다. 10등급 중 7등급 이하에 속하는 개인은 제도권의 금융서비스를 이용하는

표 3.24 **개인 신용등급체계 및 의미**

등급			의미
우량등급	1~2등급	최우량등급	· 오랜 신용거래경력 보유, 신용거래실적 우량 · 부실화 가능성 매우 낮음
	3~4등급	우량등급	· 현재까지 신용거래는 활발하지 않지만 향후 신용거래실적이 우량할 경우 상위등급으로 진입 가능 · 부실화 가능성 낮음
일반등급	5~6등급	일반등급	· 주로 비은행 금융회사와의 거래가 있고 단기연체경험이 있음 · 부실화 가능성 일반적 수준
주의등급	7~8등급	주의등급	주로 비은행 금융회사와의 거래가 많고 단기연체경험이 많아 단기간 내 신용도 하락 예상
	9~10등급	위험등급	· 현재 연체 중이거나 매우 심각한 연체 경험이 있음 · 부실화 가능성 매우 높음

표 3.25 **신용등급별 신규 조회 및 대출 건수**

(단위: 건, %)

등급	2008 3/4분기		2008 4/4분기		2009 1/4분기		2009 2/4분기	
	조회	대출	조회	대출	조회	대출	조회	대출
7~10	930,615	648,553	790,766	329,664	910,496	272,335	928,454	263,617
	대출/조회: 69.7		대출/조회: 41.7		대출/조회: 29.9		대출/조회: 28.4	
1~6	2,285,915	1,904,097	1,920,664	1,584,750	2,447,868	1,621,839	2,597,968	1,669,996
	대출/조회: 83.3		대출/조회: 82.5		대출/조회: 66.3		대출/조회: 64.3	

자료: 한국신용정보.

데 심각한 제약이 따를 가능성이 높은바 이들을 금융소외자로 볼 수 있다.

〈표 3.25〉에서 한국신용정보의 자료를 보면 금융소외현상이 상당하다는 것을 알 수 있다. 7~10등급인 금융소외집단의 신규 조회 및 대출 건수는 2008년 4/4분기 이후 계속 증가하고 있음에도 실제 대출로 이어지는 경우는 급격히 감소하는 추세이다. 대출건수를 조회건수로 나눈 비율을 보

표 3.26 **신용등급별 신규대출 실적**

(단위: 건, 억 원, %)

등급	2008 3/4분기		2008 4/4분기		2009 1/4분기		2009 2/4분기	
	건수	금액	건수	금액	건수	금액	건수	금액
7~10	648,553	78,125	329,664	46,013	272,335	42,412	263,617	49,475
1~10	2,552,650	484,425	1,914,414	384,624	1,894,174	387,992	1,933,613	474,182
저신용비중	25.4	16.1	17.2	12.0	14.4	10.9	13.6	10.4

자료: 한국신용정보.

표 3.27 **신용등급별 대상자 현황**

등급	대상자수 (명)	비중 (%)	부채차주수 (명)	비중 (%)	부채차주 비율(%)	부채차주 평균대출잔액(원)	연체고객수 (명)	연체고객 비중(%)
1~2	7,853,032	19.94	1,643,786	14.09	20.93	59,499,682	619	0.00
3~5	18,553,713	47.11	4,522,884	38.78	24.38	57,391,225	619	0.32
6	4,617,583	11.72	2,386,913	20.47	51.69	41,400,635	22,054	0.92
7	4,770,916	12.11	1,482,266	12.71	31.07	36,093,828	38,649	2.61
8	2,258,973	5.74	780,584	6.69	34.55	34,687,940	71,890	9.21
9	939,144	2.38	501,021	4.30	53.35	38,698,275	131,047	26.16
10	393,154	1.00	345,590	2.96	87.90	49,775,848	287,391	83.16
계	39,386,515	100.0	11,663,044	100.0	29.61	49,160,965	566,139	4.85

자료: 코리아크레딧뷰로(KCB).

면 2008년 3/4분기에는 전체 조회건수의 69.7%가 대출을 받았으나 2009년 2/4분기에는 동 비율이 28.4%로 급격하게 감소했다. 동 기간의 비금융소외집단인 1~6등급의 비율은 83.3%에서 64.3%로 감소하는 데 그쳤다. 이는 신용도가 낮은 집단의 금융소외현상이 매우 심각하다는 것을 보여준다. 〈표 3.26〉은 신용등급별 신규대출실적을 나타내는데, 건수 기준으로 볼 때 2008년 3/4분기 저신용등급집단의 신규대출 비중이 전체의 25.4%에 달했으나 2009년 2/4분기의 동 비중은 13.6%로 2008년 수준의 거의 절반밖에 되지 않는다. 금액으로 보아도 2008년 3/4분기 저신용등급집단의 신규대출 비중은 전체의 16.1%였으나 2009년 2/4분기에는 동 비중이

10.4%로 감소했다. 역시 금융소외집단의 금융서비스 접근이 매우 제한되고 있음을 보여주는 증거이다.

〈표 3.27〉은 각 신용등급에 해당하는 대상자수에 대한 분포와 부채차주비율, 연체고객수 등을 보여준다. 전체 3,938.7만 명 정도의 대상자에서 1~2등급에 해당하는 개인이 전체의 20% 정도이고, 중간 정도의 신용인 3~6등급의 개인이 59%, 나머지 21%가 신용소외집단인 7~10등급의 개인이다. 이는 전체 국민의 약 5분의 1 정도가 신용불량자가 될 개연성이 높음을 시사한다. 각 등급에 해당하는 개인 가운데 부채를 쓰고 있는 부채차주의 비율은 9등급의 경우 54.4%, 10등급의 경우 87.9%로 최하위 두 등급에 속하는 대부분의 개인이 빚을 지고 살고 있음을 알 수 있다. 또한 연체고객의 비중을 보아도 최하위 두 등급의 연체고객수가 다른 등급과는 비교할 수 없을 정도로 높다. 이는 곧 신용불량자 문제로 직결되며 이들로 인한 사회경제적 문제는 상당한 사회비용을 초래할 것으로 판단된다.

한국의 금융소외문제를 해결하기 위해서는 장기와 단기로 나누어 정책의 초점을 논의할 수 있을 것이다. 단기적으로는 아직 제도권 서민금융기관들이 높은 위험을 감당하면서 금융소외자들에 대한 자금지원을 할 수 있는 역량이 개발되어 있지 않고, 또한 서민금융시장 관련 제도나 법이 효과적으로 정비되어 있지 않기 때문에 정책서민금융의 공급 체계 및 방식을 개선하는 것이 우선순위일 것이다. 유의할 점은 정책서민금융을 무상지원과는 엄밀히 구분해야 한다는 것이다. 정책서민금융은 자활능력이 있는 개인을 대상으로 생산적 복지정책을 수행하는 것이고 무상지원은 사회의 최저소득층이나 차상위계층을 대상으로 대가 없이 생활자금을 지원하는 것이다. 따라서 정책서민금융은 시혜적 차원보다는 가능하다면 시장원리를 확보하는 쪽으로 정책방향을 잡아야 한다. 이와 관련해서 정책금융을 집행할 때는 저금리보다는 자금의 가용성을 확대하는 방향으로 업무를 수행해야 한다. 신용등급이 낮은 집단일지라도 상환율이 신용도에 비례해 나쁘지는 않기 때문에 시장원리에 어긋나게 금리를 낮추는 것보다는 가능하다면 많은 사람들이 자금에 접근할 수 있도록 해야 한다.

특히 유의할 점은 정책서민금융이 민간서민금융과 경쟁하면 안 된다는 것이다. 흔히 정부에서 어떤 정책을 수행하면 배제효과(crowding out effect)가 발생하는데, 정책금융을 수행하면서 기존의 민간서민 금융활동을 위축시키는 우를 범하지 말아야 한다. 정부는 2009년부터 희망홀씨대출, 햇살론, 미소금융 등과 같이 민간자금을 이용한 정책서민금융을 제공하고 있다. 이로써 더욱 많은 서민들이 금융에 접근하기가 용이해졌으나 다른 한편으로는 이러한 정책의 시행으로 사회연대은행 등 기존의 서민금융활동이 매우 위축되고 있는 실정이다. 따라서 이미 서민금융활동을 하고 있는 기관들의 업무 범위와 조건 등을 충분히 파악해 서비스가 중복되지 않도록 하는 것이 본래의 취지인 서민금융 확대에 맞을 것이다.

서민에게 자금 공여 시 대형은행보다는 서민금융기관을 집행창구로 활용하는 것이 바람직하다. 그 이유는 서민금융기관은 이미 서민에 대한 금융에 특화되어 있기 때문에 자금을 필요로 하는 이들의 정보를 어느 정도 확보하고 있고 해당 시장의 사업 노하우도 확보하고 있어 정보 비대칭으로 인한 비용을 줄일 수 있기 때문이다. 마지막으로, 정책금융을 집행하는 경우 관련 참여자들의 무임승차(free-riding) 행위를 줄이기 위해 손실부담의 원칙을 철저히 확립해야 한다.

서민금융문제에 대한 장기적 방안으로는 상업 서민금융공급 시스템을 개편해 서민금융기관이 자생할 수 있는 여건을 구축해야 한다. 이를 위해서는 기존에 구축되어 있는 여신시장의 계층구조를 면밀히 검토해 저축은행, 신협, 상호금융, 새마을금고 등의 소액신용 대출업권을 파악하고, 이들의 업무영역에 대한 규제를 과감히 완화하며, 서민금융의 특성을 감안한 건전성 기준을 도입하는 등 금융하부구조를 구축해야 한다. 예를 들어 서민금융기관을 수신기능을 가진 기관과 그렇지 않은 기관으로 구분하고, 지역 신협, 새마을금고, 저축은행 등과 같이 수신을 받는 기관은 본래의 설립 목적이 다를지라도 기능적 규제를 도입한다는 취지하에 모두 일관된 규제 및 혜택이 적용될 수 있어야 한다. 한편 수신기능이 없는 기관은, 예를 들어 여전사의 경우 물적담보대출을 하는 업권과 무담보신용대출을 하는 업권으로 구분해 전자는 기업금융, 후자는 소비자금융의 형태로 성장 및 발전시켜야 한다. 한편 이 과정에서 사회적 폐해가 심각한 미등록 대부업체는 강력히 단속해 퇴출시키고, 요건을 충족하는 경우는 적극적으로 양성화하는 방안을 강구해야 한다.

마지막으로 정부는 현재까지 표출된 역사적 교훈을 깊이 성찰하고, 민간금융기관들이 서민금융을 좀 더 안정적이고 적극적으로 제공하도록 하는 유인구조를 마련해야 한다. 2008년 서브프라임 위기는 근본적으로 상환능력을 고려하지 않은 대출 때문에 발생한 것으로 이러한 약탈적 대출(predatory lending)이 만연하면 결국 서민금융시스템이 부실화되어 금융기관과 서민 모두 엄청난 피해에 직면하게 된다는 사실을 명심해야 한다.

3) 과도한 가계대출로 인한 시스템리스크

현재 한국의 가계대출문제는 상당히 심각한 수준으로 판단된다. 가계부채는 금융회사가 가계에 빌려준 가계대출과 신용카드나 할부판매 이용액인 판매신용을 합한 것으로 최근까지 매우 가파른 상승세이다. 〈표 3.28〉에서 알 수 있듯이 한국의 가계부채는 1994년 131.6조 원이었으나 이후 연평균 12.2%로 상승해 2010년 896.3조 원을 기록했다. 최근 10년의 상승속도는 더 빨라서 연평균 13.3%의 증가율을 나타내고 있다. 이는 동 기간의

표 3.28 **가계부채 현황**

(단위: 조 원, %)

연도	가계신용	증가율	판매신용	증가율	가계부채	증가율	국민총소득	증가율
1994	116.0	-	15.6	-	131.6	-	349.0	-
1995	142.7	23.1	20.5	31.6	163.3	24.1	408.0	16.9
1996	174.7	22.4	23.6	15.0	198.3	21.4	458.6	12.4
1997	211.2	20.9	26.2	10.8	237.4	19.7	502.9	9.6
1998	183.6	-13.0	17.8	-32.0	201.5	-15.1	492.6	-2.0
1999	214.0	16.5	22.1	24.0	236.1	17.2	542.2	10.1
2000	266.9	24.7	25.8	16.9	292.7	24.0	600.2	10.7
2001	341.7	28.0	38.2	47.7	379.8	29.8	649.9	8.3
2002	439.1	28.5	47.9	25.7	487.0	28.2	721.0	10.9
2003	447.6	1.9	26.6	-44.5	474.2	-2.6	767.8	6.5
2004	474.7	6.1	25.3	-5.1	499.9	5.4	829.3	8.0
2005	521.5	9.9	28.0	10.9	549.5	9.9	864.4	4.2
2006	582.0	11.6	31.5	12.5	613.5	11.6	910.1	5.3
2007	630.7	8.4	35.3	11.9	666.0	8.6	976.8	7.3
2008	688.2	9.1	39.9	13.1	728.2	9.3	1034.1	5.9
2009	779.6	13.3	41.7	4.4	821.3	12.8	1069.8	3.4
2010	846.9	8.6	49.4	18.5	896.3	9.1	1173.1	9.7
평균(최근 10년)		13.7	-	10.1	-	13.3	-	8.0
평균(1994년 이후)		12.5	-	9.5	-	12.2	-	7.0

자료: 한국은행.

표 3.29 **개인가처분소득 대비 가계부채 비율**

(단위: 조 원, %)

연도	순처분가능소득	증가율	부채 (가계 및 비영리단체)	증가율	부채/순처분가능소득
2002	408.5	-	535.8	-	1.31
2003	442.3	8.3	561.8	4.8	1.27
2004	477.9	8.1	586.1	4.3	1.23
2005	499.9	4.6	647.1	10.4	1.29
2006	521.0	4.2	717.2	10.8	1.38
2007	545.5	4.7	795.3	10.9	1.46
2008	577.9	5.9	868.1	9.1	1.50
2009	602.0	4.2	930.6	7.2	1.55
2010	641.4	6.5	1011.0	8.6	1.58
평균	-	5.8	-	8.3	-

자료: 한국은행.

국민총소득 증가율 7.0%를 훨씬 상회하는 수치로 가계부채문제를 소홀히 다룰 수 없음을 시사한다. 특히 다른 나라들은 2008년 경제위기를 통해 가계부채가 감소하는 추세인 데 반해 한국의 경우는 계속 그 규모가 증가해 왔다.

가계부채의 규모가 크고 증가속도가 빠르다고 해도 상환할 수 있는 범위 내에 있다면 문제될 것이 없다. 〈표 3.29〉는 개인의 부채상환능력을 보여주는 대표적 지표인 개인가처분소득 대비 가계부채 비율을 나타낸다. 2002년부터 2010년 사이에 개인가처분소득은 연평균 5.8%로 상승했으나 가계부채는 8.3%로 상승했다. 이로써 개인가처분소득 대비 가계부채의 규모는 2002년에 1.31배, 신용카드위기가 발생한 2003년에도 1.27배에 지나지 않았으나 2010년에는 1.58배로 가파르게 상승했다. 이는 13개 주요 OECD 국가의 평균치인 1.33배보다 높은 수치이며, 서브프라임 사태 발생 당시 미국의 비율인 1.30배보다도 높은 것이다. 따라서 한국의 가계부채상황은 매우 우려할 만한 수준에 도달한 것으로 판단된다.

어느 경제주체를 막론하고 부채의 증가는 지렛대 효과를 증폭시켜 경기변동에 매우 민감한 반응을 보이게 만든다. 경기가 호황일 경우는 지렛대 효과가 긍정적으로 작용해 가계의 소득과 자산의 성장속도를 높이겠지만 경기가 불황으로 치달으면 심각한 경제적 어려움에 봉착할 수 있다. 특히 현재와 같이 미국의 경기침체와 유럽의 재정위기 등으로 세계의 경제위기 가능성이 높아지고 있는 시점에서는 가계발 금융위기도 배제할 수 없다.

이처럼 가계대출이 늘어난 이유는 자금의 공급과 수요 측면에서 살펴볼 수 있다. 먼저 자금의 공급 측면에서 금융기관들이 주택담보대출 중심의 가계여신에 영업을 강화한 점을 들 수 있다. 금융기관들은 2008년 전 세계적인 금융위기 이후 건설, 조선, 해운 등의 업황이 급격히 악화되어 기업여신환경이 나빠지자 상대적으로 위험관리 측면에서 유리하고 손쉽게 수익을 창출할 수 있는 가계대출을 증가시켰다. 수요 측면에서도 2000년대 들어 저금리기조가 지속되는 가운데 집값이 오르자 상당수의 가계가 주택담보대출의 형태로 자금을 차입해 주택 구입에 나선 것이 가계부채가 증가한 원인이었다. 또한 최근에는 부동산 경기 침체의 여파로 전세가격이 급상승하고 고물가로 인한 가계지출의 압력이 높아져 가계부채문제의 해결이 더욱 어려워지고 있다.

이러한 수요와 공급의 상호작용에 의해 가계부채문제가 현재와 같이 심각해진 것은 정부의 안이한 상황 인식과 시기를 놓친 정책 집행과 관련이 있다. 그간 정부는 국내 가계대출연체율이 1% 미만으로 미미하다는 점, 가계부채가 저소득층보다는 고소득층에 집중되어 있다는 점, 가계대출에서 주택담보대출이 차지하는 비중이 높다는 점 등을 들어 단기간 내에 가계대출이 큰 위험으로 확산될 가능성은 없다고 주장해왔다. 사실 가계부채문제에 대해서는 이명박 정부 출범 직후부터 우려의 목소리가 나왔지만 부동산 시장과 건설업 경기를 부양하기 위해 정부와 금융당국은 이상의 논리를 근거로 가계부채를 적극적으로 관리하는 노력을 보이지 않았다.

우선 금리정책을 보면, 지난 2008년 9월 세계발 금융위기가 본격화되자 한국은행은 기준금리를 연 5.25%에서 2%까지 낮추었다. 그 이후 한국경제의 회복속도가 다른 나라에 비해 빠르고 물가상승압력이 있었음에도 한국은행은 경기부양을 위해 금리인상에 소극적 태도를 보이다가 유동성 관리에 실패했다. 결국 16개월 내내 금리를 동결했다가 2010년 7월에야 기준금리를 0.25%포인트 인상시켰으나 이미 물가불안은 시작되었다. 그 당시 IMF는 한국의 경제성장률 전망치를 4.5%에서 5.75%로 대폭 상향조정하면서 한국은 기준금리를 인상하고 환율정책 등을 통해 단계적인 출구전략을 수행하는 것이 바람직하다고 권고했으나 한국은행은 동 해 8월 기준금리를 동결했다.

표 3.30 **가계대출**

(단위: 조 원)

	2009	2010	2011.4	2011.5	2011.6	2011.7	2011.8	2011. 1~8	잔액
은행	21.0	21.9	2.5	3.2	3.4	2.2	2.5	17.6	447.0
비은행	11.8	14.6	1.5	0.8	2.3	2.1	3.4	13.5	281.3
전체	32.8	36.4	4.2	3.9	5.7	4.3	5.9	31.3	728.3

자료: 한국은행경제통계시스템.

금융감독원도 2010년 8·29대책을 발표하면서, 총부채상환비율(debt to income: DTI)을 금융권의 자율심사에 맡기면 실제로 고소득층보다도 저소득층, 중산층, 서민층 실수요자들이 주택을 살 때 자금대출한도가 올라갈 것이라고 언급했다. 이는 부동산 가격을 안정시켜 서민에게 주택을 공급하는 것이 아니라, 규제완화로 부채를 더 지게 만들어 부동산 경기를 살린다는 것과 다름없다. 이로써 저소득층과 서민층까지 대출시장으로 유인해 가계부채상황을 악화시켰다. 〈표 3.30〉을 보면 2010년에 가계부채가 36.4조 원이 증가했는데, 은행권에서 대출한 규모는 2009년에 비해 큰 차이가 없으나 비은행권에서 대출한 규모가 14.6조 원으로 2009년에 비해 24%나 증가한 것을 알 수 있다.

정부는 시기를 놓친 감이 있으나 가계부채를 줄이기 위해 2011년 6월 가계부채문제 연착륙을 위한 6·30종합대책을 발표했다. 주요 내용은 가계대출 증가속도 관리, 가계대출구조 개선, 금융소비자 보호, 서민금융기반 확충 등으로 구성되어 있다. 이에 대한 시장의 반응은 미온적이거나 정부가 예상한 방향으로 나타나지 않고 있다. 〈표 3.30〉에서처럼 은행권과 비은행권의 주택담보대출 등 가계대출 증가추세가 유지되고 있고, 은행권 주택담보대출 중 고정금리형 대출 비중을 현재 5%에서 2016년까지 30%로 끌어올리려는 정책은 탄력을 받고 있지 못하다.

정부가 가계부채문제를 해결하기 위해서는 종합적이고 장기적인 대책을 강구해야 한다. 그때그때 경기상황에 따라 대증적으로 정책을 쏟아내는 것은 항상 시장보다 한 걸음 늦을 수밖에 없으며 따라서 한계가 바로 노정된다. 정권이 바뀜에 따라 중요한 경제정책이 오락가락해서는 곤란하다. 건전한 경제운용을 위해서는 부동산 시장의 안정적 성장이 관건이다. 예를 들어 부동산 대출과 관련된 총부채상환비율, 주택담보대출비율(loan to value ratio: LTV) 규제 등은 단기적인 시장상황에 따라 자주 변경하지 말고 정권에 관계없이 일관성을 유지해야 시장에 제대로 된 신호를 보낼 수 있다. 시장이 정부정책에 대한 신뢰를 상실하면 정부가 어떤 정책을 내놓아도 그 실효성을 담보하기 어려워진다.

정책을 집행할 때 금융당국, 통화당국, 정부 재정 담당자 모두가 협조해 일관성 있는 조치를 취하도록 해야 한다. 가계부채문제의 일차적인 책임은 한국은행에 있다. 그럼에도 한국은행이 경기를 우려해 금리를 올려야 할 때 주저하거나 오히려 금융감독원이 한국은행이 유동성 관리를 소홀히 한다고 비판하는 양상이 계속되어서는 곤란하다. 또한 정책을 수립할 때 종합적인 방안을 마련해야 부작용을 최소화할 수 있다. 예를 들어 은행권에 대한 총량 규제와 같은 미시적 정책을 수행하고자 한다면 이로써 발생하는 제2금융권으로의 풍선효과에 대해 충분한 대책을 마련해야 한다.

모든 정책에서는 그 정책에 의해 이익을 보는 집단과 손해를 보는 집단이 발생한다. 또한 정책의 효과는 기간에 따라 달리 나타날 수 있다. 현재 가계부채에 대한 정부의 정책 시행이 적절한 시점을 놓쳐 부작용이 있는 게 사실이다. 예를 들어 변동금리부 거치식 주택담보대출의 비중을 축소하고 고정금리부 원리금 분할상환식 대출의 비중을 확대하는 방안은 차입자들의 원리금 상환부담을 일시에 늘어나게 하는 문제가 있다. 또한 은행에게도 만기 불일치에 따른 위험관리비용이 늘어나 금융회사나 차입자들에게 적합성을 갖기 어렵다. 또한 저신용자들이 은행에서 밀려나 금리가 높은 제2금융권으로 몰리면서 오히려 가계부채발 금융위기 가능성을 높일 수도 있다. 그러나 정책의 방향이 옳다면 단기적인 부작용을 감수하고 비용을 최소화하면서 경제를 지속가능한 경로로 자리 잡게 해야 한다. 현재 세계의 경제상황을 고려할 때 정책 담당자들이 올바른 정책 조합을 수립해 추진하는 데는 상당한 고충이 따를 것으로 예상된다. 정부는 이러한 때일수록 확고한 경제적 원칙에 근거해 종합적이면서도 장기적으로 일관성 있는 정책을 수립해야 하며 이렇게 수립한 정책의 때를 놓치지 말고 과감히 집행해야 한다.

5. 금융시장의 문제점과 전망

1) 한국 금융시장의 문제점

국제경영개발연구원(IMD)의 국가경쟁력 순위를 보면 한국 금융서비스의 기업경영지원 수준은 2002년 42위, 2011년 40위이고, 금융규제의 효율성은 2011년 41위를 유지하고 있어 금융서비스 수준이 상당히 낮다는 것을 알 수 있다. 금융과 경제성장 간의 관계에 대해서는 여러 가지 학설이 존재한다. 금융이 적극적으로 실물부문을 지원하면 경제성장이 높아진다, 즉 금융이 실물을 앞선다(Bagehot, 1873; Schumpeter, 1912; Hicks, 1969)는 주장도 있다. 한편 정반대로 기업이 실물부문의 생산성을 높여 경제규모가 커지면 그에 맞추어 금융이 뒤따른다(Robinson, 1952)는 주장도 있다. 또한 금융 실물에 대한 지원을 강조하면서 금융의 역할이 상당히 과장되어 있다(Lucas, 1988)는 주장도 있다. 종합적으로 보면, 실문부문과 금융부문의 발전은 인과관계의 선후에 차이가 있을 뿐, 두 부문이 서로 연계되어 있고 금융이 경제발전에서 무시할 수 없는 요인임을 알 수 있다. 따라서 IMD의 통계가 시사하는 것과 같이 한국의 금융수준이 낙후되어 있다는 것은 매우 우려할 만한 일이다.

R. 레빈(R. Levine)은 금융발전에 다음 다섯 가지 요소가 포함된다고 본다(Levine, 2004). 첫째, 투자기회 및 자본 배분에 관한 정보를 생산함으로써 정보 비대칭 등으로부터 발생하는 정보비용을 낮추고 자원 배분의 효율성을 높임으로써 경제성장률 향상에 기여한다. 둘째, 기업을 감시 감독 하고 지배권을 행사함으로써 대리인 비용과 감시감독비용을 낮추고 신용 배분의 효율성을 증진시킨다. 셋째, 위험거래, 다변화 및 관리를 수행하는 데서 위험이 잘 관리되면 투자자 입장에서 안정성이 향상되기 때문에 저축이 늘고, 자원 배분의 효율성이 상승함으로써 경제성장률을 높인다. 넷째, 가계로부터 저축을 동원하고 모집해서 기업에 대한 여신을 수행하는 것은 금융 고유의 업무이다. 다섯째, 재화와 용역의 교환을 원활하게 하여 교환의 이득을 극대화하고 경제성장에 기여한다.

이상의 다섯 가지 기능 중 경제발전 초기에는 생산요소의 축적이 우선급선무이고 이것이 성장동력이므로 저축을 동원하고 유동성을 제공해 거래를 지원하는 금융의 양적 측면이 중요하다. 그러나 경제가 성숙단계에 들어서면 생산요소총량의 축적보다 총요소생산성이 중요해지므로 신기술 발굴 등을 위한 정보 생산, 고위험투자를 위한 위험관리, 효율적 금융시스템 구축을 위한 감시 감독이 금융의 주요 기능이 된다. 한국의 경우 금융산업은 지금까지 실물경제를 뒷받침하는 소극적 역할은 잘 수행했으나 실물경제를 선도하는 적극적 역할에는 미흡했다고 평가할 수 있다.

특히 한국은 경제의 규모나 성장단계로 볼 때 후자의 기능들이 중요한데 이러한 기능들을 효과적으로 달성하기 위해서는 국내 금융산업 수준에

그림 3.13 국내 은행과 외국 은행 지점(오른쪽) 금융인력의 업무영역별 비중

(단위: %)

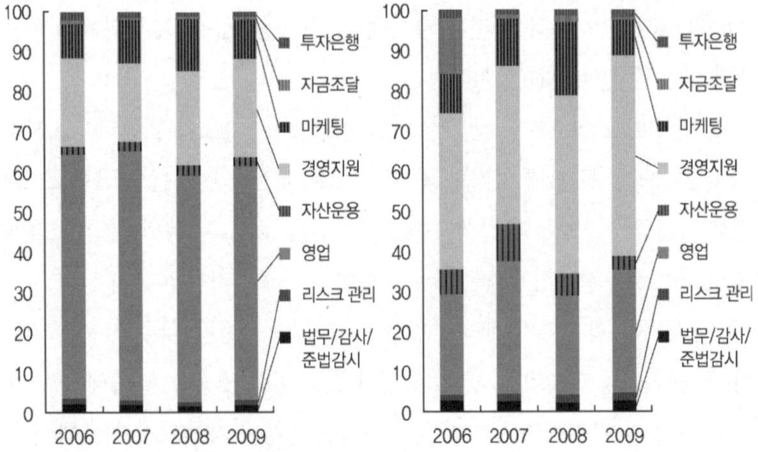

자료: 금융연구원 금융인력네트워크센터.

서 개선의 여지가 매우 많다. 즉, 한국 주요 금융기관의 수익성 및 건전성은 외환위기를 맞아 구조조정과정을 거치면서 2004년 이후 크게 개선되었다. 그러나 국제 금융시장에서 국제적 경쟁력을 확보하기 위해서는 선결해야 할 과제들이 산적해 있다. 우선 규모 면에서 2006년 은행 상위 4개사의 총자산평균을 보면 한국의 경우 1,497억 달러로 미국의 1조 1,166억 달러의 8분의 1 수준에 지나지 않는다. 물론 규모가 은행 발전의 충분조건은 아니지만 규모의 경제효과를 충분히 누리지 못하고 있다는 약점이 있다. 수익다각화의 측면에서도 뒤떨어져 은행의 총수익 가운데 비이자수익의 비중이 18.7%밖에 되지 않아 미국(48.0%)이나 영국(46.4%)과 비교했을 때 크게 낮은 상황이다. 〈그림 3.13〉을 보면 국내 은행의 경우 영업에 투입되는 금융인력의 비중이 외국 은행의 지점보다 월등히 높다. 한편 경영지원, 자산운용, 리스크 관리 등에 투입되는 인력은 외국 은행의 지점보다 훨씬

낮다. 국내 은행의 인력운용상 비이자수익이 낮을 수밖에 없는 구조이다. 또한 대형은행의 해외영업 비중은 5% 미만이고, 외화자금의 조달 및 외화 자산부채에 대한 위험관리능력이 부족하며 신협, 새마을금고 등 서민금융 기관의 위축으로 금융소외계층이 증가하는 것도 문제이다.

2) 개선방향

(1) 경쟁체제 확립

국제기준으로 보았을 때 현재 한국의 금융산업이 낙후된 이유로는 첫째, 금융산업에 대한 과잉보호를 들 수 있다. 은행의 신규 진입이 실질적으로 금지되어 있는 한국의 상황은 미국, 유럽 등 선진국에서 금융기관 신규 설립 시 준칙주의를 적용하는 것에 비추어볼 때 재고의 필요성이 있다. 한국의 경우 은행을 설립하기 위한 최저자본금이 1,000억 원(지방은행 250억 원)으로 외국에 비해 지나치게 높다. 미국의 경우 200만 달러(약 22억 원), 영국이나 독일 등 유럽연합(EU) 국가가 500만 유로(약 75억 원)인 점에 비교한다면 지나치게 높은 진입장벽이다.

경쟁이 없는 곳에서 경쟁력 있는 금융기관이 나오는 것은 불가능하다. 금융기관 경쟁의 원천은 진입 자유인데 선진국 경제로의 진입을 고려할 때 은행 등의 신규설립 금지는 당위성이 없는 정책이다. 만일 한국에서 은행 설립이 자유로웠다면 금융시스템의 다양성 제고, 경쟁력 강화, 국제화 진전 등 상당한 순기능이 나타났을 것이다. 물론 금융기관의 도산가능성이 증가하는 문제점도 있었을 것이지만 그와 동시에 시장 규율과 위험관리능력의 제고도 가능했을 것이다.

따라서 향후 한국의 금융산업 발전을 위해 가장 먼저 고려할 사항은 금융기관 신규 설립의 단계적 자유화이다. 금융기관 설립 자유화, 설립요건의 완화는 필히 수행되어야 하지만 감독당국이나 금융기관에게 큰 충격을 줄 수 있기 때문에 단계적으로 준비과정을 거쳐 시행해야 할 것이다. 예를 들어 제1단계에서는 건전성, 수익성이 양호하고 소유구조 등에 문제가 없는 상호저축은행을 엄선해 은행으로 전환시키고, 제2단계에서는 재무건전성 등 일정한 조건을 구비한 상호저축은행은 희망하는 경우 은행으로 전환할 수 있게 하고, 외국 은행의 국내 현지법인이나 비은행 금융기관의 설립을 자유화하고, 은행 설립 자본금을 점진적으로 인하하는 것이다. 마지막으로 제3단계는 은행 설립을 미국, 유럽 등 선진국 수준으로 자유화하는 것인데 이러한 은행 등 금융기관 설립 자유화가 성공하려면 개별 금융기관의 건전성을 책임지는 감독당국과 전체 금융시스템의 안정성을 감시하는 중앙은행이 제 역할을 할 수 있어야 한다.

(2) 규제와 검사 개선

금융산업의 발전을 위해서는 잘못된 규제와 검사를 개선해야 한다. 한국의 규제형태는 취급업무에 대한 사전규제이고, 검사에서는 건전성보다 법규의 위반 여부가 우선시된다. 이런 규제방식의 장점은 금융기관에 대한 경영과 감독이 용이하다는 것이다. 하지만 앞으로 다가올 금융개방시대에서 새로운 금융 상품이나 기법에 대한 이해 및 개발 능력, 그리고 감독당국의 업무능력이 저하되며 국제경쟁력 있는 금융전문인력을 양성하기 어렵다는 심각한 단점이 있다. 따라서 향후 금융규제의 방향은 업무규제는 완화하고 건전성 규제는 강화하는 형태를 취해야 한다. 금융기관업무의 사전규제를 완화함으로써 창의성과 자율성을 제고할 수 있고 건전성 규제와 회계기준을 강화함으로써 금융부실의 가능성을 최소화할 수 있다.

과거 한국은 각 금융기관별로 법이 따로 존재해 동일한 금융기능이라도 상이한 규율의 적용을 받았으며 따라서 규제차익(system arbitrage)이 발생하고 투자자 보호상 공백이 존재했다. 또한 금융중개 행위와 상품이 법령에 제한적으로 열거되어 있어 창의적인 신종 금융상품의 개발이나 중개가 제한되었다. 이런 문제점들을 개선하고 자본시장의 발전을 도모하기 위해 정부는 2009년 2월 기존의 「증권거래법」, 「선물거래법」, 「간접투자자산운용업법」, 「신탁업법」, 「한국증권선물거래소법」, 「종합금융회사에 관한 법률」, 「기업구조조정투자회사법」 등 관련 법 모두를 대체하는 「자본시장법」을 시행했다. 「자본시장법」은 구조적 규제를 완화해 경제력 집중으로 인한 인위적 진입장벽을 낮추고 상품 개발 및 자산운용의 자율성을 추구하며 건전성 규제를 강화하고 불완전판매를 방지해 금융소비자를 보호하고자 하는 목적으로 제정되었다. 이어서 정부는 2010년 7월 「보험업법」을 개정해 보험회사의 부수적인 업무 및 자산운용에 대한 규제를 포괄주의 시스템(negative system)으로 전환했다. 이러한 조치들은 비은행부문에 대해 대폭적으로 업무의 사전규제를 완화한 획기적 사건들이다. 향후 은행부문의 사전적 규제도 완화되어야 하는데 이를 위해서는 은행법 체계를 열거주의 시스템(positive system)에서 포괄주의 시스템으로 전환하고 은행, 증권, 보험 간의 업무영역을 조정하는 방안도 동시에 추진해야 한다.

금융업무에 대한 사전규제가 완화되고 다양한 형태의 금융상품이 도입되면 금융소비자 보호와 금융소비자의 역량 강화가 매우 중요한 문제로 대두된다. 소비자에 대한 금융교육을 강화하면서 금융소비자 스스로 자신의 선택에 대한 책임의식을 높여야만 한다. 미국은 2010년 「금융개혁법(Dodd- Frank Act)」을 통해 금융소비자보호국(CFPB) 설치를 의무화했는데 이는 소비자 신용과 관련된 법률의 제정과 감독, 집행, 금융소외계층에 대한 지원 및 금융교육, 소비자 신용과 관련된 조사업무를 담당한다. 한국도 독립된 금융소비자보호원을 설립하는 방안을 고려할 수 있을 것이다. 금융소비자 보호를 위해서는 불완전판매 금지뿐만 아니라 대출서비스의 적정성이 확보되어야 하는데 대출자의 재무상황과 소득상황을 파악해 과도한 대출을 방지하고 총부채비율, 담보인정비율을 엄격히 적용함으로써 약탈적 대출이 발생하지 않도록 해야 한다.

한편 건전성 감독기준과 회계기준을 선진국 수준으로 높이기 위해 국제기준을 도입하는 것이 필요하다. 다만 한국경제의 대외개방도를 감안해 외화유동성 규제 등은 선진국보다 더 강화할 필요가 있다. 금융기관검사는 법규 위반을 적발하는 검사에서 위험 혹은 건전성을 중시하는 검사로 전환되어야 한다. 위험중시검사는 여신 부실화 가능성, 적정 충당금 설정 여부, 내부통제시스템 적정성 등에 대해 면밀히 이루어져야 한다.

금융기관 설립 자유화와 금융규제 및 금융검사방식 변경으로 감독당국의 성격과 위상이 대폭 변하는 부수효과도 기대할 수 있다. 감독당국이 현재보다 집행하고 책임질 일이 많아지므로 지속해서 조직을 개선하고 업무효율성을 증진시키지 않으면 살아남기 어려워지는 계기가 될 수 있다.

(3) 서민금융의 확충

한국의 신용불량자는 2004년 3월 기준으로 390만 명이다. 이는 전체 생산가능인구의 약 10분의 1에 해당하는 엄청난 규모이며 서민금융기관의 위축, 금융소외계층의 증가와 함께 지속적으로 제기되어온 문제점이다. 저신용자의 금융접근성은 점점 악화되고 있으며 이들의 금융접근성은 G20(주요 20개국 정상 회의) 서울 회의의 주요 의제 중 하나이기도 했다. 가계부채문제도 한국경제를 뒤흔들 수 있는 뇌관인데, 그 뿌리가 외환위기 때로 거슬러 올라간다. 은행들은 외환위기 이후 대기업들의 자금수요가 줄어들자 기업금융보다 소매금융에 주력했다. 그러나 정책당국은 가계부채문제에 무관심했고 결국 건전성 감독에 실패했다. 가계부채문제나 서민금융문제는 소득 양극화 문제와 맞물려 한국경제의 앞날을 어둡게 한다.

현재 기존 서민금융기능을 위축시키지 않으면서 서민금융기관을 육성하려면 우선 미소금융이 제자리를 찾아야 한다. 미소금융은 서민금융기관을 보완하는 제도로 운영되어야지 기존의 서민금융기능을 위축시키는 형태로 운영되어서는 안 된다. 그리고 미소금융의 주요 지원대상을 정상적 금융거래가 가능한 사람들보다는 공적부조가 필요한 계층으로 한정해야 한다. 다음은 상호저축은행의 원만한 처리인데, 상호저축은행제도의 문제는 앞서 제시한 바와 같이 은행 설립이 자유화되면 소멸할 것으로 예상된다. 즉, 재무건전성, 소유구조 등 은행으로의 전환요건을 충족하지 못하는 상호저축은행은 시장에서 자연스럽게 퇴출될 것이다. 마지막으로 신협과 새마을금고의 제대로 된 발전방안을 마련해야 한다. 세제혜택은 유지시키면서 수익성 확보를 위해 업무제한은 철폐하는 방향으로 나아가야 할 것이다. 한국의 신협, 새마을금고가 참고할 수 있는 모델로는 독일의 신용협동조합은행이 있다. 2008년 기준 이 은행은 약 1,200개로 독일 전체 은행의 절반 이상이고 조합원은 약 1,600만 명으로 독일 경제활동인구의 40%에 육박하며 자산규모는 약 9,500억 유로로 독일 은행산업의 16%를 점하고 있다. 독일 등 외국의 다양한 사례들을 검토해 성공요인을 비교 분석함으로써 한국에 적절한 서민금융제도를 마련해야 할 것이다.

(4) 금융기관의 국제화

1980년대 이후 지속되어 온 자본시장 개방정책에 의해 한국의 자본시장은 상당한 정도의 개방성을 띠게 되었다. 외국인들이 국내 주요 기업과 금융기관의 주식을 대규모로 소유하고 있고, 국제 금융시장의 상황에 따라 움직이는 이들의 자금을 통해 국내 주식시장이 민감하게 변화한다. 또한 국내에 진출한 외국 금융기관들이 국내 금융소비자들을 상대로 영업을 하며 국내 금융기관과 경쟁하고 있다. 그러나 국내 금융산업의 대외진출은 그다지 활발하지 않았다. 국내 금융기업들의 해외투자액이나 영업점 수가 크게 증가하지 않았으며 해외자산도 소폭 증가세에 그치고 있다. 국내 금융기관의 해외진출은 시장 확충뿐 아니라 국내 자본시장으로부터의 위험을 해외에 분산시키기 위해서도 필수적이다. 국내 금융기관이 모든 자산을 국내에 투자하게 되면 국내 경제의 부침에 따른 수익성 변화가 체계적 위험요인이 된다. 그러나 국내 기관이 국내 자본시장을 포함해 국제적 분산투자를 수행하면 국내 경제의 부침이 비체계적 위험요인으로 변화되어 분산투자효과를 올릴 수 있고 이에 따라 수익의 향상과 안정성을 확보할 수 있다.

그러나 국내 금융기관의 국제화는 다양한 차원의 고려가 필요하고 금융산업의 수익성에 상당한 영향을 미칠 수 있는 위험한 과제이기 때문에 정책당국의 지원과 전략적 차원의 의사결정, 그리고 금융기관 자체적으로 신중한 투자와 준비가 요구된다. 우선 구조적인 면을 고려해야 하는데 금융기관의 조직체계와 지배구조를 해외 영업조직의 손실 확산을 차단할 수 있는 구조로 전환시켜야 한다. 이를 위해서는 중간지주회사 방식이 유리할 것으로 판단된다. 중간 금융지주회사가 설치되면 금융자회사를 설립할 때 법에 따라 대주주의 출자능력과 경영능력 등에 대한 적격성 심사를 받아야 하고 금융지주회사와 금융자회사가 통합건전성 감독을 받는 등 규제가 강화된다. 둘째, 전략적으로 볼 때 한국의 금융기관이 잘할 수 있는 업무를 활용해 경쟁우위가 있는 지역에 우선 진출하는 것이 유리할 것이다. 예를 들어 남아시아에서 IT와 연계된 소매금융을 시작하면 초기의 어려움이 상대적으로 덜 하리라 예상된다. 셋째, 미국 및 유럽 등에 진출한 한국 금융기관의 영업범위 확대방안을 생각해볼 수 있는데, 남아시아의 기업 및 개인을 상대로 경쟁력 있는 분야에서부터 영업범위를 확대해가는 것이다. 마지막으로 투자은행이나 프라이빗 뱅킹 등에 특화되어 있는 선진국 중소형 은행이나 금융그룹의 사업부문 인수방안을 고려할 수 있다. 2008년 세계금융위기 당시 리먼 브러더스가 파산하자 노무라증권이 리먼 브러더스의 아시아와 유럽 사업부문을 인수한 것이 좋은 사례이다. 노무라증권은 리먼 브러더스의 세계적인 인력을 흡수함으로써 영업의 질과 범위를 한층 더 높이는 계기를 마련했다. 한국도 해외 금융기관의 인수합병 추진 시 자산보다는 전문인력과 영업망 인수에 중점을 두는 것이 전략적으로 유리하리라 판단된다.

3) 발전전략 수립 시 재고사항

(1) 금융기관의 대형화

국내 금융산업의 발전방안을 논의할 때 깊이 재고해야 할 문제로, 우선 합병 등을 통한 대형화를 들 수 있다. 대형화를 통한 경쟁력 강화는 규모의 경제를 확보한다는 것인데, 외환위기 이후 지금까지 계속 한국 금융기관 구조조정에 기초를 제공한 논리이다. 그러나 여기에는 원인과 결과를 혼동한 측면이 있다. 다시 말해 경쟁력이 있는 금융기관은 대형화될 수 있지만 금융기관규모가 크다고 해서 자동적으로 경쟁력이 확보된다는 보장은 없기 때문이다. 현재도 금융당국자들은 대형화가 더 필요하다고 판단한 것으로 보이는데 이는 국제 금융기관들과 단순히 규모를 비교하기 때문인 것 같다. 이미 국내 금융기관들은 합병 등으로 상당히 대형화된 상태이다. KB금융지주, 우리금융지주, 신한금융지주, 그리고 최근에 감독당국의 허가를 받은 하나금융지주 모두 자산규모가 300조 원 이상이다. 이 금융기관들이 도산한다면 한국경제에 감당하기 어려운 재앙이 될 것이며 이는 UBS(스위스의 금융기업), HSBC(홍콩의 대표적 금융기관)와 같은 대형국제은행이 도산할 경우 해당 국가가 입는 피해보다 더 심각할 수 있다. 또한 합병 등을 통한 대형화는 일자리 감소, 독과점에 따른 소비자 후생 감소, 도덕적 해이 증가 등의 부작용도 발생시킬 수 있는데, 대형금융기관의 초과수익은 이러한 국민경제적 비용이 있기 때문에 가능한 것이다. 향후 대형화와 관련해서 지금처럼 합병 등을 통해 대형화한 다음 경쟁력을 제고하고 국제화를 진행시키는 방식은 금융기관에게는 손쉬운 방법일 수 있으나 국민경제에는 고비용과 고위험을 동반한다. 따라서 인위적인 대형화는 지양하고 기존의 상태에서 경쟁력을 늘리고 국제화를 수행하면서 대형화하는 형태가 더 바람직하다. 2005년 4월 스탠다드차타드은행(영국의 상업은행)의 제일은행 인수가 좋은 예이다.

(2) 금산분리

또 다른 주요 논점은 금융기관 주인 찾아주기와 금산분리 완화이다. 이미 은행을 제외한 증권사(금융투자회사), 보험사, 카드사 등에는 산업자본의 소유 제한이 없다. 따라서 금산분리 논의는 기본적으로 대기업이 은행을 소유할 수 있도록 허용해 삼성전자나 현대자동차 같은 세계적인 브랜드의 은행을 만들 수 있을 것인가 하는 은산분리에 관한 것이다.

이 논의는 기본적으로 금융산업은 다른 산업과 다르다는 점을 인식하는 데서 출발해야 한다. 금융산업은 자금 융통, 지급 결제, 신용 평가 및 정보 축적 등과 같은 특별한 역할 때문에 다른 산업과는 달리 상당한 공공성이 요구된다. 따라서 사전 감독, 사후 검사가 중요하며 금융기관이 도산하는 경우 국민의 세금으로 조성된 공적자금을 투입해 부실금융기관을 구제하게 된다. 또한 금융은 기본적으로 매우 위험한 사업이다. 우선 금융기관의 부채비율은 일반기업에 비해 비교가 되지 않을 정도로 높다. 현재 한국 일반기업의 부채비율은 평균 100% 정도를 약간 상회하고 있으나 우량 상업은행의 부채비율은 1,500~2,000% 정도이다. 투자은행과 헤지펀드 역시 부채비율이 높아 재무 레버리지가 상당한 사업이다. 이에 더해 금융산업은 사업의 속성상 부분예금준비금제도 등 자금 조달과 운영의 불일치가 불가피한 산업이다. 즉, 예금이나 차입금의 일정 부분만 지급준비자금으로 보유하고 수신은 단기로 조달하고 운용은 장기로 하는 경우가 발생하므로 건전한 금융기관도 유동성 부족으로 도산할 수 있다. 실례로 2008년 세계금융위기가 발생했을 때 베어스턴스(Bear Stearns), 리먼 브러더스 , 메릴린치(Merrill Lynch), AIG, 로열뱅크오브스코틀랜드(RBS), 씨티은행, 코메르츠은행 등 세계 유수의 대형금융기관도 단기간에 도산위기에 직면한 적이 있다. 또한 복잡한 상호거래를 통해 위험의 전염되어 전체 금융산업이 마비되고 이것이 실물부문에 심각한 타격을 입히는 시스템 위기를 초래할 수 있다. 미국이 자본시장원리를 지키고자 하면서도 어쩔 수 없이 AIG를 구제한 이유가 여기에 있는 것이다.

한국에서는 2008년 이명박 정부 출범 이후, 금융과 산업을 분리해 시스템 안정성을 확보해야 한다는 논리가 금융경쟁력 제고를 위해 진입장벽을 철폐해야 한다는 논리에 밀려 금산분리 완화정책이 시행되었다. 그러나 2008년 세계금융위기가 발생하자 금융안정성을 추구해야 한다는 주장이 힘을 얻고 있다. 선진국 및 금융안정위원회(FSB)를 중심으로 자본적정성, 유동성, 파생금융상품, 경영진의 보수 제한 등 금융규제를 강화하는 추세이고, 세계금융위기를 계기로 1980년대 이후 지속적으로 추진된 금융의 개방화, 범세계화의 단점에 대한 검토 외에 다국적 금융기업에 대한 견제가 시작되었다. 또한 위기의 전파과정을 검토하면서 겸업주의 은행제도에 대한 점 검 및 비판도 쏟아졌다. 일례로 미국은 1999년 「금융서비스현대화법(Gramm-Leach-Billey Financial Services Modernization Act)」을 도입해 지주회사 방식으로 은행업과 증권업을 겸업하게 했는데 이것이 부실 확대의 원인이라는 반성이 일고 있다.

시스템 위기의 중대성은 재론의 여지가 없다. 일단 발생하면 경제에 엄청난 충격을 주기 때문에 설사 금융의 대형화, 겸업화, 국제화 등으로 정상적 경제상황에서 수확가능한 시너지 효과가 있을지라도 이러한 이점이 한 번에 사라지거나 오히려 더 막대한 비용이 발생할 수도 있다. 따라서 2008년 세계금융위기를 계기로 각국이 금융시스템의 안정성을 확보하기 위해 취하는 금융규제상황을 면밀히 검토해 한국에도 적용해야 한다. 다행히 한국은 2008년 세계금융위기의 진원지에서 떨어져 있고 파생상품시장도 발달되어 있지 않아 위기를 성공적으로 극복했다. 그러나 이것이 오히려 금융시스템의 안정성 구축을 소홀하게 만들어 미래의 재앙을 불러들이는 결과가 되어서는 안 될 것이다.

(3) 동북아시아 금융허브

정부는 금융산업을 발전시켜 한국을 동북아시아의 금융 중심지로 만들겠다는 정책목표를 실현하기 위해 노력하고 있다. 그러나 이는 정책당국이 선언한다고 해서 실현되는 문제가 아니라, 이러한 원대한 목표에 걸맞는 구체적인 실행계획 아래 지속적인 추진이 이루어질 때 달성가능한 것이다. 한국이 동북아시아, 나아가 아시아의 금융허브가 되기에는 국제적 여건이 만만치 않다. 일단 세계 2, 3위의 경제대국인 일본과 중국이 바로 옆에 있고 이미 홍콩과 싱가포르가 국제적인 금융시장으로 자리매김하고 있다. 지금까지의 정부와 관료들의 안일한 태도를 근본적으로 수정해야만 동북아시아 금융허브라는 목표를 달성할 수 있을 것이다.

한국이 국제금융의 중심지로 발전하기 위해서는 다음과 같은 기본 인프라를 갖추어야 한다. 첫째, 영어로 업무를 수행할 수 있어야 한다. 국제금융의 중심지이기 때문에 영어뿐 아니라 필요한 경우, 주요 국가의 언어를 구사할 수 있는 인력이 배치되어 있어야 한다. 둘째, 채권, 주식, 외환 등 금융거래의 가격경쟁력이 있어야 한다. 이를 위해서는 관련 시장의 운영 효율성뿐 아니라 정보효율성도 높여야 한다. 줄일 수 있는 모든 마찰요인을 제거해야 이미 국제금융의 중심지 역할을 하고 있는 일본, 홍콩, 싱가포르와 경쟁할 수 있을 것이다. 셋째, 금융규제의 투명성과 예측가능성이 전제되어야 한다. 금융규제가 국제기준에 맞지 않다든가 조세나 금융거래와 관련해 불합리한 제재를 가한다거나 국민정서에 밀려 국제기준에 맞지 않는 법 집행을 강행하는 등 금융규제의 예측가능성이 결여되면 국제자금이 국내로 유입되지 않을 것이고 따라서 국제금융 중심지로의 발전이 지연될 수 있다. 마지막으로, 국제금융의 허브가 되려면 많은 외국인들이 국내에 들어와 활동을 해야 하는데 이들에 대한 교육, 주거, 문화 측면의 편의가 제공되어야 우수한 외국 인력을 대거 유인할 수 있을 것이다.

4) 맺는말

한국은 여러 가지 경제지표를 종합해볼 때 선진국 진입을 앞두고 있다. 경제의 활력과 성장을 위해 금융산업의 경쟁력 제고는 피할 수 없는 과제이다. 위기를 극복하는 과정은 어려웠지만 일찍이 1997년에 외환위기를 경험한 것은 오히려 다행스러운 측면이 있다. 이후에도 여러 가지 금융사고가 발생했으나 이를 극복하는 과정에서 축적된 경험을 미래의 금융산업 발전을 위해 활용해야 할 것이다.

외환위기를 겪으면서 우리가 얻은 교훈을 정리하자면 첫째, 정부가 정책을 집행하기 전에 많은 연구와 공청회 등을 거쳐 무리하거나 불합리한 점을 걸러내야 한다는 것이다. 외환위기 이전 정부의 비효율적이고 비체계적인 금융자율화 및 자본자유화 정책, 장기적 안목이 결여된 대중적 개방정책이 외환위기를 초래한 한 요인이었다는 사실은 향후 금융정책 수립에 시사하는 바가 크다.

둘째, 금융당국을 비롯해 전체 금융시스템을 원활히 운용할 수 있는 제도와 조직을 만들어야 한다. 그런 제도와 조직이 만들어지면 그에 합당한 업무와 권한 및 책임 소재가 분명히 정의되어야 한다. 금융감독위원회와 금융감독원이 원래 취지와 다르게 일관성 없이 움직이는 행태, 금융감독 기능, 거시건전성 유지, 물가 관리를 둘러싼 정부·금융감독원·한국은행 간 업무 분장의 불합리성 및 영역 다툼 등은 가장 합리적인 방향으로 해결되어야 한다. 견제와 균형, 업무에 대한 효율성, 각 하부기관의 이해 상충을 조화롭게 조정하는 통합시스템이 마련되어 금융산업이 실물경제를 충실히 지원하고 국가경쟁력을 향상시킬 수 있는 발전적·안정적 구조를 수립해야 한다.

셋째, 가능한 한 시장의 기능을 살리고 정부의 개입을 최소화해야 한다. 금융산업이 규제산업이기는 하나 과도한 정부의 개입은 관치의 폐해를 낳을 뿐 아니라 민간의 위험관리 역량 및 동기를 약화시켜 금융산업 발전에 치명적인 저해요인이 될 수 있다. 정부는 꼭 필요한 건전성 규제는 엄격히 수행하되 영업 지도와 같은 대중적 형태의 시장 개입이나, 너무 안전성만 추구해 금융기관이 실패로부터 배우는 기회를 박탈하는 행태는 확실히 개선해야 한다. 현재 한국의 금융산업은 국내외적으로 중요한 기로에 서 있다. 과도한 시장 개입 및 정책불확실성으로 금융산업의 발전이 지연되고 국제경쟁력이 약화되는 사태를 피해야 한다.

넷째, 은행으로 대표되는 간접금융시장과 주식, 채권 등을 통해 자금을 조달하는 직접금융시장이 조화롭게 발전하는 정책을 추구해야 한다. 현재 한국의 금융산업은 은행의 영향력이 너무 커서 다른 금융산업분야의 발전을 저해할 가능성이 높다. 은행권은 예금과 대출을 기본으로 운영하면서 중위험 중수익 이하의 자산에 대한 투자를 대상으로 해야 한다. 벤처기업, 창업기업을 위한 자금지원은 은행이 이에 내포된 위험을 평가할 능력이 부족하므로 벤처캐피털, 엔젤펀드 등 자본시장을 통해 이루어져야 한다. 자본시장에서는 다양한 시장참여자들이 위험자산에 대해 경쟁적으로 평가 및 관리하므로 은행의 대출계가 자금을 지원하는 것보다 훨씬 더 효과적으로 벤처기업 및 창업기업에 자금을 지원할 수 있다.

다섯째, 시스템 위험의 가능성을 확실하게 차단해야 한다. 금융산업의 겸업화 진전으로 은행의 부실이 다른 금융산업분야로 전이되거나 또는 다른 금융산업분야의 부실이 은행으로 전이될 가능성이 있다. 부가해 금융자본과 산업자본의 분리는 철저히 유지되어야 한다. 신자유주의적인 조류 아래 금융자본과 산업자본의 분리원칙을 제거하고 융합적으로 운용하는 것이 금융산업과 실물산업의 시너지를 발생시킬 수 있다는 식의 주장이 제기되고 있다. 정상적인 경제상황 아래 이는 일견 타당한 면이 있으나, 위기상황에서는 산업자본의 금융기관 사금고화 등의 폐해 및 시스템 위험이 경제 전체로 파급되므로 — 이 경우 경제 전체에 미치는 폐해 및 비용이 정상적인 상황에서의 시너지 효과와는 비교가 안 될 정도로 크다 — 금산분리는 반드시 유지되어야 한다.

여섯째, 금융시장의 공정성 및 투명성을 강화해야 한다. 이를 위해 신속하고 효과적인 공시제도를 운용하고 국제적인 회계기준을 확립해야 한다. 특히 국제적으로는 문제가 없는 기준일지라도 한국의 현실을 반영하지 못하는 경우 이를 반영할 수 있도록 수정하거나 보완할 필요가 있다. 예를 들어 회계 처리 및 공시와 관련해 재벌에 대한 다양한 요구는 다른 국가에는 없는 것이므로 국제회계기준(international financial reporting standards: IFRS)을 도입하더라도 이러한 부분은 계속 유지해 재벌체제의 폐해를 낮추고 투명성을 높여나가야 할 것이다.

일곱째, 금융산업의 국제화를 추구해야 한다. 현재 외국 금융기관들이 한국에 진입하는 형태의 국제화는 상당 부분 이루어지고 있으나 한국의 금융기관들이 외국으로 진출하는 형태의 국제화는 매우 미미하다. 국제화는 하루아침에 되는 것이 아니므로 장기적인 안목으로 충분히 준비한 후에 점진적인 진출을 꾀해야 한다. 국내 시장의 규모가 작고 위탁수수료 위주의 단순한 영업관행에서 탈피하지 못하고 있기 때문에 출혈경쟁이 이루어져 금융투자회사의 수익성이 매우 낮아지고 있다. 해외로 나갈 준비를 철저히 하고 영업모델을 다각화해 미래의 생존과 발전을 도모해야 한다.

여덟째, 가계대출문제를 신중히 처리해야 한다. 이미 가계대출의 규모가 1,000조 원에 육박할 정도이기 때문에 정부는 가계발 금융위기의 가능성을 염두에 두고 정책을 수립해야 한다. 가계대출의 규모가 큰 경우 은행권으로부터의 신규대출 기준이 엄격하면 비은행권으로 대출수요가 쏠리고, 비은행권은 평균적으로 금리가 높기 때문에 대출자의 입지가 더 악화되고 문제 발생의 소지가 더욱 높아진다. 따라서 정부는 이러한 풍선효과가 발생하지 않도록 유의하면서 정책을 수립 및 집행해야 한다.

아홉째, 금융소비자 보호를 강화해야 한다. 기본적으로 금융시장은 각 경제주체 사이의 신뢰를 바탕으로 해야 생존하고 발전해나갈 수 있다. 단기적인 수익성에 집착해 금융소비자 보호를 소홀히 할 경우 장기적인 발전이 위협받을 수 있는 것이다. 그러나 다른 한편으로는 지나친 금융소비자 보호가 정부의 규제를 강화시키고 산업의 역동성을 제약할 수 있다는 사실도 간과해서는 안 된다.

마지막으로, 금융산업은 실물산업을 보조하는 것이라는 의식을 버려야 한다. 한국은 고용 없는 성장, 제조업 부가가치 하락 등의 문제를 안고 있기 때문에 고부가가치 서비스산업을 육성해야만 한다. 이러한 산업의 좋은 예가 금융산업이다. 금융산업은 실물 성장을 지원할 뿐 아니라 높은 수준의 교육을 필요로 하는 지식산업이기 때문에 고부가가치를 창출하면서도 산업과의 시너지 효과가 매우 크다. 선박금융과 같이 한국의 강점을 가진 산업과 연계하면 실물과 금융을 동시에 발전시킬 수 있을 것이다. 따라서 금융산업 자체로 고수익을 올릴 수 있다는 점을 명심하고 세계적인 금융기관들이 나올 수 있도록 법적·제도적 애로점 해소에 힘쓰고 정책적 지원과 격려를 아끼지 말아야 한다.

참고문헌

강종구. 2005.「은행의 금융중개기능 약화 원인과 정책과제」. ≪경제분석≫ 제11권 제3호, 1~33쪽.

곽노선·김홍균·박정수. 2008.「외환위기 이후의 금융정책에 대한 평가: 효율성과 신장 친화성 기준으로」. ≪규제연구≫ 제17권 제1호, 183~219쪽.

구본성·신용상. 2006.3.24.「금융시장의 통합화와 시장구조의 안정성」. 한국금융학회 춘계금융정책심포지엄 발표자료.

김준경. 1999.「금융기관 소유구조 개선방안」. KDI 연구자료, 99-18, 한국은행.

박형근·김준기·최인방·배병호·강득록. 2005.8.「외환위기 이후 금융시스템의 변화와 향후 과제」. 한국은행.

유복근·최경욱. 2010.「국내외 금융시장의 연계성 분석: 외환위기와 글로벌 금융위기 기간을 중심으로」. ≪국제경제연구≫ 제16권 제1호, 161~191쪽. 한국국제경제학회.

유정석·강성원. 2008.「금융의 불안정성과 서브프라임 모기지 위기」. SERI 창립 22주년 기념심포지엄 발표자료.

윤석헌·정지만. 2010.「시스템리스크와 거시건전성 정책체계」. ≪금융연구≫ 제24권 제2호, 29~72쪽. 한국금융학회.

이건호. 2010.『서민금융과 금융시스템: 서민금융 공급시스템의 중장기 정책과제』. 한국금융연구원.

이창용·차백인. 2002.「금융환경 변화와 예금보험공사의 과제: 예보채 차환발행 문제를 중심으로」. ≪금융학회지≫ 제7권 제1호, 95~118쪽.

최공필. 2007.2.13.「위기 후 10년: 우리 경제의 진단과 해법」. 한국경제학회 전체회의 발표자료.
최두열. 2002.「비대칭적 기업금융규제와 외환위기」. 한국경제연구원.
최흥식·정재욱·한상범·하준경. 2009.「금융위기 이후(Post-Crisis)의 새로운 금융감독 방향에 대한 연구: 기능별 감독과 권역별 감독의 조화방안을 중심으로」. 금융위원회.
함준호. 2003.「은행산업의 개혁과 정책과제」. 전성인 엮음.『한국의 금융개혁: 평가와 정책과제』. 학술진흥재단 연구보고서.
_____. 2008.「외환위기 이후 10년: 금융시스템의 변화와 평가」.『한국의 외환위기 10년(상): 전개과정과 추후 과제연구』. 한국경제연구원.
Bagehot, Walter. 1873. *Lombard Street* 1962 Edition. Homewood Il: Richard D. Irwin.
Hahm, Joon-Ho. 2003. "The Government, Chaebol and Financial Institutions in Pre-crisis Korea". Chapter 3 in Haggard. Lim and Kim eds. *Economic Crisis and Corporate Restructuring in Korea*. Cambridge: Cambridge University Press.
Hahm, Joon-Ho and Mishkin, Frederic S. 2000. "The Korean Financial Crisis: an Asymmetric Information Perspective". *Emerging Markets Review*, Vol.1, pp.21~52.
Hicks, J. 1969. *A Theory of Economic History*. Oxford: Clarendon Press.
Levine, R. 2004. "Finance and Growth: Theory and Evidence". NBER Working Paper No.10766.
Lim, Wonhyuk and Hahm, Joon-Ho. 2006. "Turning a Crisis into an Opportunity: The Political Economy of Korea' Financial Sector Reform". Chapter in Mo, J. and Okimoto, D. eds. *From Crisis to Opportunity: Financial Globalization and East Asian Capitalism*. Shorenstein APARC distributed by Brookings Institution Press.
Lucas, R. 1988. "On the Mechanisms of Economic Development". *Journal of Monetary Economics* Vol.22, pp.3~42.
Rajan, Raghuram G. 1994. "Why Bank Credit Policies Fluctuate: A Theory and Some Evidence". *Quarterly Journal of Economics* 109(2): 399~441.
Robinson, J. 1952.「The Generalization of the General Theory」. *The Rate of Interest and Other Essays*. MacMillan, London.
Schumpeter, J. 1912. *The Theory of Economic Development*(translated by R. Opie. 1934. Cambridge, MA: Harvard U. Press). Leipzig: Dunker & Humblot.
Shin, Inseok and Hahm, Joon-Ho. 1998. "The Korean Crisis: Causes and Resolution". *KDI working paper* No.9805, July. Korea Development Institute.

제4장

외환위기 이후 한국 복지제도의 변화
한국 복지국가의 외형적 성장과 실제 사회적 보호의 부조응

정무권 | 연세대학교 글로벌행정학과 교수

1. 외환위기 이후 한국의 복지

한국의 복지제도는 1960년대 이후 50년 동안 산업화와 민주화의 역동적 과정 속에 매우 압축적인 성장을 했다. 특히 사회보험제도는 5개의 주요 사회적 위험영역(건강, 노령, 실업, 산재, 노인장기요양)에서 전 국민이 보호를 받을 수 있는 보편주의적 성격을 띠고 발전했다. 또한 공적부조제도도 공식적으로는 사회권으로서 빈곤층에 대한 보호의 권리를 인정했다. 이런 성과는 한국이 비교적 관점에서 제2차 세계대전 이후 신생국으로 독립하고 산업화와 민주화를 성공시킨 것과 더불어 복지제도에서도 큰 성과를 거둔 것으로 해석할 수 있다.

그러나 이와 같은 외형적 성과와 달리 실제 보호수준은 급격히 변화하는 산업 및 노동시장 구조와 인구구조의 변화에 대응하지 못해 그 한계를 드러내고 있다. 2013년 한국은 노인빈곤율과 자살률이 경제협력개발기구

(OECD) 국가 중 가장 높다. 또한 OECD 국가 중에서 노동시장의 비정규직 규모가 매우 큰 한편, 일을 하면서도 소득이 빈곤선 이하이거나 이른바 차상위계층이라고 할 수 있는 근로빈곤층(the working poor)의 규모가 늘고 있다. 또한 출산율은 최저수준이며, 산업구조의 변화에 따라 새로운 사회적 위험(new social risk)이 증가하고 있다. 다시 말해서, 한국사회는 산업화에 성공해 선진국 클럽인 OECD에 가입했고 형식적으로는 복지국가로서 기본 틀이 되는 다양한 사회복지제도가 갖추어졌지만 빈곤은 감소되고 있지 않으며 여러 영역에서 양극화가 더욱 심화 중인 것이다. 그 이유는 사회보험을 중심으로 보편적 보호체계가 완성되었다는 형식적 성과와는 달리 사회보험 및 빈곤정책에서 사각지대가 광범위하게 존재하고 또한 제도들의 보호수준이 낮기 때문이다.

이런 모순되는 두 결과를 어떻게 설명할 수 있을 것인가? 서구 선진복지국가들의 자본주의와 민주주의 발전의 역사가 약 100년 이상인 데 비하면, 현대국가로서 한국의 발전과정은 약 60년으로 아직 짧은 편이라 제도가 미성숙하다고 볼 수 있을지 모른다. 물론 복지제도가 발전하는 과정에서 특정 제도의 틀이 가져오는 보호효과는 제도 초기의 미성숙한 수준과 성숙된 후의 효과에서 차이가 날 수 있다. 그러나 이런 논리의 문제점은 제도가 성숙해진다고 해서 현재의 모든 문제가 해결될 수 있다고 가정할 수 없다는 것이다. 복지제도는 근본적으로 개별 국가의 제도가 형성되는 과정에서 그 국가의 자본주의 체제가 발전하는 양식과 주요 행위자들의 정치과정이 긴밀하게 연계되면서 발전한다. 그 과정에서 현재의 사회문제들이 심화되거나 또는 새로운 문제들이 발생하고, 복지제도나 현재의 틀로부터 경로의존성을 띠고 유지되거나 변화해나간다. 그래서 현재의 제도적 특성과 그런 특성을 만들어낸 인과관계적 특성이 무엇인가를 좀 더 정확하게 알아내고 어떤 경로로 발전할 것인가를 고민하는 것이 중요하다.

이 글의 목적은 사회복지의 특수 이슈를 특정한 이론적 관점 또는 분석틀로 정밀하게 설명하는 정책분석적 성격보다는 국제통화기금(IMF) 경제위기 이후 한국의 복지제도 변화와 성장 과정을 역사적 관점에서 살펴보고 시대에 따라 제도의 성과와 한계를 평가함으로써 복지국가로서의 발전과정에 대한 문제의식과 미래의 진로에 대한 교훈을 얻는 것이다.

이에 따라 설명의 이론적 틀로는 역사적 신제도주의 시각 아래 정치경제적 관점에서 복지제도의 발전에 관한 다양한 관점들을 도입한다. 복지국가의 복지정책 또는 사회정책의 개념과 범위는 관점에 따라 매우 다양한 수준에서 정의될 수 있다. 서구의 복지국가 발전이론의 틀을 제시한 T. H. 마셜(T. H. Marshall)은 사회정책이란 "경제체제가 스스로 이룰 수 없는 결과들을 달성하기 위하여 경제체제의 작동을 대체하거나 보완 또는 수정하는 정치적 권력"이라고 말한다(Marshall, 1975: 15). 또한 칼 폴라니(Karl Polanyi)는 자기조절적 자유주의 시장경제는 허구이며, 자본주의 체제의 원활한 발전을 위해서는 비시장적 기제, 즉 사회정책의 개입이 역사적 운동으로서 필요하게 됨을 강조하고, 그 결과는 시장권력을 얼마나 민주화하느냐에 따라 다를 것이라고 한다(Polanyi, 1944). 이러한 정치경제적·역사적 관점에서 요스타 에스핑-안데르센(Gøsta Esping-Andersen)은 복지국가가 탈상품화, 계층화 그리고 탈가족화의 수준과 성격을 달리하면서 서로 다른 레짐으로 발전해간다고 주장한다. 그리고 그 발전양식은 개별 국가들의 정치경제적 맥락에서 다양한 역사적 경로를 띠고 국가–시장–가족 관계를 형성하기 때문에 역사적 경로의존성 아래 적응해간다고 본다.

이 글에서는 복지국가 또는 사회정책을 구성하는 모든 정책분야를 다루기에는 한계가 있다. 따라서 복지국가를 구성하는 사회정책의 핵심이라 할 수 있고, 특히 IMF 경제위기 이후 들어서면서 두드러지게 변화를 나타내고 있는 사회보험제도, 공적부조, 사회서비스, 고용과 소득에 관련된 노동시장정책 등 비교적 중범위적·사회적 보호 중심의 복지제도로 그 범위를 한정하고자 한다.

먼저 IMF 경제위기 이후 한국의 복지제도 변화를 이해하기 위해서는 그 이전에 제도가 어떻게 형성되고 어떤 특징 아래 발전해왔는가를 이해해야 한다. 이런 맥락에서 한국 복지체제가 초기에 어떻게 형성되었고, 산업화와 민주화를 거치면서 1997년 외환위기 전까지 어떤 특성 아래 성장해왔는지 설명한 다음 이후의 변화과정에서 그 특성의 연속성과 변화의 정도를 이해하고자 한다.

현재 한국의 복지체제는 그동안 산업화와 민주화, 그리고 경제위기에 대한 대응으로 그 제도적 특징이 사회보험 중심적인 보편주의 제도로 확대되었지만, 그 운영원칙은 산업화 시기에 형성된 발전주의 방식의 제도 유산을 유지하면서 도리어 변화하는 산업구조와 노동시장구조에 대응하지 못하고 외형적인 성장에 비해 사회적 보호의 기능이 매우 취약할 뿐 아니라 현재 복지제도가 노동시장과 계층 간 이중화를 더욱 심화시키고 있다는 것이다.

2. 한국 발전주의 복지체제의 형성과 변화: 규제 중심적 이중화 복지체제의 형성[1)]

1) 발전주의 국가와 발전주의 복지체제의 초기 형성기

한국에서 산업화의 성공과 민주화, 그리고 복지제도의 역사적 발전과정

---

1) 제2절은 정무권(1993, 1996, 2007a, 2009)을 재정리한 것이다.

을 이해하는 데 가장 중요한 개념 중 하나는 발전주의 국가(developmental state)라고 할 수 있다. 한국을 비롯해 일본, 대만, 홍콩, 싱가포르 등 동아시아 국가들은 발전주의 국가로서 성공적인 산업화를 이루었을 뿐 아니라 그 과정에서 발생한 급속한 산업화의 후유증을 해결하는 데도 기여해 독특한 복지체제의 발전에도 중요한 역할을 했다. 기존의 발전국가에 대한 연구들은 주로 산업화와 경제발전을 주도한 국가의 역할에만 초점을 맞춰 왔다. 그러나 한국을 비롯한 동아시아 발전주의 국가들은 원활한 산업화를 추진하기 위해 사회복지정책의 발전에도 중요한 역할을 해왔음을 인식해야 한다. 즉, 한국의 복지제도의 초기 형성과정과 독특한 발전과정도 후발 산업화를 이끈 발전주의 국가의 국가 주도형 산업화 과정의 중요한 한 부분이었다는 것이다. 따라서 이러한 복지체제를 '발전주의 복지체제(developmental welfare regime)'라는 개념으로 설명할 수 있다.

한국에서 발전국가 형성은 1960년대 초 박정희 정권이 군사혁명 이후 국가기구와 경제 및 사회 개혁을 실시하고, 경제발전계획에 따라 수출 지향의 산업화 전략을 추진하면서 본격적으로 시작되었다(정무권, 2007). 한국의 사회복지제도 기본 틀이 만들어지는 시기도 바로 1963년 박정희 군사정권이 민간정부로 이양하기 바로 직전이었다.[2] 1963년에 매우 소극적이고 보수적인 사회보장제도의 기초적 이념과 틀을 담은 「사회보장에 관한 법률」이 제정되었고, 사회보험제도로서 「산재보험법」 및 「의료보험법」

2) 1960년 장면 정권하에서 「공무원연금법」, 군사정권하에서 「생활보호법」(1961), 「아동복지법」(1961), 「원호법」(1961), 「재해구호법」(1961)을 비롯한 각종 사회복지법이 제정되었고, 「군인연금법」(1963) 등 특수직에 대한 연금제도가 실시되었다. 공무원과 군인연금이 국민연금보다 훨씬 일찍 시작된 것은 초기 국가형성과정에서 이들로부터 충성심을 획득하려는 국가주의적 요소가 강하게 작용했다고 볼 수 있다. 한국의 사회복지제도의 초기 형성과정에 대한 연구는 정무권(1996)을 참조.

이 제정되었다. 이때 산업화를 추진하면서 핵심 노동인력을 보호하는 데 우선적으로 필요하다고 판단된 산재보험만 제한되고, 특정 영역의 대규모 기업에서는 강제적으로 사회보험제도가 실시되었다. 반면 의료보험은 자율적 가입으로 운영되는 임의의 보험형식으로 법률안을 만들어 사회보험으로서의 기능은 상실된 채 입법만 되었다. 어쨌든, 이 시기에 만들어진 사회보장에 관한 법률과 사회보험제도의 골격이 이후 한국 사회복지제도의 기반이 되었다고 할 수 있다.

사실 이 당시 군사정권이 사회복지에 관심을 갖게 된 것은 밑으로부터의 경제적 요구라기보다는 위로부터의 정치적 정당성 확보의 목적이 더 컸다. 그 당시에는 서구 복지국가 초기 발전에서와 같이 복지정책에 대해 기본적으로 관심을 가질 수 있는 노동운동과 같은 조직화된 사회적 압력이 존재하지 않았다. 그 대신, 이 시기가 근대적 국가의 형성 초기이기 때문에 군인, 공무원, 교원 등 국가운영에 필요한 특수집단을 우선적으로 보호하게 된다. 따라서 이 시기의 복지정책 형성은 정치적 동기가 더 크다고 해석할 수도 있다(정무권, 1993, 1996).

이들 지배 엘리트는 국가 주도의 산업화를 일련의 5개년 경제개발계획을 통해 추진하면서 경제성장 우선에 초점을 맞추어 국내외 모든 자원을 동원하고 분배하는 발전주의를 국가 이데올로기로 만들어나갔다. 사회보장에 관한 법률에 제시된 사회복지제도의 이념적 기초도 '자조', '근로복지', '최소한의 국가복지'를 강조했다. 이렇게 한국 사회복지체제의 이념과 내용에 발전주의 이데올로기가 배태되기 시작한 것이다(정무권, 1996).

2) 중화학 공업화와 발전주의 복지체제의 형성

현재 한국의 복지체제가 제도로서 정착되기 시작한 것은 유신체제가

1970년대 중화학 공업화를 실시하면서부터이다. 유신체제의 '관료적 권위주의' 정권은 1960년대 경공업 중심의 수출 지향 산업화가 불러온 (경제위기에 따른) 분배갈등의 심화와 안보위기에 대응해 중화학 공업화를 실시했다.[3] 이에 대한 사회정책적 대응으로 1973년 「국민복지연금법」과 1975년 「의료보험법」이 제정되었다(정무권, 1993). 「국민복지연금법」은 한편으로는 복지를 통한 유신체제의 정당성을 내세우기 위한 목적으로, 다른 한편으로는 연금기금을 모아 국내 자본을 동원하기 위한 목적으로 만들어졌다(사실은 산업화에서 자본을 동원하기 위한 도구로서의 우선순위가 더 높았다). 그러나 그 당시 석유위기에 따른 경제 불안정 때문에 불가피하게 실시가 연기되었다. 반면에 의료보험제도는 연금제도 실패에 따른 정치적 정당성을 보완하고 당시 산업화의 핵심 세력인 대기업의 산업노동자를 보호하기 위해 1963년 제정된 「의료보험법」을 전면 개정해 1977년부터 실시되었다.[4] 그리고 그 당시 의료보험제도로 보호할 수 없는 빈곤층에게는 의료비를 경감해주는 공적부조제도의 하나로서 의료보호제도를 실시했다. 비록 이 시기에 사회보험제도의 중추인 연금제도가 실시되지는 못했지만 의료보험제도는 1964년에 실시된 산재보험과 함께 적용대상의 빠른 발전으로 한국사회에서 사회보험 중심 제도로 확립되었고 발전주의 복지체제를 형성하는 제도적 근간이 되었다고 할 수 있다.

---

3) 1960년대 말, 1970년대 초에는 국내외에서 중요한 정치·경제 변동이 있었다. 내적으로는 1960년대에 시작된 수출 지향 산업화가 한계를 맞이하면서 침체기를 겪었다. 이로써 한계기업들의 과도한 부채에 따른 경제위기를 막기 위해 1971년에 부채를 동결화하는 7·3긴급경제조치를 실시했다. 대외적으로는 닉슨 행정부가 중국과 화해 분위기를 조성하면서 주한미군 철수라는 안보위기에 따라 유신체제가 수립되었고 이에 대한 대응으로 중화학 공업화가 실시된 것이다.

4) 이 시기의 의료보험제도는 1963년 의료보험제도의 기본 모형을 그대로 따랐다. 초기에 디자인된 제도가 그 이후의 형식을 규정한 것이다.

반면에 사회서비스에 대한 정책적 관심은 매우 미약했다. 이 당시의 사회서비스는 해방 후 밀려오는 해외 이주난민과 1950년대 6·25전쟁 난민과 고아 등 주로 미국의 원조와 외국의 자선기금이나 기관에 의해 설립된 구호시설과 비영리 민간 사회보호시설이 주를 이루었다. 국가에 의한 사회서비스 시설의 확대는 적극적으로 추진되지 않았다. 이런 비영리 민간 사회보호시설을 중심으로 일부 빈곤층과 취약계층에 혜택이 주어졌다(정무권, 1996).

이 시기에 한국의 사회복지제도는 후발 산업화 국가의 맥락에서 발전주의 국가 주도에 의한 사회보험 중심으로 정착화·제도화되었고, 경제성장을 모든 가치에 우선하고 복지를 경제성장 또는 산업화 과정에서 최소한의 안전장치로 생각하는 발전주의 또는 성장 중심의 복지 이데올로기가 오늘날에 이르기까지 뿌리 깊게 내재화되었다.

3) 민주화와 발전주의 복지체제의 성장

많은 학자들은 한국을 비롯한 동아시아 복지국가들의 복지제도가 급속히 성장한 원인을 민주화에서 찾는다.[5] 초기 산업화 과정에서 복지제도의 발전이 권위주의적 발전국가에 의해 핵심 노동자만을 보호하는 제한된 성장을 해왔다면, 민주화 이후 국민복지에 대한 수요가 증가하고 정치영역에서 이를 수용하면서 적용대상의 급속한 확대를 통해 복지제도가 발전했

---

5) 한국의 복지제도 발전과정에서 산업구조 조정기에 주춤했던 복지정책의 이슈가 다시 분출된 것은 전두환 정권 말기 민주화투쟁의 결과였다. 1986년 전두환 정권은 정치적 위기에 대한 대응으로 첫째, 저임금 노동자를 보호하기 위한 최저임금제의 실시, 둘째, 그동안 지연되어왔던 국민연금제도의 실시, 셋째, 직장인에게만 한정되었던 의료보험을 농어촌지역으로 확대 실시하는 '3대 복지정책 선언'을 발표했다.

다는 것이다. 이러한 주장은 민주화 이후 적용이 확대된 복지제도의 양적 성장은 설명할 수 있으나, 민주화 이후에 어째서 이전의 복지레짐적 성격, 즉 복지정책의 기본 틀이나 성격 – 국가의 재정 개입과 보장성의 최소화와 같은 기본적 제도의 원리 – 은 변화하지 않았는지를 설명하는 데 한계가 있다. 다시 말해서 민주화가 질적 차원의 전환을 가져온 것인지에 대한 문제제기를 하지 않는다. 민주화 이후 복지정책의 발전과정에서 질적 차원의 변화를 확인하려면 이행기와 이후의 민주화를 주도한 지배세력의 특징, 즉 권력관계의 변화를 살펴보아야 한다.

한국의 민주화는 권위주의 체제하에서 제야 및 제도권 내 야권민주세력이 이끌고 경제성장으로 성장한 중산층이 함께 참여하면서 가능했다. 권위주의적 전두환 정권의 6·29선언에 따라 민주주의 체제로의 이행이 시작되었고 이는 권위주의적 발전주의 국가의 해체와 복지제도의 성장이라는 새로운 국면을 맞게 되었다. 그러나 한국의 민주화로의 이행은 민주화 세력인 '3김'의 분열로 권위주의 체제하의 보수주의 세력이 주도하게 되었다. 따라서 형식적 민주화는 실시되었지만 정치적으로 권위주의 해체나 경제적 자유화 과정은 보수주의 지배연합이 주도했다. 따라서 복지체제도 이전의 발전주의 체제하에서 성립된 복지체제의 기본 틀 아래 질적 전환의 계기를 맞기보다 큰 변화 없이 확장기를 맞이한다.

1988년부터 최저임금제도와 국민연금제도가 실시되었다. 의료보험제도는 1988년에 농어촌지역으로 1989년부터는 도시의 자영업자에게까지 확대되어 한국의 사회보험역사상 처음으로 전 국민 보험제도로서 완성되었다. 그러나 실질적인 정책결정과정에서 한국의 사회복지제도는 관료 주도하에 성장해왔다. 일련의 사회복지정책 실시 또는 확대는 민주화가 중요한 계기였지만, 1973년 국민연금제도 실시가 연기된 이후 정부관료제 내에서는 계속해서 국민연금제도 재실시를 준비해왔고 정치적 시기를 기다리고 있었다. 의료보험 또한 그 이전부터 적용대상을 점진적으로 확대해왔고 민주화 이전에 이미 5인 이상의 피고용인 사업체까지 확대되어 있었다. 민주화 이후, 의료보험제도에서 중요한 질적 전환의 씨앗을 찾는다면 그 운영방식이 조합주의 방식에서 통합주의 방식으로 전환해나가는 논쟁이 본격적으로 시작된 것이다.

1995년에 실시된 고용보험제도의 정책내용 또한 발전주의적 특성을 강하게 내포하고 있었다. 고용보험제도는 전통적인 실업보험제도의 소득보장 중심적이고 소극적인 실업정책을 벗어나, 적극적이고 노동시장정책적인 특성을 강조하는 직업안정기능과 직업훈련기능을 강화시켰다. 이러한 고용촉진기능의 강화는 선진국에서도 나타나는 중요한 변화 추세이다. 그러나 소득보장기능을 가진 실업급여수준은 매우 낮았으며, 급여기준 또한 엄격하게 적용되었다.

사회보험제도는 일단 행정적 역량만 갖추어지면 제도가 실시된 후 국가의 재정 개입이 그다지 필요하지 않고 안정된 직장의 영역에 빠른 속도로 적용을 확대해 성장할 수 있었던 반면, 국민의 최저생활보장을 위한 가장 기초적인 공적부조제도는 1960년에 실시된 – 근로 무능력자에게만 혜택을 주는 – 전근대적인 제도로 남아 있었다. 이는 근로능력자에게 무상급여를 제공하는 것이 근로의욕을 저해한다는 발전주의 이데올로기가 여전히 지배적이었으며, 공적부조대상인 빈곤층을 조직화할 수 없을 뿐 아니라 정치적 권력으로서 동원하기 어려웠기 때문이다. 민주화 이후 일부 시민단체가 공적부조개혁을 꾸준히 요구했으나 공식적인 정책 어젠다로 등장하기는 어려웠다. 따라서 국민의 최저생활보장을 위한 가장 기초적인 공적부조제도는 1960년에 실시된 대로 근로 무능력자를 최소한도로 도와주는 제도로 남아 있으면서, 근로능력이 있는 빈곤층에게는 정부의 급부에 의존하기보다는 자활을 통한 소득증대를 강조하는 프로그램이 되었다.

사회서비스분야는 민주화 이후에도 사회보험제도와 같이 발전의 탄력을 받지 못했다. 아동, 노인, 장애인, 여성 등 저소득층 보호시설 개선과 관련 법의 입법 및 개정이 점진적으로 이루어졌으나, 공공사회서비스가 확대되면서 뒤따르는 인력 양성과 전달체계 구축의 어려움, 국가재정의 부담 때문에 정책적 우선순위가 될 수 없었다. 그 대신 정부는 민간부문에서 자발적으로 생성하는 비영리 사회복지시설 보조금을 지원 및 규제하는 방식으로 사회서비스의 공급을 점진적으로 늘려나갔다. 사회서비스 기능은 가족주의의 영향 아래 대부분 가족의 책임으로 여겨졌기 때문에 사회서비스에 대한 수요와 압력이 상대적으로 적었다. 그러나 경제성장과 정책적으로 중요한 교육·의료전달체계 부문은 의료보험의 실시에 따라 비영리조직으로서 정부의 적극적 지원과 규제를 받으면서 급속히 성장했다.

한국의 발전주의 복지체제의 중요한 특징 중 하나는 국가복지는 엄격한 기여 중심과 낮은 소득보장수준을 유지하면서 외형적으로 성장하지만, 상대적으로 실질적 보장수준이 낮기 때문에 기업복지가 큰 비중을 차지하면서 발전했다는 것이다. 기업복지는 1970년대 중화학 공업화를 실시하면서 특히 대기업들이 경쟁적으로 숙련노동을 확보하기 위한 수단으로, 그리고 민주화 이후에는 숙련노동 확보와 함께 대기업 노조 중심의 노동운동 강화로 증가하기 시작했다. 정부도 의도적으로 기업복지를 통해 노사관계의 안정화를 도모하고자 했고 부족한 국가복지를 채우기 위해 기업복지를 장려했다. 따라서 한국의 기업복지는 대기업을 중심으로 하는 발전주의 복지체제의 중요한 특징 중 하나로 볼 수 있다. 이러한 기업복지의 확대는 대기업의 내부 노동시장 노동자와 중소기업의 외부 노동시장 노동자 사이에 임금 및 기업복지의 차이를 고착화시켜 한국 복지체제의 이중화(dualization) 현상에 기여한다.

보수적 지배연합이 주도하는 민주화 과정을 거쳐 완성된 발전주의적 복

표 4.1 **한국 발전주의 복지레짐의 주요 특징**

차원	주요 내용
이념과 기능	① 복지제도뿐만 아니라 기타 사회·정치 제도에 깊이 뿌리박혀 있는 발전주의 이데올로기 ② 기업과 국가 간의 보수주의 지배연합/ 노동의 배제 또는 포섭 ③ 사회복지정책이 산업정책과 거시정책에 종속되어 발전 ④ 강한 복지재정 보수주의/ 국가재정은 복지부문보다 경제부문 투자에 집중 ⑤ 고용 연계 또는 산업성취모델/ 일과 연계되어야 급여를 받을 수 있음/ 초기 산업화에 필요한 핵심 노동자를 보호하기 위한 사회보험 중심으로 발전했기 때문
형식적 구조	① 주요 복지제도는 사회보험 중심으로 발전–국가는 사회보험기금에 가능한 한 최소한으로 기여/ 수익자 부담의 원칙 적용 ② 공적부조의 급여는 매우 제한적/ 근로 무능력자(the deserving poor) 중심/ 근로능력자에게 근로복지, 자활 강조 ③ 사회서비스제도는 최소한 수준으로 발전–국가에 의한 직접적 서비스 제공보다는 민간 또는 비영리 조직을 통한 서비스 제공, 이들에게 최소한으로 재정을 보조하면서 서비스의 급여 범위와 수준을 통제/ 민간 중심의 규제중심적 서비스 전달체계/ 특히 교육 및 의료서비스 부분에 비영리조직을 활용해 국가가 재정 보조 및 규제를 하면서 공공서비스의 주요 영역이 됨/ 교육과 의료는 산업화에 매우 중요 ④ 인적자원 개발에 집중/ 특히 초기 산업화 기간에 교육, 보건, 직업훈련에 집중 ⑤ 기업복지의 발전/ 그러나 자유주의 모델의 기업복지와는 차이가 있음/ 기업 및 노사 간 자율적 협상의 결과라기보다는 국가가 규제 및 중재하고 재정지원/ 국가복지를 억제하는 대신 기업복지를 장려
효과	① 최소한의 소득보장/ 낮은 수준의 탈상품화/ 높은 수준의 계층화/ 복지의 부정적 근로동기영향을 매우 강조 ② 수혜자 집단의 이중구조(dualism in the welfare system)와 양극화/ 대기업의 노동자들은 높은 수준의 국가복지와 기업(민간) 복지를 누리는 반면, 중소기업과 한계부문(자영업·비공식 부문)의 노동자들은 낮은 수준의 국가복지와 기업(민간) 복지를 누림

자료: 정무권(2007)에서 요약.

지체제의 핵심 원리는 정부의 재정부담을 최소화하면서, 근로동기를 약화시키지 않고 기존의 노동자들을 보호하는 것이다. 이러한 발전양식은 국가의 온정주의적·정치적 정당성의 특성과 발전국가가 주도하는 경제성장 우선의 이데올로기를 결합시켜 제도의 기초가 된다. 그리고 합리성을 갖춘 관료제 중심의 초기 실행과정에서 문제점을 최소화하면서 점진적으로 확대해나가려는 전략의 결과라고 할 수 있다. 기본적으로 비스마르크적 사회보험제도를 중심으로 사회복지체제가 발전하는 산업성취형 모델과 매우 유사하다고 할 수 있다. 이와 같은 발전의 궤적에서 한국 발전주의 복지체제의 특징을 정리하면 〈표 4.1〉과 같다.

결과적으로 에스핑-안데르센의 복지레짐에 따르면 한국의 발전주의 복지체제는 노동의 상품화와 계층화 수준이 매우 높다. 그리고 더 나아가서 핵심적인 산업노동자들은 높은 수준의 국가·기업복지를 동시에 누릴 수 있고, 주변 노동자들과 계층들은 낮은 수준의 국가·기업복지라는 사회복지급여에서 이중구조화(dualism)되는 방향으로 발전했다.

이처럼 한국의 사회복지제도는 외형상 사회보험 중심의 보편주의적 방향으로 성장해왔지만, 내부적으로는 이중화된 복지체제의 특성을 갖고 있는바 이를 제대로 이해해야만 IMF 경제위기 이후 복지개혁의 특성이 과거의 제도적 특성으로부터 얼마나 변화했고 유지되고 있는가를 정확하게 판단할 수 있다. 그리고 이러한 제도적 유산 때문에 김대중 정부가 확대지향적인 복지개혁을 실시했음에도 급격한 신자유주의적 구조조정의 결과로 나타난 노동시장의 양극화와 유연화에 대응하기 힘든 한계가 존재했으며, 오히려 한국 사회복지제도의 이중화를 더욱 강화시키는 결과를 가져왔다.

3. 외환위기와 김대중 정부의 생산적 복지

1) 개혁의 배경: IMF 경제위기와 생산적 복지

IMF 경제위기와 함께 시작된 김대중 정부는 구제금융의 조건으로 IMF의 권고안을 받아들이면서 네 가지 영역에서 포괄적인 구조조정을 실시했다. 첫째, 부실금융을 정리하고 금융부문의 자유화를 통해 영미식 금융시스템을 도입했다. 둘째, 재벌의 지배구조를 개선해 본격적으로 주주자본주의 방식으로의 전환을 추진했다. 셋째, 공공부문의 구조조정에서도 신자유주의 방식인 신공공관리(new public management)를 적극적으로 도입했으며 정부의 규모를 줄이고 민영화를 추진하며 행정에서의 성과와 효율성을 강조했다. 넷째, 구조조정을 위해 노사관계와 복지개혁으로 노동시장을 유연화하는 대신, 노사정위원회를 통해 합의주의적 개혁을 실시하고 복지제도를 확충해 구조조정에서 일탈되는 자들을 보호했다(정무권, 2000). 매우 포괄적이고 급진적인 신자유주의 방식의 구조조정은 대량실업으로 이어졌을 뿐 아니라 경기침체, 실업과 연관되어 각종 사회문제를 낳았다.

김대중 정부의 이념적 정체성은 보수적인 김영삼 정부와는 달리 노동 및 진보 진영의 지지를 받았고 '민주주의와 시장경제의 병행'이라는 독일 복지모델의 기반인 질서자유주의 같은 개량주의적 개혁주의 성격을 띠고 있었다. 이에 따라 개혁과정에서도 노사정위원회를 적극적으로 활용해 합의주의적 노동시장 및 노사관계 개혁을 추진했고, 복지분야에서도 '생산적 복지'라는 이름으로 복지제도를 확대했다.

이러한 '생산적 복지' 개혁의 이념 및 성과를 어떻게 해석할 수 있을 것인가? '생산적 복지' 개념은 경제성장과 복지를 긴밀히 연계시킨 초기 스웨덴 복지모델을 중심으로 하는 스칸디나비아 국가들의 복지모델을 지칭하는 것이다. 스칸디나비아 모델은 고용정책과 복지정책을 긴밀하게 연계시키며 시민들의 생산적 참여를 극대화함으로써 성장과 복지를 상호 조화시키는 생산적 복지의 개념이다. 그러나 최근에는 미국식 경제정책과 복지정책의 영역이 기본적으로 분리되면서, 그리고 근로동기와 근로복지가 강조되면서 복지지출의 낭비를 방지하는 의미의 생산적 복지로 이해되기도 한다(Esping-Andersen, 1999: 80). 후자는 발전주의 복지의 개념과 매우 유사하다. 과연 김대중 정부의 '생산적 복지'는 어느 쪽인가?

그 당시의 '생산적 복지' 개념을 둘러싼 담론을 보면 정치가, 관료, 학자, 전문가, 언론 사이에서 다양한 해석이 나왔다(정무권, 2007b). 일부 진보적인 복지 전문가 집단은 사민주의 모델의 생산적 복지를 지향했던 반면, 대다수의 자유주의 경제학자, 관료 및 정치 집단, 매스미디어 등 담론 형성의 주요 집단들이 그린 이미지는 자유주의적인 생산적 복지에 더 가까웠다. 어느 해석이든 '생산적'이라는 개념은 복지가 경제 또는 시장과 연계되거나, 경제 또는 시장을 제약하지 않는다는 점에서 진보와 보수 진영을 막론하고 광범위한 동의를 얻을 수 있었다.[6]

김대중 정부의 생산적 복지 개념은 김영삼 정부의 개념과 비교했을 때 국가의 책임을 더욱 강조했다고 볼 수 있다. 이런 측면에서 김영삼 정부가 '세계화 전략'의 일환으로 추진했던 개념보다는 김대중 정부의 개념이 한 단계 앞선 것으로 보인다. 문제는 이러한 애매모호한 이념이 실제로 어떤 방향과 수준의 정책 프로그램으로 만들어지고 집행되는가이다.

2) 생산적 복지개혁 이후의 변화: 외형적 성장과 실질적 보호의 부조응

김대중 정부의 복지개혁은 두 단계로 나누어 진행되었다. 첫째, 대규모 구조조정이 시작되면서 급격하게 증가한 실업자들을 구제하기 위한 긴급 조치로서 대규모의 공공사업을 벌였다. 정부 지출로 대규모의 공공 일자리를 창출해 기업들의 구조조정으로 쏟아져 나오는 실업자들에게 임시 일

---

6) 사실 생산적 복지라는 용어는 김영삼 정부 때부터 시작된 것이다. 김영삼 정부도 1995년 세계화 전략의 일환으로 "삶의 질의 세계화"를 선언하고 한국 복지제도의 이념을 생산적 복지로 개념화했다. 그러나 그 당시 사회는 여전히 성장과 복지의 이분법상에 놓여 있었고, 구상에 대한 실천을 해보지 못한 채 중도 폐기되었다(정무권, 2000).

자리를 제공하는 것이다. 그리고 이와 연계하여 1995년에 실시된 고용보험제도의 적용범위를 1999년에는 1인 이상 사업장으로까지 확대함으로써 실업자 구제에 우선을 두었다. 둘째, 체계적인 사회안전망 구축이라는 목표 아래 기존의 사회보장제도를 보편주의 방식으로 확대 개혁했다. 연금제도도 이전에는 농어민에게만 적용되던 것이 도시 자영업자에게까지 확대됨으로써 전 국민 연금제도가 되었다. 산재보험도 고용보험의 확대와 함께 기본적으로 1인 이상 사업장까지 확대 적용되었다. 건강보험제도도 1999년과 2001년에 각각 직장가입자와 지역가입자의 조직과 기금이 통합되면서 단일화된 건강보험제도로 전환되었다. 이는 선진복지국가들이 주요 사회보험제도로 가지고 있는 4대 사회보험(건강, 노령, 실업, 산재)이 법률상 적용가능한 대상을 모두 포괄하는 보편적 사회보험체제가 된 것이다. 또한 가장 기본적인 빈곤정책이라고 할 수 있는 공적부조제도에서 노동능력이 없는 이들에게만 낮은 수준의 생계보호를 해주었던 전근대적 '생활보호제도'를 노동능력이 있어도 실업이나 낮은 임금소득 때문에 최저생활을 할 수밖에 없는 빈곤층도 사회적으로 보호하는 '국민기초생활보장제도'로 전환되었다. 이는 국가가 최저생계비를 객관적·정기적으로 계측해 최저생계비 산출을 제도화한 것이다.

김대중 정부는 앞서 살펴본 것과 같이 사회보험제도와 공적부조제도는 적극적으로 개혁했으나, 사회서비스 개혁을 추진하는 데는 상대적으로 미약했다. 스칸디나비아 모델의 생산적 복지인가를 가늠하는 중요한 시금석은 사회복지서비스분야에서 적극적인 공공서비스의 확대이다. 김대중 정부는 공공서비스의 인프라 구축을 적극적으로 추진하기보다는 현실적으로 민간부분과의 복지 혼합을 강조했고, 그 대신 진보적 정권의 상징으로 여성부를 독립부처로 개혁하고 양성평등 및 여성고용 등의 여성정책을 실시했다. 이로써 여성정책이 국가정책의 중요한 영역으로 등장하게 되었다.

이런 개혁의 성과를 기초로 크게 세 가지 문제의식에 대해 설명하고자 한다. 첫째, 김대중 정부가 실시한 대대적인 신자유주의적 구조조정 가운데 형식적으로 복지국가의 틀이 확대되는 과정을 어떻게 설명할 것인가이다. 둘째, 이러한 인과적 설명을 기초로 한국 복지체제의 긴 역사적 발전과정(developmental pathway)에서 김대중 정부의 복지제체 변화의 특징은 무엇인가?[7] 이전의 발전주의 복지체제로부터 획기적인 단절로서 한국 복지체제 발전의 새로운 패러다임을 형성한 것인가? 아니면 과거의 유산으로부터 연속선상에 있는 것인가? 변화했다면 얼마나 변화했고 그 한계는 무엇인가? 제도의 획기적인 전환은 이루어졌는데 다만 제도 성숙의 문제인가? 그렇다면 어떤 수준의 변화이고 어떤 수준의 연속성인가? 앞으로의 변화 전망은 어떻게 예측할 수 있을 것인가? 셋째, 이처럼 사회보장제도의 확대지향적 개혁이 이루어졌음에도 어째서 양극화와 빈곤문제는 여전히 지속적 문제로 남아 있고 문제 해결은 점점 더 어려워지고 있는가이다.

첫째 문제의식에 대한 대답은, 김대중 정부의 복지개혁을 평가할 때 한국적 상황의 특수성을 고려해야 한다는 것이다. 이미 복지제도가 성숙한 서구 선진복지국가들의 맥락에서 나온 세계화, 신자유주의, 복지국가의 상호관계 논리를 한국에 기계적으로 적용해서는 안 된다. 경로의존성과

---

7) 김대중 정부의 '생산적 복지'를 평가한 학자들 간의 다양한 논쟁은 김연명(2002)을 참조. 김대중 정부의 복지개혁을 "획기적인 국가 책임의 강화노선"(김연명, 2002)으로 보거나, 고성장에 따른 고용 증대에 기초하며 "발전주의 복지체제의 붕괴"에 따라 복지제도로 "패러다임적 전환"한 유럽 사민주의적 방향에서 접근한 해석(양재진, 2001)도 있다. 반면 유럽 대륙국가와 같은 보수주의적 성격이 강하다거나(남찬섭, 2002), 지극히 신자유주의적이라거나(조영훈, 2002), 슘페터리안 노동복지국가로의 전환이라거나(신광영, 2002), 발전주의 유산에 갇혀 신자유주의적 요소를 띠고 있다(정무권, 2002)는 등의 평가도 있다.

시간과 연속(time and sequences)이라는 분석 프레임을 적용해야 하는 것이다(Pierson, 2004; Katznelson, 1997; Ragin, 1983). 다시 말해서 신자유주의적 구조조정이라는 역사적 사건이, 어떤 시기에 어떤 계기에 의해서 그리고 그 당시 경제구조와 복지체제의 특성 및 이를 매개하는 정치레짐과 지배연합(ruling coalition)의 특성에 따라, 복지개혁의 방향과 수준을 달라지게 만들 수 있다는 것이다. 이미 복지제도가 성숙한 서구 선진복지국가들 사이에서 일반적인 경향은, 국가마다 신자유주의적 압력의 차이는 있지만 원래 자기 레짐의 특성을 유지하면서 일부 축소된 형태로 신자유주의적 요소를 받아들이는 것이다. 그러나 한국의 경우는 신자유주의적 구조조정에 대응할 수 있는 복지체제의 여력, 즉 사회안전망이 부족하기 때문에 역으로 복지제도가 기존의 수준에 비해 확대되는 방향으로 나아갈 수도 있다는 것이다. 신자유주의적 구조조정을 요구한 IMF도 실업보험의 확대를 비롯해 기초적인 사회안전망의 확대를 요구했다. 제도 변화의 방향은 국내 정치적으로 어떤 지배연합이 개혁을 주도하면서 IMF의 요구에 대응하는가를 따른다. 다시 말해, 개혁과정에서 주요 행위자들의 정책 아이디어와 상호 간의 권력관계가 중요하다. 주도세력의 제도개혁에 대한 새로운 아이디어와 그것을 가능하게 하는 정치적 역량이 있는가의 문제인 것이다. 그런 면에서 기존의 제도적 유산과 김대중 정부의 정치적 성격 및 이를 뒷받침하는 지배연합의 특성을 자세히 분석하는 것이 필요하다.

김대중 정부의 복지개혁의 내용을 보면, 과거 권위주의 발전국가 시대의 복지제도와 비교했을 때 민주화의 진척이 권력자원 동원의 측면에서 커다란 전환점으로 작용했다. 그러나 정책내용을 자세히 분석하면 주요 특징마다 발전주의 복지체제의 유산과 경제 및 노동시장에서의 구조적 제약들이 스며들어 있다.

김대중 정부가 4대 사회보험을 전 국민 사회보험제도로 완성시킨 것은

IMF 경제위기가 없었으면 쉽지 않았을 중요한 성과로 평가할 수 있다. 그러나 이러한 사회보험제도의 확대는 이미 이중화, 양극화가 심화되고 있는 산업구조 및 노동시장구조와 부조응을 이루는 특성이 있다. 전 국민 사회보험제도라는 성과는 있었지만, 김대중 정부의 사회보험제도 확대는 위기관리적인 차원의 성격이 더 강하다. 실업보험을 비롯한 사회보험제도의 적용 확대는 IMF의 구조조정과정에서 실업자 보호 등 일정 수준의 사회안전망 역할을 수행해 위기를 넘기는 데 기여했다.

그러나 다른 한편으로는 실질적으로 한국사회에서 보호받아야 할 취약계층이 여전히 보호받지 못하고 있다는 것이 제도적 문제점으로 드러났다.[8] 전 국민을 사회보험제도로 보호하겠다는 정책 의도와는 달리 실제 사회보험의 사각지대는 매우 컸다. 그리고 이런 광범위한 사각지대는 외

그림 4.1 **비정규직 규모**

(단위: 천 명)

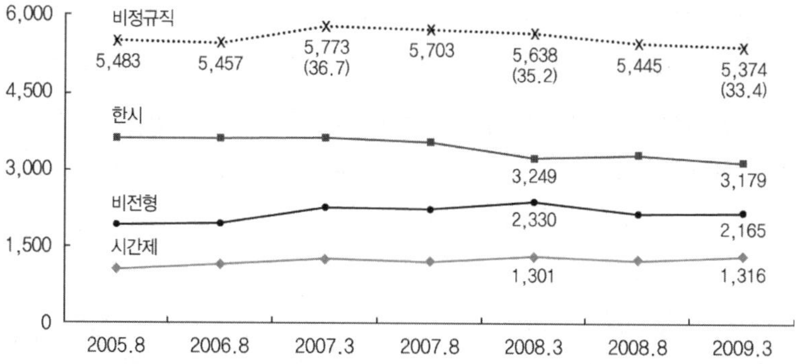

자료: 통계청(「경제활동인구 부가조사」).

---

8) 어느 국가의 사회보험제도에도 사각지대는 일부 존재한다. 그러나 그 규모와 범위에서, 한국의 사회보험제도가 전 국민 사회보험제도의 완성으로서 사회안전망을 갖추었다고 평가하기에는 문제가 있다.

환위기 이후 실시된 급격한 구조조정에 따른 일시적 규모가 아니라 지속적으로 유지되고 있고, 현재까지도 해결되고 있지 않다. 즉, 한국의 노동시장 변화와 사회보험제도가 제도적으로 양립하지 않는다는 것이다. 〈그림 4.1〉이 보여주는 바와 같이 한국 노동시장이 다수의 비정규직으로 구성되어 있고 자영업 등 비공식부문이 크기 때문에 실질적으로 취약계층에게 사회보험을 적용하기가 매우 어렵다.

그렇다면 사회보험제도의 적용 확대를 통한 전 국민 사회보험제도의 완성을 어떻게 해석해야 하는가? 대규모의 비정규직은 한국경제가 재벌 중심의 산업화를 추진한 결과일 뿐 아니라 IMF 경제위기 이전에도 이미 존재하고 있었다. 세계화와 IMF 이후의 구조조정이 지나간 다음 비정규직이 더욱 증가해 35%대로 일정 규모를 차지하고 있다.

따라서 이와 같이 저임금과 고용불안이 높은 대규모 비정규직들을 임금과 연계된 기여금으로, 그리고 재정을 충당하는 사회보험방식으로 보호하는 것은 한계가 있다. 그리고 현 사회보험제도의 특징은 현금 이전을 통한 최저생활보호의 성격이 여전히 취약하다는 것이다. 즉, 사회적 위험을 당했을 때 그 보호수준이 매우 미약해 노동의 탈상품화를 강화하지 못하고 있다. 전 국민이 형식적으로는 사회보험의 보호망에 있지만 연금, 실업급여 등 현금급여의 수준이 매우 낮다. 건강보험에 질병수당이 없고, 의료서비스에 대한 보장수준도 60% 내외이기 때문에 의료비용에 대한 개인의존도가 높은 편이다.

따라서 이들 취약계층은 노동의 상품화와 근로복지의 압력을 받고 있는 것이다. 사회보험의 단순한 적용 확대로 나타나는 문제점은 의도하지 않았던 결과이고, 다만 인프라의 문제이기 때문에 시간이 지나면 해결된다고 생각할 수 있다. 그러나 IMF 외환위기 후 16년이 지났음에도 여전히 사각지대문제는 해결되지 않고 있다.

표 4.2 사회보험의 사각지대 규모: 임금근로자의 사회보험가입률

(단위: %)

	공적연금			건강보험					고용보험		
	미가입	직장 가입	지역 가입	미가입	직장 가입	지역 가입	의료 수급	직장 가입 피부양자	미가입	직장 가입	적용 제외
임금근로자	28.3	65	6.7	2.7	67.1	17.3	1.1	11.9	26.2	58	15.8
사업체 규모											
1~4인	62.7	24.8	12.5	6.2	26.7	38.4	2.4	26.3	60.1	24.7	15.3
5~9인	40.4	49.9	9.8	3.8	52.9	26.1	1.3	15.9	42.3	50.4	7.2
10~29인	25.1	68.3	6.5	2.3	71.1	14.8	1	10.8	21.1	64.6	14.3
30~99인	14.4	80.8	4.9	1.1	83.1	8.7	0.6	6.4	9.8	67.7	22.6
100~299인	6.8	91.8	1.5	0.7	92.6	3.2	0.3	3.3	5.6	79.8	14.7
300인 이상	3.6	95.6	0.8	0.3	96	1.9	0.1	1.7	4	74.6	21.5
고용형태											
비정규직	50.5	38.1	11.5	4.5	42.1	28.9	2.2	22.3	38.3	39.1	22.6
정규직	17.2	78.4	4.4	1.7	79.5	11.5	0.5	6.7	20.2	67.4	12.4

주: 2010년 8월 기준.

자료: 통계청(부가조사), 고용노동부(2010).

표 4.3 비정규직의 기업복지수준: 고용형태별 기업복지적용률

(단위: %)

	퇴직금	상여금	시간외수당	유급휴가
전체	62.2	57.8	43.1	54.1
정규직	76.3	73.5	55.0	67.4
비정규직	34.1	26.5	19.5	27.6
한시적 근로	50.8	39.7	28.8	41.9
기간제	60.4	47.3	34.7	50.2
반복갱신	49.1	62.6	25.6	47.2
기대불가	10.1	6.2	3.3	6.0
시간제 근로	4.2	3.9	2.4	2.8
비전형	24.2	15.1	11.0	16.0
파견근로	71.8	52.4	43.8	59.8
용역근로	69.5	39.9	27.9	42.7
특수고용	4.2	3.5	1.5	3.1
가내근로	5.3	4.8	1.6	3.8
호출근로	0.1	0.4	1.3	0.0

주: 2009년 기준.

자료: 통계청(경제활동인구 부가조사).

〈표 4.2〉와 〈표 4.3〉을 통해 알 수 있는 것처럼 현재 복지제도는 발전주의 복지체제의 기본적 특징이 보여주는 이중화 구조를 벗어나지 못하고 있다. 2010년 임금근로자 가운데 공적연금에서는 28.3%, 건강보험에서는 2.7%, 고용보험에서는 26.2%가 미가입자로 사회보험의 사각지대에 놓여 있다. 게다가 정규직과 비정규직 간의 사회보험 보호격차가 매우 크다. 더 나아가 정규직과 비정규직 간 기업복지수준의 격차도 크다. 퇴직금은 전체 수혜자 중 정규직이 76.3%를 받고 비정규직은 단지 그 절반 규모인 34.1%만이 받는다. 그 외 상여금, 시간외수당도 비정규직의 수혜규모는 대체로 정규직의 절반이다. 또한 급여액을 고려하면 정규직과 비정규직의 차이 또한 크다. 따라서 이중화의 문제는 여전히 해결되지 못하고 지속적으로 한국 복지체제의 중요한 제도적 특징으로 남아 있는 것이다.

김대중 정부의 일원화된 방식 아래 연금제도의 전 국민화는 한편으로는 가입자 간 소득 재분배 기능을 유지하면서 모든 국민을 하나의 보험 틀로 모았다는 점에 의미가 있었다. 그러나 저출산·고령화 문제가 노무현 정부에 와서 심각한 정책의제로 등장하고 사각지대의 해소가 가능하지 않게 됨에 따라 연금제도의 전면적인 개혁의 불가피성은 최근 복지개혁의 가장 뜨거운 감자가 되었다.

김대중 정부의 복지개혁에서 사회보험의 확대와 함께 사회안전망 확충의 핵심을 이루는 부분은 수급권을 사회적 시민권으로 규정한 국민기초생활보장제도의 실시이다. 그러나 법제도적으로는 수급권을 권리로 인정했음에도 실제 집행과정에서는 과거의 제도에서처럼 여전히 엄격한 자산규정과 부양의무규정을 두고 있다. 이러한 결과는 권리로서 인정된 공적부조제도가 자칫 잘못하면 부정수급자를 양산해 근로의욕을 약화시키고 그와 동시에 재정문제를 일으킬 수 있다는 우려 때문으로 해석된다. 따라서 법은 권리로서 개정이 되었지만, 여전히 실질적으로 보호받지 못하는 빈곤계층이 많다는 것이다. 아직도 한국사회에는 복지가 근로의욕을 해친다는 과거 권위주의적 발전국가 시대의 성장과 복지의 이분법적 사고가 지배적임을 알 수 있다.

마지막으로 앞서 언급했듯이, 사회서비스 부문에 대한 무의사결정적인 개혁의제 설정과 실제 프로그램의 실시가 지지부진하다는 것이다. 한국사회에서는 급속한 산업화·도시화의 결과로 핵가족화가 진행되고 있고 노령화도 빠른 속도로 이루어지고 있다. 또한 여성의 사회참여가 증가해 교육, 탁아 등 가사업무의 사회적 수요가 늘고 있다. 이미 한국사회에는 광범위한 사회서비스의 공공화를 요구하는 새로운 사회적 위험이 퍼져 있다. 이에 따라 사회복지서비스에 대한 수요가 급증하고 있다.

그러나 김대중 정부는 사회복지서비스의 발전에 대해 국가역할의 비전을 제시하지 못했다. 그 대신에 눈에 띄는 것은 여성복지와 그와 연관된 보육사업 및 출산휴가제도의 도입이다. 김대중 정부는 21세기 지식기반 경제사회에서 여성의 사회참여 중요성을 강조한다. 그리고 여성의 사회참여를 촉진하기 위해 출산휴가를 늘이고 육아휴직제도를 도입했다. 이 같은 측면에서 김대중 정부는 모성보호정책에 대한 중요한 제도적 씨앗을 뿌렸다.

앞으로 한국의 복지국가 성격을 규정하는 데 중요한 변수는 사회복지서비스를 어떤 방식으로 발전시켜나갈 것인가에 있다고 본다. 국가가 사회복지서비스분야에 얼마나 적극적으로 개입하는가가 복지제도의 성격을 판단하는 중요한 바로미터가 될 것이다.

4. 저출산·고령화와 노무현 정부의 참여복지

1) 복지개혁의 배경: 저출산·고령화와 새로운 사회적 위험의 등장

앞에서 본 바와 같이 IMF 경제위기는 경제적 구조조정을 통해 한국의 경제와 노동시장구조를 더욱 신자유주의적으로 바꾸어놓았다. 김대중 정부는 이러한 구조조정의 문제점들을 완화시키고 한국의 사회복지체제에서 좀 더 보편주의적인 사회안전망을 확보하기 위해 '생산적 복지'라는 이념하에 복지제도를 개혁했다. 그러나 김대중 정부의 복지개혁은 노동시장의 유연화와 양극화에 따라 점점 빈곤과 다양한 사회적 위험이 깊어지고 있는 사회구조적 흐름을 막기에는 역부족이었다. 외환위기 이후 한국경제는 저성장기조를 유지하고 있었고, 기업들은 생산성 향상과 비용 절감을 위해 고용 절약에 의존함에 따라 일자리 창출에 한계가 있었다. 한국경제에도 '고용 없는 성장'이라는 구조적 요인이 자리를 잡은 것이다. 더 나아가 김대중 정부에서 강조되지는 않았지만, 한국사회의 구조 변화에서 가장 심각하게 일어나고 있었던 것은 인구구조의 변화였다.

이러한 맥락에서 노무현 정부는 이전과는 다른 두 가지 새로운 도전에 부딪쳤다. 첫째는 급속히 진행되고 있는 고령화이다. 인구추계에 의하면 한국은 2000년에 65세 이상 노인인구가 7%를 차지하고 2050년에는 37%가 될 것이라는 예측이 나왔다. 그리고 2004년에는 출산율이 1.17%로 측정되어 OECD 국가 중 최하위였다. 또한 이와 같은 인구구조의 변화에 따라 가족구조 또한 급격하게 변화해 전통적인 4인가족의 구조가 줄어들고 노인가구, 1인가구가 급격히 증가하는 등 가구형태의 다양화 추세가 일어나고 있었다. 이러한 인구구조의 변화는 노동시장구조의 변화뿐만 아니라 빈곤가구의 증가를 불러왔다. 이제는 여성이 본격적으로 노동시장에 참여

그림 4.2 **한국의 기대수명과 고령화**

(단위: %, 세)

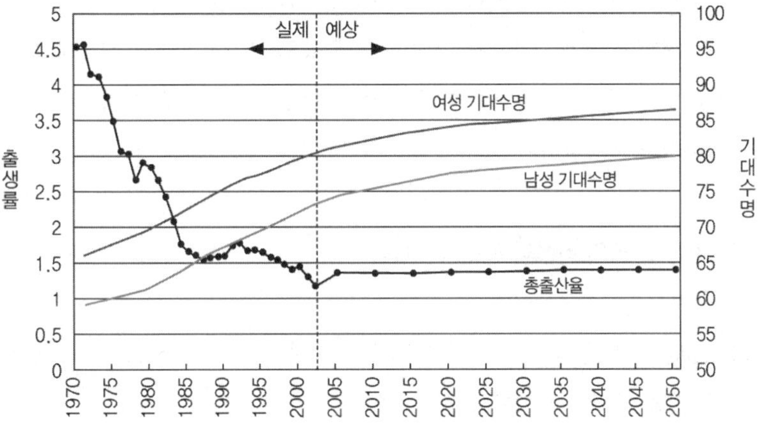

자료: OECD(2004: 32).

해야 할 뿐 아니라 노인도 지속적으로 노동시장에 머물게 해야 할 정책적 필요성이 커진 것이다. 이처럼 저출산·고령화 사회라는 인구구조의 변화가 복지정책의 중요한 어젠다로 부상한 것이다(〈그림 4.2〉 참조).

둘째는 산업구조가 점점 남성 중심의 제조업에서 서비스경제로 변화함에 따라 새로운 사회적 위험이 급증하고 있으며, 사회보험 중심으로 확대된 현재 한국의 복지제도가 이런 사회적 위험에 대응하기 어렵다는 것이다. 더 나아가 산업구조가 지식기반경제로 전환되면 지식과 숙련기술이 급변함에 따라 고용의 안정성이 약화되고 노동시장에서의 이동이 훨씬 많아지기 때문에 지속적인 교육과 숙련도 향상이 요구된다. 이에 따라 평생교육에 대한 수요가 증가한다. 또한 여성이 노동시장에 참여해야 하므로 여성을 위한 보육 및 노인돌봄 사회서비스 수요가 급증한다. 이러한 새로운 복지수요가 사회적으로 충족되지 않으면 노동시장의 변화에 대응할 수 없어 일을 할 수 없는 계층이 급격히 늘어나기 때문에 빈곤 및 다양한 사회문제가 심화된다. 따라서 지금까지의 전통적 산업사회에서 주류 위험이었던 건강, 노령, 실업, 산재를 보호해왔던 사회보험제도만으로는 새로운 사회적 위험을 막을 수 없다. 이런 맥락에서 노무현 정부는 복지개혁에 저출산·고령화 사회, 새로운 사회적 위험, 사회투자라는 새로운 개혁 어젠다를 제시하기 시작한다.

2) 비전 2030의 좌절과 사회복지개혁

2003년 노무현 정부의 출범은 김대중 정부에 이어서 진보세력이 집권함으로써 한국의 복지제도 발전과정에 전환적인 경로를 형성하는 데 기여했다. 노무현 정부의 국정이념은 국민의 국정참여를 강조하는 '참여정부'로 정했고, 이에 따라 복지의 국정이념도 '참여복지'가 되었다. 그러나 집권 초기에 노무현 정부는 복지정책보다는 보안법, 사학개혁, 과거사 진상, 언론개혁 등 4대 개혁입법을 주도하면서 보수진영으로부터 강한 반발에 부딪쳤고 이 개혁들이 지지부진해짐에 따라 이후의 복지개혁에서도 주도권을 잃었다.

노무현 정부는 초기의 비복지분야 개혁을 어느 정도 정리한 후 후반기에 들어 본격적으로 미래의 지식기반 경제체제에 대응할 수 있도록 경제구조를 바꾸고 이에 상응하는 복지제도의 비전으로 '동반 성장'을 통한 '사회 통합'을 선정했다. 그리고 2030년에는 OECD 국가들 중 중위권의 경제력과 복지수준을 유지한다는 목표하에 '비전 2030'이라는 청사진을 내세웠다. 그러나 비전 2030은 집권 후 4년이 지난 2006년에 발표되었으며 정권 말기에는 아예 이에 대한 추진력을 잃어버리고 말았다.

노무현 정부의 복지개혁은 한국의 복지제도 발전과정에 두 가지 변화를 가져왔다. 첫째는 김대중 정부에서 추진된, IMF 경제위기와 구조조정의 위기관리적 성격이 강했던 생산적 복지보다 포괄적인 복지개혁 어젠다를 만들어낸 것이다. 그리고 변화하는 환경에 맞추어 비전 2030이라는 장기 비전의 국가발전정책 청사진을 내놓았다. 그동안 산업화 시대에 한국사회를 지배했던 경제관과 복지관은 선성장 후분배라는 발전주의적·이분법적 이데올로기였다. 그러나 저출산·고령화 시대, 지식기반경제에 대비하려면 성장과 분배의 선순환구조 아래 한국의 경제와 복지체제를 좀 더 선진화된 구조로 바꾸어야 한다는 비전이 제시되었다. 이에 따라 양극화를 심화시키는 대기업 중심의 수직적 경제구조를 지양하고 '동반 성장', '성장과 복지의 조화'를 추구하는 '사회투자국가' 개념을 도입했다.

노무현 정부의 사회투자국가 아이디어는 영국에서 마거릿 대처(Margaret Thatcher) 수상을 시작으로 보수당의 18년 장기집권 이후 들어선 토니 블레어(Tony Blair)의 노동당 정권이 내세운 세계화와 지식기반시대에 대응하는 새로운 복지 패러다임에서 가져온 것이다. 이 새로운 패러다임은 소득 중심의 보호를 강조했던 전통적 케인지언 복지국가로부터 인적자원의 개발과 고용 중심의 복지정책을 강조하는 국가로의 전환을 추구했다. 그리고 다른 한편으로는 스칸디나비아 국가들의 사민주의적 복지국가의 한계에 대한 대안이기도 했다. 노무현 정권에서 이러한 사회투자로서의 복지개념은 기존의 성장 중심 복지관에서 복지가 성장에 기여한다는 복지관으로서 사회적 담론의 전환이자 저출산·고령화 사회와 지식기반사회에 대응할 수 있는 복지전략으로 나왔던 것이다. 이러한 복지전략은 비전 2030의 핵심적 역할을 표방했으나 보수와 진보 양 진영으로부터 비판을 받으면서 폐기되는 불운을 안았다.

이와 같은 장기적인 국가발전전략의 제시와 함께 노무현 정부에서 몇 가지 중요한 복지개혁이 추진되었다. 첫째는 연금제도의 개혁이다. 앞에서 논의된 바와 같이, 김대중 정부가 연금제도의 적용대상을 전 국민화해서 보편주의적 연금제도를 만들었다는 데 큰 의의가 있다. 그러나 기존의 단일보험방식의 연금제도로서 적용 확대에는 크게 두 가지 문제점이 있었다. 하나는 이미 논의했듯이, 노동시장의 구조적 특징 때문에 대규모의 사각지대가 존재한다는 것이다. 다른 하나는 1988년도에 출범한 저부담 고급여 방식의 기여와 급여구조를 그대로 확대했기 때문에 근본적으로 재정안정성의 문제를 안고 있다는 점이다. 이러한 문제점이 노무현 정부에 들어와서 중요한 연금개혁 어젠다로 등장하게 되었고, 정당·정부·시민사회 등 이해당사자들 간의 정치적 논의 끝에 기존의 70%에서 40%로 소득대체율을 낮추고 그 대신에 연금에 가입할 수 없는 빈곤노인세대에게는 일정수준의 생계비를 지원하는 기초노령연금제도를 실시했다. 이러한 연금제도의 개혁은 소득대체율을 너무 낮춘 것으로 기본적으로 연금 가입자의 노후소득보장기능을 약화시켰다. 부조형식의 기초노령연금제도 도입은 일원화 방식 때문에 소득이 없어 연금제도에 가입할 수 없는 빈곤노인층의 생계에 도움을 주었지만 여전히 생계비에 훨씬 못 미치는 수준이었다. 이처럼 불충분한 연금제도 개혁 때문에 노인빈곤율이 지속적으로 상승함에 따라 2012년 대선에서 기초노령연금제도의 도입이 쟁점이 된 것이다.

사회보험제도 개혁의 또 다른 중요한 의미는 2007년에 입법해 2008년부터 실시한 장기노인요양보험제도의 도입이다. 고령화 사회가 되어감에 따라 노인돌봄문제가 점점 심각한 사회적 위험으로 등장하게 되었다. 장기노인요양보험제도 아이디어는 김대중 정부에서 시작되었으나 노무현 정부가 복지개혁의 주요 이슈로 선택해 실시했다. 장기노인요양보험제도의 도입은 한국의 노인복지와 사회서비스제도의 틀을 규정하는 중요한 계기가 된다고 할 수 있다.

앞에서 논의된 바와 같이 김대중 정부가 확대지향적 복지개혁을 시도했음에도 노동시장구조의 이중화 문제는 해결되지 않았으며, 빈곤층의 규모

그림 4.3 **빈곤율과 지니계수**

(단위: %, -)

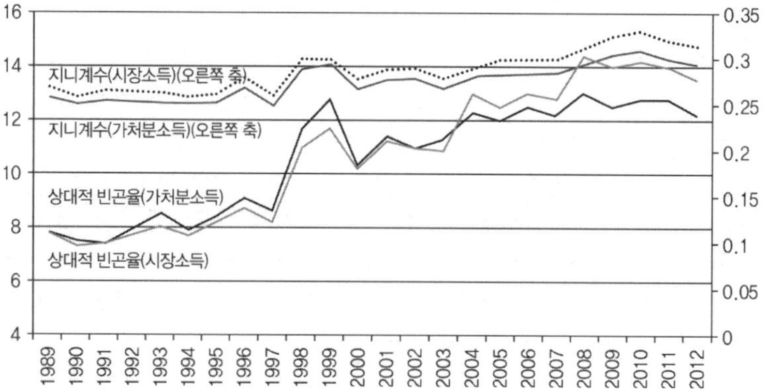

주: 빈곤율은 상대적 빈곤율로서 OECD 기준인 중위소득 50%로 측정한다.
자료: 국가통계포털.

표 4.4 **소득분위별 소득 변화 및 증가율**

(단위: 천 원, %)

	시장소득			가처분소득		
	1990	2012	증가율	1990	2012	증가율
1분위	463	663	43.1	465	743	59.8
2분위	722	1,374	90.2	710	1,336	88.1
3분위	912	1,854	103.4	890	1,763	98.1
4분위	1,152	2,416	109.6	1,117	2,264	102.8
5분위	1,822	3,817	109.4	1,728	3,476	101.1

자료: 국가통계포털.

와 불평등은 점점 심화되었다. 〈그림 4.3〉의 빈곤율과 지니계수의 시계열 변화 추이가 보여주듯이, 상대적빈곤율과 소득불평등도를 나타내는 지니계수는 경제위기 시에 급증하다가 다시 완화되지만, 지속적으로 증가 추세이다. 이는 외환위기 이후 사회복지제도의 확대가 경제구조와 노동시장 구조의 변화를 만들어내는 소득빈곤과 불평등을 완화시키지 못하고 있음을 알려준다. 〈표 4.4〉는 불평등의 수준을 보여주는 소득분위별 격차 역

그림 4.4 **근로빈곤층 규모**

(단위: %)

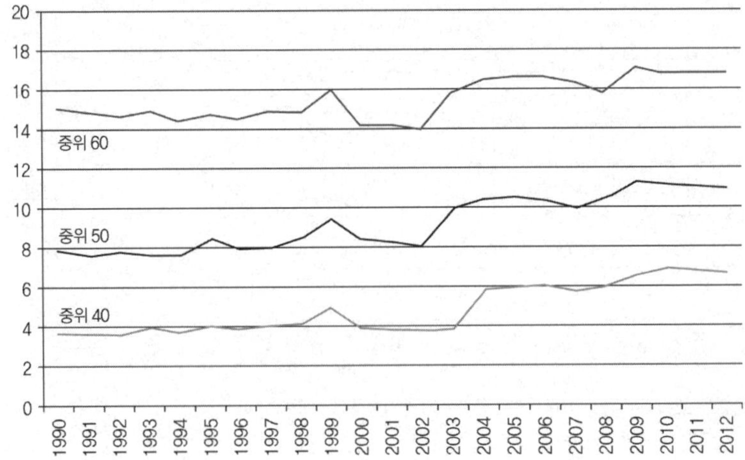

자료: 보건사회연구원(2013).

시 고소득층으로 갈수록 소득이 증가하는 것을 알 수 있다.

특히 세계화 현상과 신자유주의적 구조조정 이후 두드러지게 나타나는 또 하나의 빈곤문제는 일을 하면서도 소득이 낮은 근로빈곤층이 증가하고 있다는 것이다. 〈그림 4.4〉에서 차상위계층을 중위소득 60%, 50%, 40%로 각각 추정했을 때 근로빈곤층의 규모는 17%, 12%, 6% 수준으로 꾸준히 증가하고 있다.

따라서 노무현 정부에서 실시된 복지개혁은 빈곤층의 규모가 증가함에 따라 국민기초생활보장제도의 급여수준을 높이고 적용대상자를 점진적으로 확대하는 것이었다. 2005년에는 최저생계비를 생계·주거·교육·의료급여 등으로 분할하고 1999년 대비 7% 인상해 도시 노동자 평균임금의 20% 수준을 유지하도록 했다. 그리고 실제 수급율을 전체인구의 1.2%에서 3% 수준으로 올렸다. 또한 2008년부터는 차상위계층의 주된 구성층인 근로빈곤계층의 빈곤문제를 해결하기 위해, 그리고 빈곤층의 노동시장 참여를 유도하고자 근로장려세제(earned income tax credit: EITC) 실시를 준비했다.

노무현 정부는 저출산·고령화 시대에 대비해 보육과 여성분야에서 몇 가지 중요한 정책들을 실시했다. 보육서비스를 확대하기 시작했고, 일·가정 양립정책을 확대했다. 여성의 일자리 창출정책과 연관해 사회적 일자리의 개념을 만들어 다양한 일자리 창출정책을 실시하고, 사회적 기업에 대한 역할 증대를 위해 「사회적기업육성법」을 준비했다. 김대중 정부가 사회보험의 확대에 초점을 두었다면, 노무현 정부는 저출산·고령화 사회에 대해 문제를 제기하고 사회투자 개념 아래 사회서비스 및 새로운 사회적 위험에 대한 복지 어젠다를 만들었고 이 분야의 정책 개발을 주도했다는 데 의의가 있을 것이다.

노무현 정부의 복지개혁은 김대중 정부와 비교했을 때 한편으로는 새로운 정책 어젠다에 의해 차별되고 새로운 발전의 경로를 제시했지만, 다른 한편으로는 복지체제의 성격에서 변화보다 연속성이 더 두드러진다고 할 수 있다. 고용 연계된 기여를 통해서만 혜택을 받을 수 있는 사회보험 중심 개혁의 틀 속에 있었고 재정의 보수주의는 여전히 유지되고 있었다. 대기업 중심의 산업구조체제 아래 노동장에서의 유연화 이중구조를 변화시킬 수 없었으며 여전히 사회보험 및 공적부조 제도의 사각지대는 해소되지 못하고 있다. 노무현 정부는 김대중 정부와는 차별적으로 저출산·고령화 사회와 새로운 사회적 위험에 대비하기 위해 출산 장려, 보육 확대 및 여성정책, 노인 일자리 정책 등 다양한 정책과 비전을 제시하고 추진했다는 데 큰 의의가 있다. 그러나 이런 정책들은 주로 사회서비스 중심이기 때문에 그 효과를 보기에는 공적 인프라의 개혁과 구축 같은 새로운 정책 과제를 동시에 추진해야 했었지만, 그 추진력이 상대적으로 약했다. 더 나아가서 노무현 정부는 경제정책에서 신자유주의적 기조를 계속 유지함으로써 정책 간의 정합성과 일관성에 한계가 있었다. 특히 경제구조의 전환과 복지 확대를 통해 성장과 복지의 선순환구조를 지향했던 비전 2030도 실패로 끝났다.

김대중 정부와 노무현 정부의 경제개혁이나 복지개혁에 한계가 있을 수밖에 없었던 근본적 이유는 성장을 우선시하는 기존 발전주의 체제의 기조를 유지하고 있는 보수적 지배연합과의 고리를 끊기가 어려웠기 때문이다. 김대중 정부는 초기에 경제위기와 IMF의 지원으로 비교적 개혁의 자율성을 누릴 수 있었다. 그러나 집권 후반으로 갈수록 다시 점점 보수세력의 영향력이 커졌다. 노무현 정부는 선거에서는 승리했으나 기득권 및 보수 세력으로부터 자율성을 얻을 만큼 정치적 지지기반이 견고하지 못했다. 김대중 정부의 정치적 지지기반이 진보와 보수가 혼합된 불안정 지배연합이었던 것처럼, 노무현 정부도 복지개혁이 중요한 정책 어젠다였으나 광범위한 친복지 지배연합을 형성할 수 없었다(정무권, 2007b).

5. 글로벌 금융위기와 이명박 정부의 능동적 복지

1) 개혁의 배경: 보수주의 정권의 등장과 글로벌 금융위기

IMF 경제위기 이후 한국경제는 지속적으로 저성장기조를 유지했으며, 김대중·노무현 정부 두 진보정권이 복지 확대를 위해 노력했음에도 빈곤·고용·양극화 문제는 좀처럼 해소되지 못했다. 두 번의 진보정권 지지층과 지배연합은 분열되고 다음 정권은 보수정권으로 넘어갔다.

이명박 정부는 친기업, 작은 정부, 감세 등 보수주의 이념을 중심으로 성장주의와 신자유주의를 강조했다. 경제정책으로는 747정책목표(7% 성장, 10년 후 4만 달러 소득, 7대 강국)를 제시했고 복지정책에서는 "능동적 복지"를 5대 국정지표의 하나로 제시했다. 그리고 복지담론으로 '친서민' 정책을 강조함으로써 온정주의적·대중주의적 감성을 동원해 저소득계층으로부터 정치적 지지를 동원했다.

이명박 정부도 김대중 정부의 IMF 경제위기와 같이 집권 후 2008년에 글로벌 금융위기를 맞이하게 되면서 즉각적인 경기대응조치로 대규모의 케인지언적 재정금융정책을 실시했다(김원섭·남윤철, 2011). 이에 따라 2009년 상반기에 한시적인 긴급 복지지원정책으로 복지지출이 급증했으며, 그 정책의 주요 내용은 재정지원에 의한 임시적·사회적 일자리를 창출하는 것이었다(신동면, 2009). 저출산·고령화 사회는 구조적 문제이기 때문에 이명박 정부에서도 중요한 정책의제가 되어 보육지원의 확대는 지속되었다.

그러나 2009년 경기대응을 위한 추경예산 이후 관리수지적자가 대규모로 발생해 2010년부터는 국가재정 운용의 목표를 '지출 억제를 통한 재정건전성 실현'으로 삼았다. 그럼에도 이명박 정부는 법인세와 소득세를 대규모 감세해 사실상 재정적자의 규모를 키웠다. 이는 현 박근혜 정부의 기초노령연금제도 논쟁에서 볼 수 있듯이 국가재정의 제약을 가져와 복지확대의 제일 큰 걸림돌이 되고 있다.

이명박 정부가 친시장적·보수주의적 이념을 내세웠음에도 이전 복지제도의 확대기조를 근본적으로 바꿀 수는 없었다. 앞서 살펴본 경제 및 인구구조(구조적 요인)의 변화에 따른 빈곤의 심화와 증가하는 복지수요에 어떤 식으로든 대응을 해야 했기 때문이다. 따라서 정부의 전반적인 복지지출은 연금제도의 수혜대상자 확대, 고령화 사회가 되어감에 따라 증가하는 장기노인요양보험제도와 건강보험제도의 지출, 빈곤의 심화에 따라 증가하는 다양한 형식의 공적부조제도 지출 등 기존 복지제도의 경로의존성에 의해 꾸준히 증가하고 있다. 노무현 정부와 이명박 정부의 복지재정을 비교해보면 노무현 정부의 마지막 해인 2007년에는 25.8%, 금융위기 대응조치효과가 거의 사라진 2011년에는 28.0%로 제도적 차원에서 획기적으로 추가되거나 변한 것은 없었지만 복지지출의 증가추세는 계속되었다(김원섭·남윤철, 2011; 서병수, 2011).

한국의 복지제도 발전과정에서 이명박 정부의 복지제도 개혁이 시사하는 바는 이명박 정부가 이전 정권과는 달리 복지공급구조를 적극적으로 시장화하고 전달체계의 효율성을 강화하는 전략을 선택했다는 것이다. 이러한 복지급여의 효율화와 시장화 전략이 지속된다면 경우에 따라서는 복지제도의 발전경로에 중요한 전환점이 될 수도 있다.

2) 복지제도의 개혁과 변화: 맞춤형 선별적 공적부조제도의 강화와 복지체제의 시장화

이명박 정부에서는 IMF 경제위기 이후 노동시장 및 소득의 양극화, 실업과 고용창출, 노인빈곤의 심화 등 사회적 문제들이 해결되고 있지 않음에도 주요 사회복지정책의 영역에서 확대지향적인 새로운 개혁의 주도는 없었다. 이명박 정부의 사회복지정책 기조는 대다수 이전 정부가 주도한 정책들을 지속하는 가운데 효율화와 시장화라는 두 가지 방향으로 진행되었다.

그중 첫째는 IMF 경제위기 이후 지속적인 양극화와 빈곤의 심화에 따라 '맞춤형 복지'라는 이념으로 복지의 낭비를 줄이고 효과성을 증대하기 위해 빈곤층을 위한 공적부조제도의 급여를 늘리고 다양한 선별적 공적부조제도를 실시했다는 것이다(김원섭·남윤철, 2011; 서병수, 2011). 국민기초생활보장제도는 대상자와 급여 확대를 위해 소득 및 자산 기준을 완화했다. 그리고 노무현 정부 때부터 준비해온 근로장려세제를 2009년에 도입했고

2012년부터는 기준을 완화해서 제한적이지만 급여 확대를 실시했다. 기초노령연금제도도 대상자를 70세 이상에서 65세 이상으로 확대했다. 급여액도 2008년 월 8만 4,000원에서 2010년 월 9만 1,000원으로 증가했다. 장애인활동보조지원제도를 개편해 대상자와 서비스 내용을 확대했다. 저소득층의 건강보험료를 2009년 7월부터 1년간 일시적으로 50% 경감했다.

복지의 효율성을 높이기 위해 기존의 공적부조제도에서 다양한 빈곤층 중심의 맞춤형 복지를 실시했는데, 그 예로 공적부조제도의 자활제도인 '희망근로사업'이라든가, 또는 취약계층의 노인들을 위한 맞춤형 주택공급 정책으로서 공공임대주택사업 등을 실시했다. 부정수급을 줄이고 복지를 효율화하고자 사회복지전달체계 개선을 위한 종합대책으로 사회복지통합관리망(사통망)을 정비하고 사례관리체제를 확대했다. 이러한 복지행정의 효율화 정책은 부정수급과 전달체계의 행정상 낭비를 줄일 수 있지만, 여전히 재산 및 부양가족 영역에서 급여기준이 엄격하기 때문에 역으로 실제 도움을 필요로 하는 취약계층이 형식적인 규정에 의해 배제될 가능성 또한 높아졌다.

건강보험제도는 장기적인 보장성 강화계획으로 2009년에 암환자 본인경감(10% → 5%), 희귀난치성질환자 본인 경감(20% → 10%) 등 본인부담상한액을 인하했다. 저출산·고령화 정책들도 이전의 기조를 유지했다. 보육정책에서는 2011년에 소득하위 70% 계층까지 0~4세 아동보육비 전액 지원을 실시했다. 보육시설을 이용하지 않는 가구에게는 아동양육수당을 차상위계층 중심으로 지원했다. 그리고 여성의 일과 가정의 양립을 위해 육아휴직급여 지원을 2011년부터 확대했다.

둘째로 이명박 정부의 복지개혁 변화에서 의미 있는 것은 복지제도 전반의 공급체계와 급여체계를 시장화하는 전략이라고 할 수 있다(주은선, 2008). 즉, '시장친화적 복지 확대'라는 명제로 사회서비스분야에서 주로 민간의 공급에 의존하면서 바우처제도를 통해 민간 공급자를 확대하고 이들을 경쟁시킴으로써 효율화와 서비스의 질을 확보한다는 전략이다.

사회서비스 공급의 시장화는 이명박 정부에서 처음으로 시도된 것이 아니다. 이전부터 유지되었던 기본 기조라고 할 수 있다. 김대중 정부의 생산적 복지에서는 사회서비스분야에서 민간복지를 활용하는 복지 혼합을 강조했다. 김대중 정부에서 추진되어 노무현 정부에서 실시된 장기노인요양보험제도는 노인요양서비스를 보험화 형식으로 실시하면서 노인돌봄분야에 민간 공급자를 급격히 확대시켰다. 보육정책에서는 이전에 추진되었던 바우처제도를 더욱 적극적으로 확대함으로써 서비스 공급체계에서 공공보다는 민간의 공급을 강조했다. 즉, 보육비만을 지원한 결과 공공보육시설이 증대되기보다는 민간보육부문이 진입함으로써 민간부분의 서비스 인프라가 증대되었다.

사실 이러한 기조는 역사적으로 한국의 복지체제가 사회보험 중심의 발전주의 복지체제로 발전해오면서 사회서비스 부문의 인프라를 발전시키지 못하고 매우 취약한 집단들에 대한 선별적 보호를 중심으로 민간서비스시설에 보조금을 주고 규제를 해온 전략의 제도적 유산이다. 양질의 공공인프라가 부족한 상황에서 돌봄서비스를 요구하는 새로운 사회적 위험이 급증함에 따라 정부는 민간부분을 통한 공급자 확대전략을 선택했던 것이다.

또 하나 복지제도 시장화의 중요한 전략은 한국 사회복지제도의 근간인 사회보험영역에서도 시도되기 시작했다. 집권 초기에 건강보험제도의 당연지정제 폐지, 건강보험공단의 분할 등 의료민영화 추진이 그것이다. 하지만 시민사회의 강력한 반대와 사회적 논란 속에 건강보험의 민영화 정책은 잠시 수면 밑으로 가라앉았다.

시장화의 다른 전략은 국민연금기금 운용제도의 운영방식으로 탈규제와 시장화를 시도하려는 데서도 드러났다(주은선, 2008, 2011). 이명박 정부는 국민연금기금 운용체계의 변화, 즉 연기금 운용의 지배구조와 기금운영방식의 변화를 통해 연기금 투자의 자유와 효율성 확보를 추구했다. 국민연금 적립금은 2010년 300조 원을 넘어섰고 2015년에는 500조 원에 이르게 된다. 현 연금제도를 그대로 유지한다면 2040년대에는 2,400조 원에 달할 것으로 예상된다. 그러나 급속도로 축적된 연기금은 2040년 이후에 고령화 영향으로 급속히 줄어들어 2060년대에는 재정 고갈이 예측된다. 이러한 맥락에서 연금제도의 기금운용방식 개혁은 사회보험의 사각지대 해결 및 급여 확대와 더불어 중요한 개혁 어젠다로 등장하게 될 것이다. 2008년 금융위기 직후 금융적 전문성 강화를 핵심으로 하는 국민연금기금의 지배구조 개편논의가 잠시 중단되었지만, 이명박 정부로부터 시작된 연금기금 운용의 시장화 전략은 한국 복지제도의 전반적인 시장화 흐름에도 적지 않은 영향을 미칠 가능성이 높다.

이와 같이 일하는 복지, 맞춤형 복지, 바우처제도를 통한 선택과 경쟁의 강조, 사회서비스 공급체계의 민간공급화, 건강보험제도의 민영화 시도, 연금의 축소와 기금 운용의 시장화 전략은 김대중·노무현 정부에서 제한적이나마 국가 개입이 확대되는 복지개혁의 방향을 시장기제 중심적, 선택적 맞춤형으로 돌림으로써 좀 더 자유주의적 방향으로의 경로 전환을 의미할 수 있다. 그럼에도 이명박 정부의 시장친화적 복지개혁 시도들이 시민사회나 야당, 그리고 일반 국민의 저항에 부딪치면서 제도의 기본 구조는 유지되고 있는 편이다. 어쨌든 역사적으로 형성된 복지재정 보수주의와 사회보험 중심의 발전주의 복지체제는 점점 산업구조와 인구구조의 변화에 따라 그 대응력을 잃어가고 있다. 앞으로 한국 복지제도의 방향은 이어지는 지배연합구조가 어떤 성격이냐에 따라 점진적인 변화의 길을 걸을 것이다.

이명박 정부 말인 2012년에는 대선을 대비하면서 박근혜 주도의 「사회보장법기본법」이 개정되었다. 「사회보장기본법」은 시대의 흐름에 맞게 사회투자와 사회서비스의 역할을 어느 정도 강조했다. 그리고 국가의 복지조정기제로서의 역할도 강조했다. 그 대신 야당과 진보적 시민사회에서 제기해왔던 '보편적 복지'에 차별적으로 대응해 '생애주기'와 '맞춤형 복지'의 개념이 강조되었다. 「사회보장기본법」은 모호한 규정이 많아 해석에 따라 적극적 복지, 소극적 복지 양쪽으로의 열린 가능성을 남겨둔다. 한국 복지체제의 진로는 계속 이어지는 정권의 개혁방향에 따라 변화의 씨앗들이 장기적인 관점에서 제도의 전환을 맞을 가능성이 높다. 다시 말해서, 복지를 지지하는 계층이 중산층을 중심으로 광범위하게 연대해서 안정된 정치적 지지세력이 되지 않는 한 국가를 중심으로 하는 좀 더 양질의 두터운 보편주의적 복지 발전은 어려울 것으로 보인다. 특히 마지막으로 지배연합이 시사하는 복지 확대의 주요 요소는 복지재정의 확대이다.

〈표 4.5〉에서 한국의 복지지출은 다른 OECD 국가들과 비교했을 때 경제규모에 비해 낮은 수준이다. 보편주의적 사회보험체제를 갖추고 여러 개혁이 이루어졌지만 여전히 국내총생산(GDP) 10% 미만이다. 이런 수치를 보고도 한국을 효율적인 복지국가라고 부르기는 어려울 것이다. 그리고 〈표 4.6〉이 보여주는 바와 같이 복지를 뒷받침하기 위한 한국의 국민부담률은 다른 국가와 비해 낮은 편이다. 산업화 시대의 초기 발전주의 복지체제와 비교하면 현재 사회복지체제는 비약적으로 성장했고 좀 더 보편주의화되었다. 그러나 내적 특성에서는 사회보험제도를 근간으로 국가의 재정 개입을 최소화하면서 최소한의 보장을 추구하는 발전주의적 복지체제로부터 크게 이탈하지 못하고 있다. 급증하는 복지수요에 맞추어 보장성을 강화하고 복지 패러다임을 변화시키기 위해서는 복지재정을 확충해야 한다. 그러나 최근의 대선과정과 박근혜 정부에서 드러난 것처럼 증세

표 4.5 OECD 주요 국가별 복지지출 변화

(단위: % of GDP)

		1992	1994	1996	1998	2000	2002	2004	2005	2006	2007	2008	2009	2010	2011	2012
감소	스웨덴	34.7	34.4	31.6	30.2	28.4	29.3	29.5	29.1	28.4	27.3	27.5	29.8	28.3	27.6	28.2
	핀란드	33.2	32.6	30.3	26.3	24.2	24.9	26.1	26.2	25.8	24.7	25.3	29.4	29.4	28.6	29.0
	네덜란드	26.0	24.7	22.6	21.4	19.8	20.5	21.2	20.7	21.7	21.1	20.9	23.2	23.5	23.7	24.3
	노르웨이	24.2	23.9	22.6	23.7	21.3	23.7	23.2	21.6	20.3	20.5	19.8	23.3	23.0	22.6	22.1
유지	독일	25.5	26.3	27.2	26.5	26.6	27.3	27.2	27.3	26.1	25.1	25.2	27.8	27.1	26.2	26.3
	스페인	21.8	22.0	21.3	26.6	20.2	20.1	20.8	21.1	21.1	21.3	22.9	26.0	26.5	26.0	26.3
	영국	19.9	20.1	19.6	18.9	18.6	19.3	20.4	20.5	20.3	20.4	21.8	24.1	23.7	23.9	23.9
	미국	15.2	15.4	15.3	14.9	14.5	15.9	16.1	16.0	16.1	16.3	17.0	19.2	19.9	19.7	19.4
증가	프랑스	26.6	28.0	29.7	29.7	28.6	29.4	30.1	30.1	29.8	29.7	29.8	32.1	32.2	32.1	32.1
	이탈리아	20.8	20.7	21.9	22.8	23.1	23.9	24.6	24.9	25.0	24.7	25.8	27.8	27.8	27.6	28.1
	그리스	16.2	17.1	18.0	18.5	19.3	20.3	20.1	21.1	21.3	21.6	22.2	23.9	23.3	23.5	23.1
	포르투갈	14.1	15.7	17.0	17.2	18.9	20.6	22.2	23.0	23.0	22.7	23.1	25.6	25.6	25.2	25.0
	일본	11.9	13.2	14.3	15.2	16.3	17.5	18.0	18.5	18.4	18.7	19.9	22.4	-	-	-
	한국	2.9	3.0	3.4	5.1	4.8	5.1	6.1	6.5	7.4	7.6	8.3	9.4	9.2	9.2	9.3
	OECD	19.4	19.7	19.5	19.3	18.9	19.7	19.8	19.7	19.5	19.2	19.9	22.1	22.0	21.7	21.7

자료: OECD(social expenditure, database).

표 4.6 복지재정의 국민부담률 국제 비교 (2009)

(단위: %)

	국민부담률	조세부담률	사회보장기여금 부담률
영미형	29.3	25.3	4.0
사민주의형	44.6	36.0	8.6
서구유럽형	40.6	26.0	14.6
남부유럽형	34.3	23.0	11.3
한국	25.1	19.3	5.8

자료: OECD(Revenue Statistics).

를 통한 복지재정의 확충은 어렵다. 한국사회에는 복지와 조세의 증가가 경제성장을 제약한다는 발전주의적 담론이 여전히 지배적이다.

6. 박근혜 정부의 복지개혁에 대한 함의와 한국 복지국가의 미래

복지 확대와 경제민주화로 뜨겁게 달구어졌던 2012년 대통령 선거가 끝나고 새누리당 박근혜 후보가 당선됨으로써 복지개혁의 주도권은 또다시 보수진영으로 넘어갔다. 2010년 지방선거 당시 무상급식 이슈가 보편주의 복지개혁운동의 불씨가 된 이후 보편주의 복지가 정치권의 복지개혁 화두가 된 것은 한국정치 발전사에서 중요한 의미가 있다. 민주화 이후 선거 때마다 복지가 정치적 레토릭으로 제시되었으나 이번처럼 선거공약의 제1전선에서 정책 어젠다로 경쟁했던 것은 처음이라고 할 수 있다. 그러나 보편주의 복지라는 담론이 정치사회와 대중에게 설득력 있게 그 정확한 의미가 수용되고 정책 및 제도의 설계방향이 미래지향적으로 적절하게 다루어졌는가는 다시 세밀하게 분석해봐야 할 주제이다.

진보진영의 보편적 복지에 대한 대응으로서 박근혜 후보의 복지공약은 복지 경쟁에서 시장주의적이었던 이명박 정부와 달리 보수적이면서도 국가주의적·온정주의적 관점하에 복지 확대를 강조했다. 이에 따라 과감하게 기초노령연금을 보편주의화하는 공약을 제시했다. 그리고 새로운 사회적 위험의 대응으로 생애주기별 맞춤형 복지 개념을 강조했다. 그러나 집권 이후의 정책을 보면 보편주의적 공약으로부터 축소되는 과정을 밟고 있다.

이제는 사회적 위험의 대응방식이 달라졌다. 과거 제조업 중심의 산업사회에서 계급 및 집단별로 광범위하게 공유되었던 것이, 산업구조의 다양화, 가족구조 및 노동시장에서 일자리의 다변화 등으로 삶의 양식과 사회적 위험이 집단화에서 점점 개인화(individualization)되어가고 있고, 그에 대한 대처방안도 개인화의 방향으로 흐르고 있다. 이런 맥락에서 생애주기별 맞춤형이라는 큰 흐름을 따라가고 있지만, 앞서 언급한 '생산적 복지'

또는 '사회투자', '생애주기'의 개념은 어떤 이념적 성향과 복지국가 발전의 궤적을 따르느냐에 따라 그 결과가 매우 다를 수 있다. 같은 생산적 복지와 사회투자의 용어도 좀 더 평등주의적·보편주의적이면서 경제성장과 복지가 선순환적인 생산적 복지와 사회투자의 길이 있고, 잔여주의적이면서 선택주의적인 생산적 복지와 사회투자의 길이 있다. 따라서 어떤 길의 생산적 복지 또는 사회투자인가에 대한 사회적 합의가 필요하며 이를 밀어주는 정치적 지배연합이 형성되어야 한다.

박근혜 정부는 한편으로는 복지 확대와 보편적 복지를 강조하면서도 이를 가능하게 하기 위한 증세에는 반대하고 있다. 현재 논쟁 중인 기초노령연금의 후퇴를 비롯해 다양한 영역에서 복지개혁 후퇴가 예견되고 있다. 이러한 결과가 의도적인 선거전략이었는지 보수주의 이념에 갇힌 온정주의 국가전략의 딜레마인지는 알 수 없다.

그러나 분명한 것은 현재의 빈곤 심화와 다양한 사회적 위험을 해결하기 위해 좀 더 포괄적인 복지개혁이 이루어져야 하고 복지개혁을 뒷받침하기 위해 어떤 방식이나 수준으로든 복지재정을 확보해야 한다는 것이다. 그러나 이명박 정부의 감세정책과 글로벌 금융위기에 대응하기 위한 재정지출은 국가재정여력을 약화시켰다. 게다가 IMF 경제위기 이후 실시된 구조조정으로 양극화와 빈곤이 심화되었고, 가계부채는 더욱 증가했다. 이는 한국경제에 저성장기조를 불러왔고 증세를 위한 정치적 동원을 어렵게 만들었다.

지속가능성을 잃어가고 있는 한국의 경제구조가 글로벌 경제화와 지식기반 경제화, 인구구조 변화에 대응하기 위해서는 일자리 창출과 성장가능한 한국경제의 재구조화가 절실하고 이와 상호보완성을 갖는 복지체제의 구축이 필요하다. 복지국가 건설과정에는 다양한 세력 간의 지난하고 끊임없는 타협 및 조정이 요구된다. 위기 시에는 진보와 보수 양 진영이 강경노선을 고집하기보다 위기를 극복하기 위해 타협하고 연대해야 한다. 각각 특징을 가진 선진국가들의 복지제도는 오랜 세월의 환경변화에 대응하며 내부적으로는 정치적 투쟁과 합의를 거쳐 만들어진 것이다.

이 글은 한국 사회복지제도의 현실에서 부조응의 문제를 정치경제적 관점하에 설명한 것이다. 폴라니가 제시했던 것처럼 시장과 생산시스템, 그리고 비시장 조정기제인 복지체제는 정치적으로 매개된 역사적 산물로서의 제도이고 서로 유기적으로 연계되면서 자본주의 체제를 조정하는 사회적 시스템이다. 따라서 복지체제 개혁에는 다양한 제도적 개선 아이디어와 그 실행을 뒷받침할 정치적 지배연합의 형성, 국가의 조정능력 회복, 산업정책·조세정책 등이 서로 긴밀하게 연계되어야 한다.

참고문헌

김연명. 2002. 『한국복지국가의 성격논쟁 I』. 서울: 인간과 복지.

김유선. 2000. 「비정규직 규모와 실태: 통계청, '경제활동인구조사 부가조사'(2000.8) 결과」. 한국노동사회연구소.

한국보건사회연구원. 2013. 「보건복지현안분석과 정책과제 2013」. 한국보건사회연구원.

서병수. 2011. 「한국의 사회복지정책과 복지체제의 성격의 변화」. ≪사회법연구≫ 16: 63~92.

신동면. 2009. 「경제위기 이후 이명박 정부 사회복지정책의 평가와 대안」. ≪한국정책학회보≫ 18(4): 269~294.

안병영. 2000. 「국민기초생활보장법의 제정과정에 관한 연구」. ≪행정논총≫ 38: 1~50.

안주엽 외. 2001. 『비정규근로의 실태와 정책과제 (I)』. 한국노동연구원.

양재진. 2001. 「구조조정과 사회복지: 발전국가 사회복지 파라다임의 붕괴와 김대중 정부의 과제」. ≪한국정치학회보≫ 35: 211~231.

장지연. 2001. 「비정규직 노동 실태와 쟁점: 성별 차이를 중점으로」. ≪경제와 사회≫ 51호.

전창환. 2004. 「김대중 정부 이후의 한국경제: 신자유주의 구조조정과 V자형회복에서 거시적 성장체제의 내재적 불안정성으로」. 『위기 이후 한국자본주의』. 서울: 풀빛.
정무권. 1993. 「국가자율성, 국가능력, 사회보장정책: 유신체제의 연금제도와 의료보험을 중심으로」. ≪한국행정학보≫ 제27집 제2호, 493~516쪽.
_____. 1996. 「한국사회복지제도의 초기형성에 관한 연구」. ≪한국사회정책≫ 제3집.
_____. 2000. 「'국민의 정부'의 사회정책: 신자유주의로의 확대? 사회 통합으로의 전환?」. 『세계화와 신자유주의: 이념·현실·대응』. 서울: 나남.
_____. 2002. 「김대중 정부의 복지개혁과 한국 복지제도 성격 논쟁에 대하여: 발전주의 유산과 복지개혁의 한계」. 『한국복지국가 성격 논쟁 I』. 서울: 인간과 복지.
_____. 2007a. 「한국의 생산레짐과 복지체제의 형성」. ≪한국사회정책≫ 제14집, 257~302쪽.
_____. 2007b. 「세계화, 민주화, 발전주의 생산레짐과 복지체제의 재편」. ≪한국사회정책≫ 제14집 제2호.
_____. 2009. 『한국복지국가 성격논쟁 II』. 서울: 인간과 복지.
조영철. 2004. 「위기 이후 구조재편의 문제점과 대안적인 정책방안」. 『위기 이후 한국자본주의』. 서울: 풀빛.
주은선. 2008. 「이명박 정부 시대 사회복지: 복지시장의 전면화」. ≪서석사회과학논총≫ 1(2): 113~133.
_____. 2011. 「금융화와 공적연기금 지배구조 유형 변화의 역동」. ≪사회복지정책≫ 38(2): 193~219.
최영기. 2006. 「노사관계의 제도와 문화: 투쟁에서 타협으로」. 『한국형 사회협약의 모색과 복지국가』 경기발전연구원 연구총서 3. 경기발전연구원.
Amsden, Alice H. 1989. *Asia's Next Giant: South Korea and Late Industrialization*. Oxford: Oxford University Press.
Campbell, John L., and Pedersen, Ove K. eds. 2001. *The Rise of Neoliberalism and Institutional Analysis*. Princeton: Princeton University Press.
Chang, Ha-Joon. 1994. *The Political Economy of Industrial Policy*. London: Macmillan.
Chung, Moo-Kwon. 2001. "Rolling Back the Korean State: How Much Has Changed?". Paper to be presented at the 2001 Meeting of the IPSA of Structure of Governance, University of Oklahoma, March 30~31, 2001.
Ebbinghaus, Bernhard, and Manow, Philip. 2001. *Comparing Welfare Capitalism: Social Policy and Political Economy in Europe, Japan and USA*. London: Routledge.
Esping-Andersen, Gøsta. 1990. *The Three Worlds of Welfare Capitalism*. Princeton:

Princeton University Press.

Giddens, Anthony. 1979. *Central Problems in Social Theory: Action, Structure, and Contradiction in Social Analysis*. Berkeley: University of California Press.

Hall, Peter A. Hall and David Soskice, eds. 2001a. *Varieties of Capitalism*. Oxford: Oxford University Press.

Katznelson, Ira. 1997. "Structure and Configuration in Comparative Politics". In *Comparative Politics: Rationality, Culture, and Structure*. Mark Irving Lichbach and Alan S. Zucherman. eds. Cambridge: Cambridge University Press.

Knight, Jack, 1992. *Institutions and Social Conflicts*. New York: Cambridge University Press.

Krasner, Stephen D. 1984. "Approaches to the Staet Althernative Conceptions and Historical Dynamics". *Comparative Politics* 16: 223~246.

OECD. 2000. Pushing Ahead with Reform in Korea: Labour Market and Social Safety-Net Policies.

_____. 2004. OECD Economic Surveys: Korea.

Pierson, Paul. 1993. "When Effect Become Cause: Policy Feedback and Political Change". *World Politics* 45: 595~628.

_____. 2001. *The New Politics of the Welfare State*. Oxford: Oxford University Press.

_____. 2004. *Politics in Time: History, Institutions, and Social Analysis*. Princeton: Princeton University Press.

Polanyi, Karl. 1944. *The Great Transformation*. Boston: Beacon.

Ragin, Charles C. 1987. *The Comparative Method: Moving Beyond Qualitative and Quantitative Strategies*. Berkeley: University of California Press.

Streeck, Wolfgang, and Thelen, Kathleen. ed. 2005. *Beyond Continuity: Institutional Change in Advanced Political Economies*. Oxford: Oxford University Press.

Thelen, Kathleen. 1999. "Historical Institutionalism in Compariative Politics". *Annual Review of Political Science* 2: 369~404.

Thelen, Kathleen, and Steinmo, Sven. 1992. *Structuring Politics: Historical Institutionalism in Comparative Analysis*. New York: Cambridge University Press.

Torfing, Jacob. 2001. "Path-Dependent Danish Welfare Reforms: The Contribution of the New Institutionalism to Understanding Evolutionary Change". *Scandinavian Political Studies* 24: 227~309.

Weiss, Linda. 1998. *The Myth of the Powerless State*. Ithaca: Cornell University Press.

Woo-Cumings, Meredith. ed. 1998. *The Developmental State*. Ithaca: Cornell University Press.

Woo-Cumings, Meredith, and Jung-en Woo. 1991. *Race to the Swift: State and Finance in Korean Industrialization*. New York: Columbia University Press.

제5장

한국 정보통신산업의 시대적 변천과 경쟁력 제고

황재훈 | 연세대학교 경영학부 교수

1980년대 세계 각국은 정보(information technology: IT) 사회를 구축하기 위해 경쟁의 가속화를 시작했고 산업과 기술 측면에서도 컴퓨터와 통신의 결합으로 경제와 사회 전반에 걸쳐 커다란 변화가 진행되었다. 한국 또한 사회 전체적으로 정보화 추진 의지가 높아지고 정부도 정보산업을 체계적으로 육성하기 위해 각종 시책을 발표하고 시행하게 되었다. 1987년부터 1996년까지 국가 차원의 정보사회기반을 마련하기 위해 주민·토지·금융 정보를 데이터베이스화했다. 그 결과 금융기관 및 공공서비스 등 다양한 분야에서 업무효율성이 증대되고 대국민 서비스의 질이 급격히 개선되었으며 지방자치단체에서도 지역정보화와 지방행정 정보화를 추진하게 되었다.

1990년대 들어서면서 미국의 정보고속도로 구축, 일본의 신사회자본 건설계획, 싱가포르의 IT 2000, 캐나다의 캐나디안 슈퍼하이웨이 등의 영향을 받아 한국도 초고속정보통신기반 구축사업을 국가전략사업으로 정하고 1995년 3월부터 2015년까지 45조 원을 투자하는 '초고속정보통신기반 구축 종합추진계획'을 확정해 추진하게 되었으며, 완료목표를 1997년에는 2010년으로, 국민의 정부에서는 2005년으로 앞당기도록 수정하면서 정보화 추진에 박차를 가했다.

이에 따라 제1단계 계획기간(1995~1997)에는 전국 80개 지역에 광전송망과 비동기 전송모드(asynchronous transfer mode: ATM) 시범교환망을 구축했고, 제2단계(1998~2000)에는 전국 144개 주요 도시를 연결하는 초고속정보통신망을 세계 최초로 완성하면서 정보통신강국으로 본격적인 도약을 시작했다. 제3단계(2001~2005)에는 전국적으로 언제 어디서나 다양한 멀티미디어 초고속정보통신서비스를 제공받을 수 있는 세계 최고의 정보통신환경을 구축했다(한국전산원, 2005; 박경진, 2011).

이런 국내 정보화 기반을 구축하는 과정에서 한국은 1997년 외환위기라는 심각한 경제위기에 처하지만 이를 단기간에 극복하고 2000년대 초·중반 IT산업의 붐과 버블시기 속에서 정보통신기술(information and communication technology: ICT) 산업부문의 글로벌 강국으로 성장해왔다. 특히 무선통신부문에서는 전 세계 최초로 CDMA(code division multiple access, 가능한 다중접속방식의 하나) 국내 상용화를 실현했고, 무선통신망산업 경쟁에서 시장을 선점하기 위한 투자, 무선단말기의 지속적인 개발, 그리고 스마트폰 시장에서 가장 신속한 대응으로 글로벌 리더로서 선도적 역할을 수행하고 있다. 이와 같은 국가선진화를 주도해온 한국 정보통신기술산업의 성공원인은 다각도에서 찾을 수 있는데, 여기서는 시대적으로 그 성장과정을 조망하고 한국 정보통신기술산업의 위상과 향후 경쟁력 제고를 위한 방안에 촛점을 두고자 한다.

산업발전의 직접적 원인은 기업들의 선행적 투자와 경쟁력 있는 제품의 시장장악력에서 찾을 수 있다. 물론 그 배경에는 기업 최고경영층의 리더십과 결단, 기업의 투자능력, 브레인 유치와 시의적절한 연구개발(R&D) 역량, 그리고 환경적 관점에서 정부의 지원, 글로벌 시장의 수요 등 다양한 내외부적 요인을 꼽을 수 있다. 특히 정보통신산업의 성장은 자체 생산액뿐만 아니라 정보통신기술을 핵심 부품으로 활용하는 자동차 산업, 조선산업 등 여타 제조산업과 이를 미디어 매체로 활용하는 문화산업에도 영향을 미침으로써 국가 전반적으로 부를 창출하는 데 견인차 역할을 수행한다. 따라서 이는 한국의 1인당 국내총생산(GDP) 성장과도 밀접한 상관관계를 이룬다.

여기서는 지난 15년간 한국 정보통신기술산업의 성장 추이를 초고속통신망의 구축, IT인력구조, IT산업의 생산 및 수출입 등 다각도에서 살펴보고, 이러한 성장에 따른 정보화 역기능 현황 등 한국 정보통신기술산업이 성장하면서 나타난 특성, 그리고 산업경쟁력에 대한 전반적인 평가와 문제점을 확인한 다음 경쟁력 제고방안을 알아보도록 한다.

1. 경제성장과 정보화

1) 한국의 1인당 GDP 및 정보화 추이

논의에 들어가기 앞서 정보기술 및 정보기술산업, 그리고 정보통신산업 및 정보산업의 정의를 살펴보도록 한다. 정보기술의 정의는 오랫동안 다양하게 이루어졌으며 또한 정보기술의 발전에 따라 그 범주도 확대 또는 변화되어왔다. 정보기술에 대한 대표적인 정의는 다음과 같다.

정보기술이란 컴퓨터·멀티미디어의 하드웨어와 생활·경영 혁신·행정 쇄신

등 용도에 맞게 효용성을 불어넣는 소프트웨어를 조화롭게 묶는 시스템 등 정보화 수단의 총체적인 유·무형 기술을 말한다(중소기업청).

정보기술이란 정보를 신속하고 정확하게 그리고 효율적으로 수집하고 처리하고 전달하기 위한 총체적 기술을 말한다. 구체적으로 컴퓨터 하드웨어, 소프트웨어, 통신장비 관련 서비스와 부품을 생산하는 산업을 통칭한다(≪매일경제≫).

정보기술이란 정보의 생산과 획득, 가공 처리 및 응용에 관련된 모든 기술을 말한다. 초고속인터넷, 이동통신, 광통신, 홈네트워크 등 통신기술과 컴퓨터, 소프트웨어, 데이터베이스, 멀티미디어 등 정보기술의 융합에 따른 정보통신기술이 핵심이다(IT용어사전, 한국정보통신기술협회).

정보기술은 정보화시스템 구축에 필요한 유·무형의 모든 기술과 수단을 아우르는 간접적 가치 창출에 무게를 두는 기술을 뜻하는 정보통신용어로 정보통신산업의 발전과 함께 정보혁명을 주도하는 기술로 부각되었다(두산백과).

정보기술은 전기통신, 방송, 컴퓨팅(정보처리, 컴퓨터 네트워크, 컴퓨터 하드웨어, 컴퓨터 소프트웨어, 멀티미디어), 통신망 등 사회기반을 형성하는 유·무형의 기술분야이다(위키백과).

한편 정보기술산업이라는 용어의 사전적 정의는 찾기 쉽지 않으나, 앞서 제시된 다양한 정의를 바탕으로 할 때 정보를 생산하고 가공하고 축적하고 유통하고 공급하는 업(業)과 이에 필요한 소재 및 기기의 제공과 관련된 모든 산업을 총칭하는 것이라 할 수 있겠다.

한편 시대의 흐름에 따라 정보기술은 기하급수적으로 확대 발전해왔으며, 유선을 넘어 무선으로 통신기술이 발전함에 따라 정보기술에서 통신기술의 비중이 높아졌고 정보통신기술이라는 용어가 보편화되었다. 정보통신기술이란 정보기술과 통신기술의 합성어로 정보기기의 운영 및 정보관리에 필요한 소프트웨어 기술과 이들 기술을 이용해 정보를 수집하고 생산하고 가공하고 보존하고 전달하고 활용하는 모든 방법을 말한다. 따라서 정보통신산업이란 정보산업 중 전자네트워크를 통해 정보의 유통을 담당하는 산업을 말한다. 그러나 오늘날 이미 스마트화의 진전으로 IT융합이 가속화되고 있어 그 범주가 지속적으로 확대되고 있음은 주지의 사실이다. 이 글에서는 정보통신기술을 광의의 정보기술로 보며, 따라서 정보통신산업은 마찬가지로 넓은 의미에서 정보기술산업으로 정의한다. 그래서 정보기술시장을 컴퓨팅 하드웨어, 소프트웨어, 통신서비스, 통신기기, IT서비스의 다섯 영역으로 나누는 가트너(Gartner)의 구분은 여기서 수용될 수 있는 적절한 구분이라 하겠다.

(1) 한국의 1인당 GDP

1962년 한국 경제역사상 최초로 1인당 GDP가 100달러를 넘어 103.87달러를 기록했다. 이후 1977년 1,000달러, 1995년 1만 달러, 그리고 2007년 2만 달러를 넘어섰다. 지난 50여 년간 1인당 GDP가 하락세였던 적은 단 세 번이었다. 처음은 1980년 박정희 대통령 시해사건으로 정치적 불안정이 고조되었을 때이다. 하지만 그다음 해에 바로 정상화되었을 만큼 일시적이었다. 가장 큰 하락세는 1997년 말 아시아 금융위기로 나타났다. 이때의 금융위기로 1998년 경제성장률(실질GDP)은 6.5% 하락했고, 이러한 부(負)의 성장은 3년이 지나서 성장세로 돌아섰다. 그리고 2008년 미국의 서브프라임 사태로 전 세계가 경제위기를 겪었다(〈그림 5.1〉 참조). 그러나

그림 5.1 **한국의 1인당 GDP**

(단위: 달러)

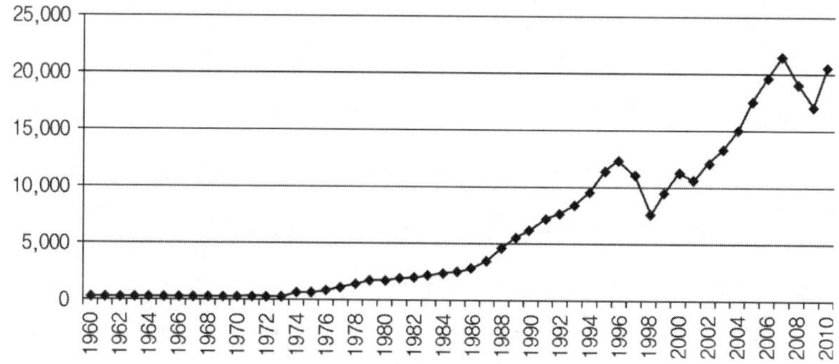

자료: IMF(2011).

한국은 중국의 경제성장과 국내 제조업의 글로벌 경쟁력 등에 힘입어 여타 서방국가들에 비해 최단시기에 위기를 극복했다. 2011년 국제통화기금(IMF) 보고에 따르면 한국은 1인당 GDP 2만 3,749달러로 3만 달러 고지를 향한 국가적 전략을 고민하고 있다.

인구 5,000만 명 이상인 국가 중에서 1인당 GDP가 2만 달러를 넘은 국가는 전 세계에서 단 7개국뿐이다. 1997년 일본이 최초였고, 1998년 미국, 1990년 프랑스·독일·이탈리아, 1996년 영국 이후, 16년 만인 2012년에는 한국 차례였다. 한국 이전의 6개국이 GDP 2만 달러를 달성한 후 어떤 국가도 그 이하로 수치가 떨어진 적이 없었던 점을 고려하면 한국도 향후 지속적인 성장을 이루어나갈 수 있으리라 예상한다.

한국의 향후 경제성장이 예상되는 가운데, 과거의 성장과정에서 각 시기별로 정보통신산업이 어떻게 성장했는지를 살펴봄으로써 여타 개발도상국가들에게 가이드라인을 제시할 수 있을 뿐만 아니라 앞으로의 과제를 도출할 수 있다.

(2) 초고속정보통신기반 구축과 인터넷 이용인구 증가

인터넷 이용인구는 한 국가의 정보인프라 수준을 평가할 수 있는 지표일 뿐만 아니라 해당 국가 국민의 정보화 수준과 다양한 정보기기의 활용 수준까지도 가늠해볼 수 있는 척도이다. 한국의 인터넷 이용인구의 추이를 보면 전형적인 S자 모형의 성장곡선임을 한눈에 알 수 있다(〈그림 5.2〉 참조). 이는 한국의 '초고속정보통신기반 구축 종합추진계획'에 따른 구축 및 고도화와 깊이 연관된다. 제1단계 기간(1995~1997)에는 전국 80개 지역을 연결하는 광통신망과 비동기 전송모드 시범교환망을 구축함으로써 1단계 초고속정보통신기반을 완성했고, 제2단계 기간(1998~2000)에는 전국 144개 지역의 모든 통화권역을 잇는 광전송망 구축을 완료함으로써 2단계 초고속정보통신망을 완성했다. 통신망 고도화 단계인 제3단계 기간(2001~2005)에는 전국적으로 언제 어디서든 누구나 멀티미디어 초고속정보통신서비스를 제공받을 수 있는 환경을 구축함으로써 세계 최고 수준의 정보통신 이용환경을 조성했다.

이러한 국가 차원의 통신기반 구축에 따라 1998년부터 2001년까지 인터넷 인구의 급격한 증가는 예견된 것이었으며, 실제로 4년이라는 단기간에 폭발적인 성장이 이루어졌다. 2000년도에 증가율은 변곡점을 지났고 2000년대 중반 이후에는 인터넷 이용자가 3,000만 명을 넘어 이미 국가 전체가 포화상태에 이르렀다.

이러한 인터넷 이용자 수의 증가는 앞서 언급한 바와 같이 범국가적인 초고속인터넷통신망의 기간인프라가 완성됨에 따라 가능한 일이었다. 한국정부는 이미 1975년 박정희 대통령의 행정전산화 추진 지시 이후로 매년 정부 주도의 다양한 국가정보화 전략계획을 수립 및 추진해왔다(한국전산원, 2005). 1980년대부터 공공기관의 업무능률 향상과 새로운 수요 창출을 통해 정보산업을 육성하고자 국가기간 전산망사업을 추진해 제1차 사

그림 5.2 **인터넷 이용인구 증가율**

(단위: 천 명, %)

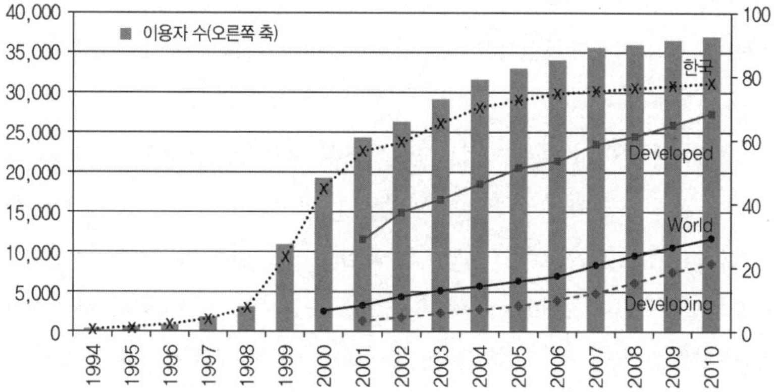

연도	국내[1), 2)]		국제		
	이용자 수	한국	Developed	Developing	World
1994	138	0.3	-	-	-
1995	366	0.8	-	-	-
1996	731	1.6	-	-	-
1997	1,634	3.5	-	-	-
1998	3,103	6.6	-	-	-
1999	10,860	22.9	-	-	-
2000	19,040	44.7	-	-	6.5
2001	24,380	56.6	29.4	2.8	8.0
2002	26,270	59.4	37.7	4.3	10.7
2003	29,220	65.5	41.5	5.5	12.3
2004	31,580	70.2	46.3	6.6	14.1
2005	33,010	72.8	51.3	7.7	15.7
2006	34,120	74.8	53.5	9.4	17.5
2007	35,590	75.5	59.1	12.0	20.6
2008	36,190	76.5	61.3	15.0	23.4
2009	36,580	77.2	64.7	18.5	26.5
2010	37,010	77.8	68.8	21.1	29.7

주: 1) 2004년부터 인터넷에 이동전화 무선인터넷을 포함시켰으며, 인터넷 이용자의 범위는 월평균 1회 이상 사용자에서 최근 1개월 이내 인터넷 사용자로 한다.

주: 2) 2006년부터 조사대상을 만 3세 이상 인구로 확대한다(2000~2001년에는 만 7세 이상 인구, 2002~2005년에는 만 6세 이상 인구)

자료: 국내_인터넷통계정보시스템(http://isis.kisa.or.kr) 국제_ITU Statistics(http://www.itu.int/ict/statistics).

업기간(1987~1991)에 행정전산망, 금융전산망, 교육연구전산망, 국방전산망, 공안전산망 등 5대 기간전산망 구축을 완료했다. 이에 따라 부처별 전산망 구축이 완성되었고 전화 등 기본적 통신수단은 선진국과 대등한 수준에 도달했다.

1990년대 들어서 세계는 정보통신기술의 획기적인 발달과 정보화의 발전으로 새로운 변화에 직면하게 되었으며, 미국·일본·유럽연합(EU) 등 선진 각국은 정보통신을 국가경쟁력의 핵심 요소로 인식하고 세계 경제에서 주도권을 확보하기 위해 경쟁적으로 정보통신망의 초고속화와 광대역화를 추진했다. 한국은 초고속인터넷통신망을 구축하기 위해 1994년 5월 초고속정보화추진위원회를 구성했고 그해 8월 초고속정보통신망구축기획단을 꾸렸으며 12월에는 체신부가 정보통신부로 확대 개편되면서 범국가적인 국가정보화 추진부처로서의 역할을 선도해가기 시작했다. 이 당시는 노태우 대통령까지 연장되었던 군부정부가 끝나고 김영삼 대통령의 문민정부(1993~1998) 시기였다.

1995년 '초고속정보통신기반 구축 종합추진계획' 수립과 함께 컴퓨터 바이러스 대응팀 발족, 「정보화촉진기본법」 제정 등이 이루어졌으며, 1996년 국가정보화에 대한 종합적인 비전이라고 할 수 있는 '정보화 촉진 기본계획'이 수립되었으며 1997년 12월에는 초고속정보통신망 1단계 사업이 완료되었다. 정보화 촉진 기본계획은 5년 단위로 국가사회 전반의 정보화를 촉진하고자 정부의 시책방향을 종합적·체계적으로 추진한 것으로써 국내외 환경변화와 정보기술 변화추세에 맞추어 2014년까지 총 네 차례의 기본 계획이 수립되었으며 이에 따라 분야별 정보화 계획이 수립 및 추진되어왔다.

또한 1998년에는 '초고속정보통신기반 2단계사업 추진계획' 수립, 컴퓨터 2000년 문제 대책전담반 구성, 「전자거래기본법」 제정에 이어, 'Cyber

표 5.1 **초고속인터넷통신망 증가**

연도	가입자수(천 명)	시설수(천 회선)	매출액(십억 원)
1999	339	213	36
2000	3,927	3,932	959
2001	7,811	7,583	2,407
2002	9,881	9,888	3,223
2003	10,721	9,729	3,728
2004	11,308	12,290	3,877
2005	11,305	13,461	3,947
2006	13,886	17,183	4,304
2007	14,605	19,548	4,511
2008	15,347	18,496	4,497
2009	16,376	18,524	4,323
2010	17,236	18,043	4,328

자료: 방송통신위원회(2000~2011).

Korea 21'(1999~2002)이라는 기치 아래 1999년에는 국민정보화교육 종합계획, 전자정부 종합실천추진계획이 수립되었고, 2000년에는 정보격차해소 종합대책, 1,000만 명 정보화교육계획이 세워졌으며, 그리고 그해 12월에는 초고속정보통신망 2단계사업이 완료되고 초고속정보통신망 고도화 추진계획이 수립되었다(〈표 5.1〉 참조).

정부가 주도한 국가정보화에 따라 2000년부터 2002년까지 3년간 초고속인터넷통신망이 국가 전체적으로 급증했는데 이는 인터넷 이용자가 모뎀 등을 통한 일반 인터넷통신망에서 초고속인터넷통신망으로 이전하면서 자연스럽게 증가했던 것이다.

이 기간에 전 세계적으로 인터넷 비즈니스에 대한 벤처 붐이 급속도로 활성화되었고, 국내에서도 e-비즈니스 벤처 붐이 과열현상을 빚었다. 이와 관련된 지표로 kr 도메인의 증가를 들 수 있는데 〈그림 5.3〉을 보면 1999년에 불붙기 시작해 2000년에 폭발적인 수치를 기록한 이후 꾸준한 증가추세를 나타내다가 2006년에서 2007년으로 넘어가며 또다시 급증했

그림 5.3 kr 도메인수

(단위: 개)

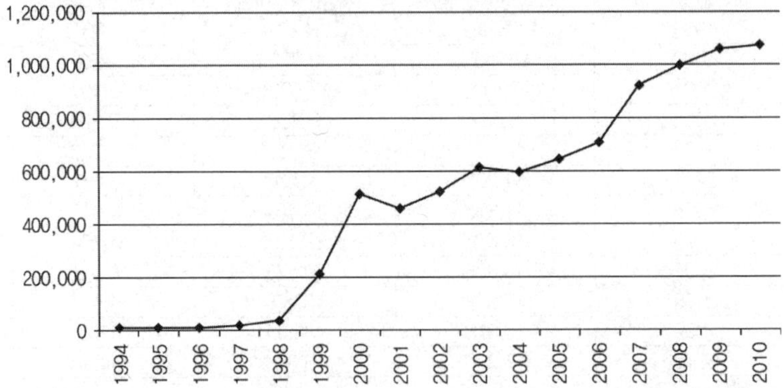

연도	도메인수	연도	도메인수
1994	192	2003	611,548
1995	436	2004	590,800
1996	2,664	2005	642,770
1997	8,045	2006	705,775
1998	26,166	2007	930,485
1999	206,973	2008	1,001,206
2000	517,354	2009	1,064,179
2001	457,450	2010	1,076,899
2002	515,200	2011	1,094,842

자료: 한국인터넷진흥원(2000~2009).

그림 5.4 PC방 사업체 수

(단위: 개)

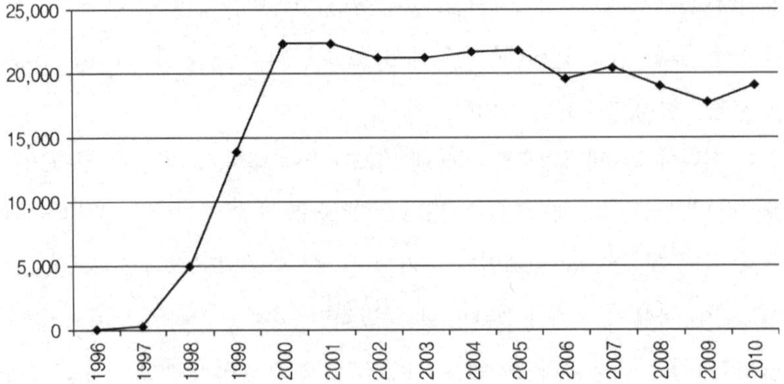

연도	사업체 수[1]	사업체 수[2]	전체 PC수 (천 대)	업체당 평균 PC수
1996	17	N/A	N/A	N/A
1997	7			
1998	4,695			
1999	13,951			
2000	22,428	21,460	6867	32.0
2001	22,402	22,548	871	38.6
2002	21,223	21,123	925	43.8
2003	21,187	20,846	1,017	48.8
2004	21,634	20,893	1,043	49.9
2005	21,753	22,171	1,115	50.3
2006	19,617	20,986	1,033	49.2
2007	20,355	20,607	1,039	50.4
2008	19,078	21,496	1,270	59.1
2009	17,842	21,547	1,114	51.7
2010	19,014	19,014	-	-

주: 1) 통계청.
주: 2) 콘텐츠진흥원.

고 이후 여전히 증가하고 있음을 알 수 있다.

kr 도메인 함께 지속적으로 성공한 사업은 인터넷게임 산업이다. 국내에서 인터넷게임 산업은 전국적인 초고속인터넷통신망을 기반으로 PC방 사업 붐을 일으켰다. PC방의 급속한 확산으로 컴퓨터에 익숙한 10~20대는 물론 정보접근 취약계층인 30~40대까지도 저렴한 비용으로 인터넷에 접속할 수 있게 되어 초기 인터넷 사용자 성장에 매우 큰 영향을 미쳤다(〈그림 5.4〉 참조).

2000년대 초에 이러한 초고속통신망의 구축으로 말미암아 급성장한 또 다른 분야는 사이버쇼핑몰이다(〈표 5.2〉 참조). 사이버쇼핑몰은 도서, 음반, 주방용품 등의 표준품목에서뿐만 아니라 패션의류 및 액세서리, 식품 등 다양한 품목에서 꾸준히 성장했으며, 최근 소셜커머스(social commerce)[1]로 연계되면서 새로운 장을 제시하고 있다. 이와 같은 사이버 거래는 비단

표 5.2 **사이버쇼핑몰 거래액**

(단위: 원)

연도	전체 거래액	연도	전체 거래액
2001	3,347,067	2006	13,459,595
2002	6,029,876	2007	15,765,573
2003	7,054,817	2008	18,145,516
2004	7,768,105	2009	20,642,979
2005	10,675,595	2010	25,202,992

자료: 통계청(2006, 2011).

B2C(business to consumer)에서뿐만 아니라 B2B(business to business), B2G (business to government), B2B2C(business to business to consumer) 등 매우 다양한 형태의 비즈니스 모델로 발전을 거듭하면서 그 규모가 지속적으로 성장하고 있다.

2. IT인력 규모의 변화

IT산업 종사자의 추이를 살펴보면 외환위기 이후 정보통신산업의 고용이 급격히 증가했음을 확인할 수 있다. 1997년 이후 IT산업의 연평균 고용증가율은 6.7%인 반면, 비IT산업의 연평균 고용증가율은 불과 2.8%로 현격한 차이를 보인다. 1997년부터 2000년까지 IT산업에서 21만 개 이상의

1) 소셜커머스란 소셜미디어와 온라인 미디어를 활용하는 전자상거래의 일종으로 2005년 야후(Yahoo)에 의해 처음 소개된 용어이다. 소셜링크형, 소셜웹형, 공동구매형, 오프라인 연동형 네 가지로 분류할 수 있으며, 2008년 그루폰(Groupon)이 설립된 이후 전 세계적으로 공동구매형 소셜커머스 붐이 일었다. 국내 대표업체로는 티켓몬스터, 쿠팡, 위메이크프라이스 등이 있으며, 스마트폰의 보급이 늘어남에 따라 시장규모가 성장할 것으로 예상된다.

표 5.3 IT산업 종사자 수

(단위: 명)

연도	정보통신서비스	정보통신기기	소프트웨어	합계
1990	33,167	-	88,161	121,329
1991	79,933	122,670	9,014	211,617
1992	87,313	156,898	13,657	257,868
1993	94,846	176,904	18,543	290,293
1994	98,547	197,180	22,070	317,797
1995	107,804	256,109	31,574	395,487
1996	122,980	354,582	38,338	515,900
1997	105,000	252,737	44,042	401,779
1998	99,270	241,621	46,171	387,062
1999	90,753	266,816	55,289	412,858
2000	98,286	360,015	89,716	548,017
2001	100,614	394,985	112,309	607,908
2002	109,402	408,333	122,192	639,927
2003	108,191	431,083	117,181	656,455
2004	118,179	430,181	109,990	658,350
2005	120,340	477,223	120,102	717,665
2006	127,656	472,244	127,654	727,554
2007	128,210	455,632	133,646	717,479
2008	131,790	448,633	135,400	715,823

새로운 일자리가 창출된 데 비해, 동 기간에 비IT산업에서는 일자리가 줄어들었음을 통계적으로 확인할 수 있다(〈표 5.3〉 참조).

한편 2001년 IT버블이 붕괴되는 과정에서 IT산업의 고용증가율이 비IT산업의 고용증가율을 하회하고 있으며 2002년에도 정체를 보였다. 2003년 이후에는 다시 IT산업의 고용증가율이 비IT산업을 상회하고 있다(박경진, 2011). 즉, IT산업인력이 전체 사업체 고용에서 1997년 4.2%를 차지하던 것이 2000년에 5.7%로 확대되었다가 2001년 5.5%로 다소 감소하고 정체를 보이다가 2004년 다시 5.7% 수준으로 올랐다.

2000년 이후 한국 IT산업의 고용창출 둔화는 소프트웨어 및 컴퓨터 관련 서비스산업에서 고용증가의 둔화와 밀접한 관계가 있다고 본다. 1997

표 5.4 **정보통신산업 종사자 수**

(단위: 명)

연도	정보통신인력	컴퓨터 전문직	중저급 컴퓨터 관련직	전자 및 통신 기술직	생산·조작 및 정비직	기타 정보통신 관련직	전 산업 취업자 (천 명)	정보통신 인력비중 (%)
1995	862,129	115,375	177,623	126,385	383,680	59,067	20,432	4.2
1996	993,549	154,260	175,850	135,506	463,717	64,215	20,817	4.8
1997	1,009,088	151,602	176,115	152,344	450,337	78,690	21,106	4.8
1998	922,706	145,455	176,085	131,987	385,195	83,985	19,994	4.6
1999	1,016,440	166,607	190,007	147,804	417,066	94,955	20,281	5.0
2000	1,113,512	188,968	204,302	164,617	449,075	106,550	21,060	5.3
2001	1,162,646	218,455	205,463	175,573	461,416	101,740	21,362	5.4
2005	1,588,057	297,513	264,936	159,740	642,480	223,388	2,2898	6.9
연평균 증가율 (%)	5.1	11.2	2.5	5.6	3.1	9.5	0.7	-

자료: 권남훈·고상원 외(2001.12).

년부터 2000년까지 IT산업은 7만 4,000여 개의 일자리를 창출했으나, 2000년 이후 2004년까지는 1만 6,000여 개의 일자리만을 창출했다. 이처럼 고용창출이 둔화된 원인은 직업별 인력구성의 변화에서 찾을 수 있다.

IT직업인력을 세분하면 컴퓨터 전문직, 중저급 컴퓨터 관련직, 전자 및 통신 기술직, 생산·조작 및 정비직, 기타 정보통신 관련직으로 구분된다. 1995~2001년의 IT직업인력 구성비를 살펴보면, 생산·조작 및 정비직과 중저급 컴퓨터 관련직의 비중이 2~3%의 상대적으로 낮은 증가율을 보이는 반면, 컴퓨터 전문직과 전자 및 통신 기술직은 각각 11%, 5.6%의 높은 증가율을 나타내고 있음을 알 수 있다(〈표 5.4〉 참조).

IMF 이후 IT산업은 고학력·고기술을 요구하는 직업에 대한 수요를 상대적으로 많이 증가시키는 숙련편향적 기술 변화의 성격을 띠었으나, 2003년 이후에는 중저급 컴퓨터 전문직의 비중이 줄어들고 단순직인 생산·조작 및 정비직의 비중이 늘었다. 이는 IT가 저학력·저기술을 요구하는 직업과 고학력·고기술을 요구하는 직업에 대한 수요를 동시에 증가시키고 중간기술직에 대한 수요를 줄이는 질적노동수요의 양극화를 가져올 가능성도 있는 것으로 해석할 수 있다.

1) IT인력의 정책적 대응 필요성

IT기술의 확산은 인력수요에 직접적인 영향을 줄 뿐만 아니라 인력수요에 영향을 미치는 다른 요소들에 직간접적인 영향을 준다. IT가 고용의 양적 측면에 미치는 영향은 직접적인 생산성 향상, 새로운 사업 창출효과, 소득증대, 상품 및 서비스의 원가 절감 등으로 다양하게 나타날 수 있다. 즉, IT의 확산은 그 영향력이 여러 차원에서 복잡하게 이루어질 수 있으므로 고용 확대에 긍정적 또는 부정적으로 작용할 수 있다. 자료에 따르면, IT가 고용에 미치는 효과는 분석대상이 기업체 수준, 산업 수준, 또는 경제 전체 수준인지에 따라 다르게 나타나며, 분석기간에도 영향을 받는 것으로 나타났다.

IT인력과 관련 있는 중요한 이슈는 첫째, IT부문의 지나친 생산성 향상에 따른 취업계수의 하락이 고용창출 둔화의 주요한 원인이며 정책의 잘못이라고 생각할 수 있으나, 이에 대해서는 IT인력 규모의 추이와 구성 변화를 분석해보아야 할 것이다. 둘째, 2000년 이후 IT버블이 붕괴되면서 국내 노동시장의 IT인력이 넘쳐나는 것인지 아니면 여전히 부족한 것인지에 대한 분석이 필요하다.

2) IT인력의 부족 원인

과거에는 대부분의 기관에서 IT인력이 부족할 것이라고 예측해왔다.

2001년 미국 정보기술인협회(ITAA)는 총 예상수요의 47.2%인 42만 5,000명의 IT인력이 부족할 것이라고 예측했고, 같은 해에 유럽정보기술소(EITO) 보고서에서도 135만 명의 정보통신기술 인력과 87만 명의 e-비즈니스 인력이 부족하며 이는 2003년에 각각 169만 명, 198만 명으로 심화될 것이라고 예측했다. 한국에서도 고학력 인력을 중심으로 IT인력의 부족을 우려하는 목소리가 높았다.

'인력 부족'의 용어는 여러 가지 의미로 해석될 수 있다. 경제협력개발기구(OECD)는 부족(shortage), 갭(gap), 불일치(mismatch)를 구분하고 있다. 부족은 양적으로 공급이 수요에 미치지 못하는 것을 의미하고, 갭은 기업이나 다른 조직에 속한 개인의 능력이 요구되는 능력에 미치지 못하는 것을 뜻한다. 불일치는 인력수요자가 요구하는 기술수준과 공급인력이 갖춘 기술수준이 다른 경우를 일컫는 것으로, 그 원인은 수용에 부응하지 못하는 교육훈련시스템이 원인인 경우가 대부분이다. 부족이나 불일치를 측정하기 위한 방법은 노동시장의 수급분석, 실업률 분석, 임금변화 분석, 사업체에 대한 인력부족률 조사, 일자리에 대한 구인정보 등이다.

국내의 경우 IT인력 부족은 실제 그 인력의 부족이라기보다는 학력별 수급 불일치를 의미하는 것으로 해석된다. 예상보다 인력은 급증한 반면, IT산업이 상대적으로 위축되었기 때문이다. 한국은 경제성장의 둔화로 신규 채용이 급감하면서 청년실업과 대졸자의 구직난이 사회문제로 대두되고 있으며 대졸 이상 학력자의 실업률이 계속 증가하고 있다. 그러나 IT전문인력 실태조사에 따르면 IT전문인력의 부족현상이 심각한 것으로 나타난다. 이와 같이 IT인력을 필요로 하는 기업은 인력 부족을 호소하는 반면, 노동시장에 진입하는 신규 구직자들은 취업난을 겪는 현재의 상황은 인력의 수요와 공급의 질적인 불일치가 존재함을 의미한다고 본다.

해외의 경우 많은 국가에서 IT인력 부족에 대한 우려를 이민정책으로 해소하고자 했다. 덴마크는 IT전문가를 특별 이민 프로그램에서 제외시켰으며, 호주도 수요가 많은 이민자 직업 리스트에서 IT전문가를 제외했다. 미국 역시 IT전문가에게 주로 발급되는 H-1B 비자의 상한인력 수를 변경했다.

IT인력 수급의 불일치, 즉 특정 요구기술을 갖춘 인력의 부족이 유발되는 원인은 세 가지로 나누어볼 수 있다. 첫째는 초과수요현상으로, 특정 요구기술 인력의 수요가 공급보다 훨씬 많아지는 경우인데, 이 경우는 해당 인력의 임금수준이 급격히 상승하게 된다. 둘째는 특정 요구기술을 갖춘 인력은 많지만 해당 기술을 요구하는 직업의 임금수준이 너무 낮기 때문에 고용이 어려워지는 경우인데, 이 경우는 해당 기술인력에 대한 부족률이 높음에도 임금 및 취업률이 동시에 낮게 나타난다. 셋째는 특정 요구기술을 갖춘 인력의 공급도 충분하고 임금수준도 적정하지만 노동시장에 대한 정보 공유가 미흡해 구직 및 구인 기간이 길어지는 수도 있다.

첫째 경우는 초과수요가 고임금을 유도하는 반면, 둘째 경우는 저임금이 인력 부족을 야기한다는 것이다. 두 경우를 비교해보면 양적 불일치와 임금 간의 인과관계가 상반된다는 점을 알 수 있다. 따라서 이를 해소하기 위해서는 IT인력시장에 대한 정보 공유의 장(場)을 활성화해 공급기관과 수요인력이 신속하게 대응할 수 있도록 해야 할 것이다.

한편 IT전문인력을 직종별로 보면 부족률이 가장 높은 직군은 디지털 콘텐츠 직군이고, 세부 직종은 가상현실·애니메이션 직종이라고 한다. 그러나 이들 직군과 직종은 임금이 가장 낮은 직종이다. 따라서 이 경우 인력부족률이 높은 이유는 요구기술을 충족하는 인력이 없어서가 아니라 임금수준이 낮기 때문이라고 볼 수 있다. 만약 부족률 통계만을 바탕으로 디지털 콘텐츠 직군과 가상현실·애니메이션 직종의 인력을 늘린다면 사태를 악화시키는 것이다.

이와 같이 IT인력에서 부족률이 높은 직종의 임금수준은 대부분 낮다. 예외적으로 네트워크 및 전자부품 설계 엔지니어처럼 부족률이 높으면서 임금수준도 다른 직종에 비해 상대적으로 높은 직종도 있다. 따라서 IT인력의 부족현상에 정책적으로 대응하기 위해서는 부족률 통계뿐만 아니라 임금통계를 동시에 분석해야 할 것이다. 즉, 특정 직종의 부족률이 높은 이유가 초과수요 때문일 수도 있지만, 그와 동시에 관련 직종의 임금이 낮아서 인력의 유입이 저해되는 경우일 수도 있다. IT인력은 다양한 관련 직종에 고용될 수 있는 유연성이 상대적으로 높기 때문에 임금이 높은 직종을 선호하게 되므로 부족률이 높더라도 임금이 낮은 직군 및 직종은 공급을 양성한다고 해서 해당 직군 또는 직종 인력의 수급 확보가 보장되는 것이 아니다. 대표적으로 웹마스터 직종은 부족률 대비 공급의 비중이 제일 높지만 여전히 인력이 부족한데, 저임금으로 인한 인력 유입의 저해가 원인일 가능성이 높은 것이다.

3) IT인력 수급 대책방안

교육통계연보에 따르면 전문대학 졸업자의 취업률이 일반대학 졸업자보다 현저하게 높게 나타나는데 이는 일반 대졸자의 구직기간이 상대적으로 길기 때문에 나타나는 현상이라고 해석할 수 있다. 이러한 현상은 상대적으로 낮은 임금의 직종에 대한 취업선호도의 차이뿐만 아니라 정보의 비대칭성과도 관련이 있을 수 있다. 가령, 구직자의 구인정보 부족, 구인기업의 구직자 자격정보의 부족으로 기간이 길어질 수 있는 것이다. 따라서 비전공자가 정규교육 이외의 전문교육기관을 통해 교육을 받거나 추가로 실무교육을 받은 후 기업의 구인정보를 많이 갖고 있는 전문교육기관을 활용해 구직의 기회를 찾는 IT인력 초과현상이 가속화되고 있다고 할 수 있다. 더욱이 사회가 점차 경력자를 요구하거나 우대함으로써 졸업 후 취업하려는 신입 인력의 취업난은 더욱 가중된다고 하겠다.

요약하면 IT인력의 적정한 수급을 위해서는 우선 정부가 IT인력의 통계 구축 및 공유, IT인력의 수급 전망, IT인력의 경력지도 메커니즘 구축 등 IT인력의 교육 및 노동시장 정보를 지속적으로 구축하고 이를 공공정보로 유통해야 할 것이다. 교육공급자와 교육수요자, IT산업 노동시장 진입자 및 인력수요자 간의 정보 비대칭 문제를 해소하는 것이 정부의 최우선 역할이 되어야 한다. 또한 산업계의 수요를 반영하기 위한 교육기관의 노력이 필요하며, 우수한 인력을 확보하기 위한 기업 간 경쟁이 활성화되도록 다양한 방법이 제공되어야 할 것이다. 이러한 체제에서 개인은 적절한 IT 교육훈련에 스스로 적극 투자하게 될 것이고, 또한 교육수요자로서 교육공급자인 대학이나 전문교육기관에 인력수요자인 기업이 요구하는 교육훈련을 제공하도록 요구하게 될 것이다.

3. IT산업의 생산 및 수출입

2008년 하반기 미국의 금융위기로 촉발된 세계 경기침체가 2009년에도 불황으로 이어지고 2010년 상반기에는 그리스 등 유럽 금융위기로 확산되었다. 이로써 IT수요가 둔화되었고 2001년 IT버블 붕괴 이후 세계의 IT산업은 다시 한 번 크게 악화되었다. 가트너에 의하면 2009년 세계 IT시장은 전년 대비 4.5% 감소한 3조 2,227억 달러였으며, 부문별로는 컴퓨팅 하드웨어가 12.5%로 가장 크게 감소했고 통신기기도 5.8%나 감소했다. 다행히 2010년 이후 약간의 경기회복세로 작지만 지속적인 성장세를 전망했다.

2008년 국내 IT생산은 전 세계적인 경기침체에도 전년 대비 8.7% 증가한 307조 9,00억 원을 기록했으나, 2009년에는 전년에 이어진 글로벌 경기 침체로 전년 대비 1.1% 증가에 그쳤다. 2009년의 부문별 생산규모를 보면 정보통신서비스가 약 60조 원(19.3%), 정보통신기기 및 응용기반이 약 230조 원(73.1%), 소프트웨어는 약 26조 원(7.6%)으로 나타났다.[2)]

1) 국내 IT산업의 생산

앞서 언급한 바와 같이 IT산업 생산액 관점에서 볼 때, 1997년 이후 정보통신기기의 생산이 주도적인 반면, 통신서비스와 소프트웨어의 생산은 그다지 크게 증가하지 않았다. 특히 정보통신기기에서 컴퓨터와 모니터가 2004년까지는 주요 수출품목이었으나 그 후에 생산기지의 해외 이전 등으로 지속적인 감소추세를 보이고 있는 반면, 오늘날 국내 IT산업의 3대 생산품목은 반도체, 디스플레이, 휴대용 전화기이다.

한국의 IT생산은 1970년대 정부의 중화학공업 및 전자산업으로의 산업재편 주도와 함께 대기업의 투자들이 맥을 같이한다. 삼성의 경우 전자업계에서는 후발주자로 1969년 삼성전자의 전신인 삼성전자공업을 세운 후, 1977년 삼성종합건설, 삼성조선, 삼성정밀을 잇따라 세우고 그해 12월 한국반도체를 인수해 1978년 삼성반도체로 이름을 바꾸면서 반도체산업에 뛰어들었다. 1987년 이병철 창업주가 타계한 후에도 이건희 회장은 지속적으로 IT산업에 집중했고, 1990년대 초 미국을 비롯해 전 세계적으로 반도체에 대한 수요가 급증하면서 삼성전자 이외에 국내 대기업의 전자제조부

2) 정보통신서비스에는 방송서비스, 부가통신서비스, 별정통신서비스, 기간통신서비스가 포함된다. 정보통신기기 및 응용기반에서는 통신기기, 정보기기, 방송 및 영상음향 기기, 전자부품, 정보통신 응용기반 기기가 포함된다. 소프트웨어에는 IT서비스, 패키지 소프트웨어가 포함된다.

그림 5.5 IT산업 생산액

(단위: 억 원)

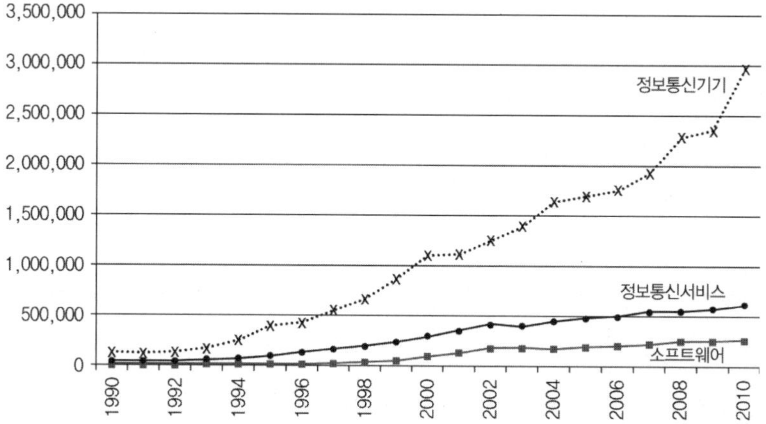

연도	정보통신서비스	정보통신기기	소프트웨어	합계
1990	43,601	141,351	3,250	188,202
1991	57,995	124,318	2,552	184,865
1992	66,113	143,759	3,702	213,574
1993	74,467	172,701	9,610	256,778
1994	84,897	247,275	11,734	343,906
1995	111,445	386,256	16,752	514,453
1996	148,076	419,638	26,696	594,410
1997	170,484	549,792	35,034	755,310
1998	196,361	655,688	46,834	898,883
1999	245,433	867,938	64,986	1,178,357
2000	315,980	1,108,577	107,316	1,531,873
2001	363,288	1,098,548	147,268	1,609,104
2002	429,764	1,248,874	182,228	1,860,866
2003	416,045	1,391,342	184,396	1,991,783
2004	459,941	1,645,793	186,588	2,292,322
2005	490,831	1,689,423	200,827	2,381,081
2006	506,258	1,748,829	225,925	2,481,012
2007	545,214	1,902,566	228,155	2,675,934
2008	551,589	2,265,240	261,710	2,526,950
2009	581,584	2,354,490	260,070	2,614,560
2010	633,946	2,956,830	263,440	3,220,270

자료: 한국전자정보통신산업진흥회, 통계청.

문이 폭발적으로 성장했던 것이다.

2009년 이 3대 품목의 생산액은 142조 1,000억 원으로 정보통신기기의 62.5%를 차지했으며, 정보통신서비스를 포함한 IT산업 전체 생산액에서도 45.7%를 차지했다. 이 중 1위는 53.3조 원의 평판 디스플레이, 2위는 휴대용 전화기(48조 원), 3위는 반도체(40.8조 원)였으며, 4위인 디지털 텔레비전 생산액은 불과 4조 6,000억 원 수준이었다(지식경제부, 2010)(〈그림 5.5〉 참조).

한편 〈그림 5.6〉과 〈그림 5.7〉은 각각 국내 IT업체 수와 국내 IT산업 종사자 수의 추이를 보여준다. 두 그림을 연도에 따라 비교해보면 부문별 특성을 알 수 있다. 정보통신기기의 경우 1998년 이후 2000년대 초까지 업체 수와 종사자 수가 동시에 크게 증가한 반면, 정보통신서비스와 소프트웨어의 경우 동 시기에 업체 수는 급증했음에도 종사자 수는 그다지 크게 증가하지 않았다. 이는 정보통신기기 부문은 균형적인 발전이 이루어졌다고

그림 5.6 IT업체 수

(단위: 개)

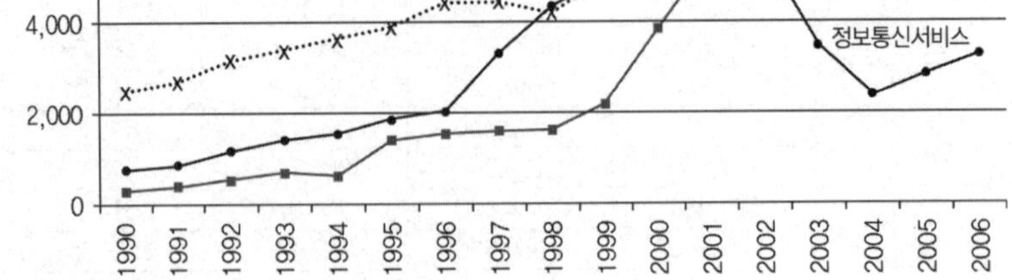

자료: 한국전자정보통신산업진흥회, 통계청.

그림 5.7 IT산업 종사자 수

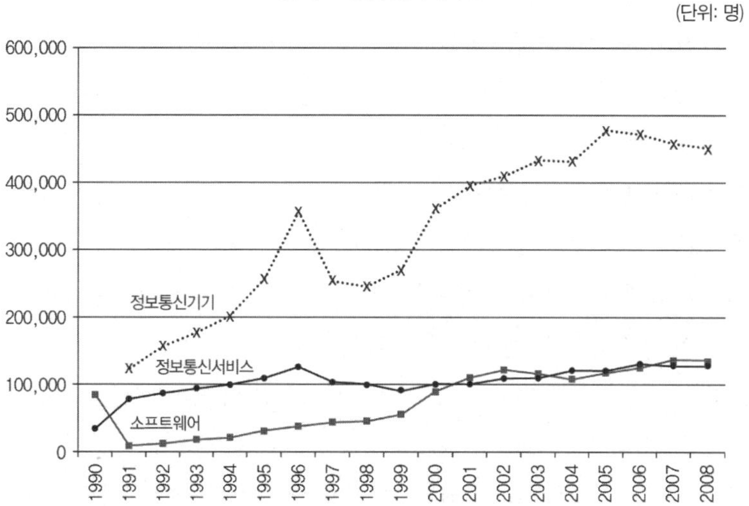

자료: 한국전자정보통신산업진흥회, 통계청.

볼 수 있는 반면, 소프트웨어 부문은 업체는 지속적으로 많아졌으나 그 규모가 매우 영세적임을 반증하는 것이라 하겠다. 최근까지도 소프트웨어 산업은 대표적인 3D업종이라는 인식 때문에 저변 확대에 어려움이 있으며, 한국에서 전문인력 양성에 관한 혁신적인 정책이나 기업들의 과감한 보상체제 전환 같은 획기적인 변화가 긴급하게 요구되고 있다고 하겠다.

2) 한국 IT산업의 수출입

한국의 IT산업은 급속한 기술 발전에 근간한 수출의 고성장에 힘입어 2000년 초반까지 두 자리 수의 높은 성장률을 구현했다. 또한 IT산업이 생산성 증대를 통해 국민경제의 성장에 상당한 기여를 이룬 것은 급격히 증대한 IT수출에 기인한 바가 크다. 그러나 수출은 IT산업 전체의 생산을 견인하고 있는 정보통신기기, 특히 일부 하드웨어 품목에 몰려 있으며 수출국가 또한 매우 편중되어 있다는 점에 유의해야 할 것이다.

국내 총수출에서 IT산업의 수출비중은 1998년 23.1%에서 2004년 29.4%로 증가했는데 이는 휴대용 전화기, LCD 모니터, 셋톱박스 등의 주요 수출품목이 세계적인 수준으로 성장한 것이 원인이지만, 이와 같은 일부 품목으로의 편중 추이는 지속되어 2009년에도 반도체, 디스플레이, 휴대전화 등 3대 주력품목이 정보통신기기 생산 중 62.5%(IT산업 전체의 45.7%), IT 전체 수출의 71.3%를 차지하고 있다.

반면 수입의 경우는 총수입 대비 IT산업수입 비중이 1998년 19.65%에서 2004년 18.2%로 하락해 한국의 상품수지흑자를 유지하는 데 상당한 기여를 한 것으로 판단된다. 2000년대 이후 IT산업 무역수지규모는 총상품수지의 90% 내외 수준을 보이며 흑자 유지에 절대적인 역할을 수행했다.

그러나 한국 IT산업 수출입은 대부분이 중국(홍콩 포함), 미국, 일본, 대만, 독일 등 주요 5대 교역국을 통해 이루어졌다. 2004년 이들 5대 국가에 대한 IT산업 수출비중은 65.1%로 약 3분의 2 수준을 기록하고 있으며 2002년을 기점으로 중국은 제1의 수출국으로 부상한 반면, IT선진국인 미국과 일본에 대한 비중은 2000년 이후 하락세를 보여 2004년에 미국은 15.7%, 일본은 6.4%를 차지했고 대만과 독일은 각각 6.9%, 4.9%로 나타났다. 2009년에도 여전히 중국(홍콩 포함)과 미국이 IT수출의 54.7%, 무역수지흑자의 66.4%를 차지했고 EU가 14.1% 그다음이 일본, 멕시코, 싱가포르, 대만 등으로 과거에 비해 상대적으로 약간 수출다변화가 이루어졌음을 알 수 있다.

주요국에 대한 수입의존도 역시 매우 높은 실정이다. 2004년에 5대 교역국에 대한 IT산업 수입비중은 75.9%에 달했으며 국가별로는 중국(홍콩 포함) 24.8%, 일본 20.4%로 핵심 부품의 높은 의존도와 원부자재 수입 증가를 나타냈으며 미국과 대만은 각각 18%, 10.5%로 높은 수준이었다. 2009년에도 중국과 일본이 여전히 전체 수입의 48.7%로 높은 의존도를 보이며 대만, 미국, 싱가포르가 그 뒤를 잇고 있다. 이는 향후 한국의 IT산업 성장이 이들 국가의 경제상황에 좌우될 수 있다는 의미를 내포하므로 국내 IT산업 수출이 지속적으로 국가경제의 성장을 견인하려면 수출입국 다변화가 절대적으로 필요함을 보여준다.

2009년 세계 IT시장 부문별 비중은 하드웨어(컴퓨터 및 통신기기) 21.7%, 소프트웨어(IT 서비스 포함) 30.9%, 그리고 통신서비스 47.4%이다. 미국과 일본은 고부가가치 영역인 소프트웨어 부문이 40% 이상을 차지하는 반면, 한국(생산)은 하드웨어 73.1%, 통신서비스 19.3%, 소프트웨어 7.6%로 소프트웨어 부문이 매우 취약하다. 세계 소프트웨어 시장은 크게 성장하고 있는데 국내 소프트웨어 산업은 기술역량과 산업파급력이 미흡해 글로벌 100대 패키지 소프트웨어 기업은 전무한 실정이다. 2009년 글로벌 100대 IT서비스기업 중 국내 기업은 3개뿐이며 그나마도 중하위권(삼성SDS 55위, LG CNS 70위, SK C&C 96위)에 머물고 있어 국가 차원의 제도적 노력 및 지원과 함께 교육내용과 정책의 변화도 시급한 상황이라고 하겠다.

4. 정보화 역기능

개인용 컴퓨터(PC)의 급속한 보급, 그리고 초고속정보통신망의 확대로 인터넷 이용이 보편화됨에 따라 한국은 지식정보화 시대에 성큼 다가가게 되었지만, 그와 동시에 다양한 정보화 역기능이 나타났다. 그중 대표적인 폐해로 해킹·온라인 사기 같은 사이버범죄, 개인정보 침해, 인터넷 중독 등을 들 수 있다.

1) 사이버범죄

사이버범죄는 컴퓨터, 인터넷, 그리고 사이버 공간을 매개로 행해지는 모든 종류의 범죄현상을 말하며, 크게 세 가지로 구분할 수 있다. 첫째로 컴퓨터시스템이나 정보통신기반을 침해하는 유형으로 해킹, 바이러스 유포 등이 있으며, 둘째로 사이버 공간을 이용한 전통적 범죄유형으로 온라인 사기, 사이버 명예훼손 및 협박, 온라인 음란물 판매 등이다. 셋째는 사이버 공간에만 존재하는 신종 유형으로 게임 아이템 절도, 아바타 인격권 침해 등을 들 수 있다. 이러한 범죄행위자들은 다양한 법률에 의거해 처벌을 받는다. 사이버범죄와 관련된 사기, 폭력, 명예훼손 등은 형법의 적용을 받고 계정이나 아이디 해킹, 컴퓨터 사용 사기, 개인정보 도용 등은 「정보통신망 이용촉진 및 정보보호 등에 관한 법률」에 따르며 그 외에도 「음반·비디오 및 게임에 관한 법률」, 「저작권법」, 「소년법」, 「청소년보호법」 등에 따라 처벌될 수 있다.

1990년대 중반에 등장한 사이버범죄는 2001년부터 폭발적으로 증가해 지속적으로 이어지고 있다. 그러나 사이버범죄 사범에 대한 정부의 법질

표 5.5 **사이버범죄 발생건수 및 검거율**

연도	발생건수(건)	검거율(%)
2001	33,289	68
2002	60,068	70
2003	68,445	76
2004	77,099	82
2005	88,731	82
2006	82,186	86
2007	88,847	89
2008	136,819	89

자료: 경찰청 통계자료(http://www.police.go.kr/infodata/pds_07_totalpds_03_01.jsp).

표 5.6 **사이버범죄 유형별 검거건수**

(단위: 건, %)

유형	2004		2005		2006		2007		2008	
	건수	구성비	건수	구성비	건수	구성비	건수	구성비	건수	구성비
해킹, 바이러스	10,993	17.3	15,874	21.9	15,979	22.7	14,037	17.8	16,953	13.9
인터넷 사기	30,288	47.8	33,112	45.7	26,711	37.9	28,081	35.6	29,290	24.0
사이버 폭력	5,816	9.2	9,227	12.7	9,436	13.4	12,905	16.4	13,819	11.3
불법 사이트 운영	2,410	3.8	1,850	2.6	7,322	10.4	5,505	7.0	8,056	6.6
불법 복제물 판매	1,244	2.0	1,233	1.7	2,284	3.2	8,167	10.4	21,084	17.2
기타	12,633	19.9	11,125	15.4	8,813	12.5	10,195	12.9	22,025	18.0
계	63,384	100.0	72,421	100.0	70,545	100.0	78,890	100.0	122,227	100.0

자료: 한국정보화진흥원(2010).

서 확립이라는 국정방향에 따라 강력한 단속이 실시되어 검거율 또한 지속적으로 증가했음을 알 수 있다(〈표 5.5〉 참조).

또한 사이버범죄의 검거건수 추이를 보면 여전히 인터넷 사기가 가장 높은 유형으로 나타나며 불법 복제물 판매가 전체 사이버범죄 증가의 가장 큰 요인임을 알 수 있다(〈표 5.6〉 참조).

첫째 유형의 대표적 범죄인 해킹의 경우, 신고접수된 건수는 1995년 26건으로 매우 미약했지만 2000년대 초 인터넷 활용이 폭증함에 따라 해킹 사건 또한 폭증했다. 이에 대해 방화벽 등 기술적인 대비방안이 세워지고 사이버 수사대의 사이버범죄 처벌규제가 강화되면서 범죄건수가 줄고 있다. 그러나 IT기술이 발전하고 관련 전문교육이 많이 이루어짐에 따라 전문지식이 보편화되고 전문인력이 증가하면서 해킹기술 또한 높아지고 지능화되면서 그 폐해가 급격히 감소하지는 않는 것으로 보인다.

지난 5년간 신고된 해킹유형을 살펴보면 스팸릴레이가 45.4%로 가장 높았으며, 웜이나 바이러스 등으로 유발된 단순 침입시도(18.8%), 홈페이지 변조(15.2 %), 보안 취약으로 국내 시스템이 악용된 피싱사이트 경유지(5.4%) 순으로 나타났다.

2) 개인정보 침해

개인정보 침해는 2000년대 초반 급증한 후 후반 들어서는 주춤하다가 하락하고 있는 것으로 나타났다(〈표 5.7〉 참조). 개인정보 또는 프라이버시 침해로 인한 피해의 주된 유형은 '사업자의 관리 소홀로 개인정보가 유출된 경우'(72.5%)가 가장 많았고, 다음은 '사업자가 본인의 동의 없이 개인정보를 본래 목적 이외의 용도로 이용하거나 제3자에게 제공한 경우'(58.4%) 및 '사업자가 개인정보를 무단 수집해 텔레마케팅 목적으로 이용하거나 무단으로 회원가입시킨 경우'(51.7%)로 이런 유형들은 사업자의 고객개인정

표 5.7 **개인정보 침해사고 발생건수**

연도	신고접수(건)	증가율(%)
1995	26	-
1996	147	465
1997	64	-56
1998	158	147
1999	572	262
2000	1,943	240
2001	5,333	174
2002	15,192	185
2003	26,179	72
2004	24,297	-7
2005	33,633	38
2006	26,808	-20
2007	21,732	-19
2008	15,940	-27
2009	21,230	33
2010	16,295	-23

자료: 한국인터넷진흥원(2010.12).

보 무단이용으로 인한 개인정보 침해로 볼 수 있다.

이어서 'ID 및 비밀번호 도용으로 게임 아이템, 사이버머니, 캐릭터 등을 도난당한 경우'(26.3%), '주민번호 도용으로 웹사이트 회원가입이 되지 않거나 경제적 피해를 입은 경우'(22.9%)가 있었다(한국정보보호진흥원, 2008).

개인정보 유출은 명의 도용, 스팸, 보이스피싱 등 제2차 피해 가능성 때문에 국민의 불안감을 확산시키고 신뢰를 기초로 하는 인터넷 비즈니스의 기반을 악화시키는 등 부정적인 영향을 미칠 수 있기 때문에 이용자의 피해를 최소화하기 위해서는 비밀번호 변경 캠페인을 포함해 개인정보 보호에 대한 인식 제고와 개인정보 침해 시 대응을 위한 핫라인 구축, 해외 관계국과의 공조 강화 등 다양하고 체계적인 방안을 강구해야 한다.

3) 인터넷 중독

인터넷 중독이 조사되기 시작한 것은 2004년부터이다. 그만큼 이전에는 없었던 새로운 개념이 나타난 것이라고 할 수 있다. 아직 정신의학적으로 명확히 정의되지는 않았지만, 「국가정보화기본법」 제30조에서는 인터넷 중독을 '인터넷 등의 지나친 이용으로 이용자가 일상생활에서 쉽게 회복할 수 없는 신체적·정신적·사회적 기능의 손상을 입는 것'으로 정의한다. 이는 알코올이나 마약 중독과 마찬가지로 금단, 내성, 일상생활장애 등의 '행위중독(behavioral addiction)' 증세가 나타나는 것으로 과거에는 개인적 차원의 문제라고 생각했던 것이 오늘날에는 사이버범죄, 가정 파괴, 강도, 심지어 살인까지 유발하는 사회적 문제로 인식되고 있다.

인터넷 중독이 문제가 되는 이유는 첫째, 심리적·신체적 건강을 훼손해 개인의 행복을 저해하며, 둘째, 학업 및 직장 생활 등에 심각한 장애를 유발하기 때문이다. 셋째, 인터넷 중독자들은 온·오프라인에서의 폭력, 살인

등 2차 범죄에 연루될 가능성이 높고, 넷째, 개인 차원을 넘어 가족 등 주변 사람들의 삶도 힘들게 해서 실제 피해 수준과 심각성이 더욱 심화될 수 있기 때문이다.

최근 조사에 따르면 2010년 9~39세의 인터넷 이용자 중 174만 명(전체 인터넷 이용인구의 8%)이 인터넷 중독에 빠져 있는 것으로 나타났으며, 이는 2004년 14.6%에서 지속적으로 감소한 것이다. 그러나 청소년의 인터넷 중독은 크게 호전되지 못하는 실정이며 특히 고위험군(high-risk group)은 최근 3년간 계속 증가하고 있는 것으로 나타났다.

더욱이 인터넷 중독률은 월소득 100~200만 원 가정 자녀가 11.9%인 반면, 월소득 500만 원 이상 자녀는 6.6%이고 한부모가정 자녀는 고위험군인 6.0%인 반면, 양부모가정 자녀는 2.8%로 현격한 차이를 보여 가정환경 요인에 영향을 받는 것으로 파악된다.

특히 스마트폰 이용시간과 생활 변화에 대한 조사결과 이용자의 11.1%가 중독 우려를 보이고 있어 모바일 접속환경의 증가와 스마트폰의 보급으로 새로운 중독현상에 대한 우려가 높아지고 있다. 이러한 현상은 인터넷 게임뿐만 아니라 도박, 음란물 등 다양한 불온 콘텐츠를 통해 발생하는 것으로 문제를 해결하기가 쉽지 않다고 하겠다.

이상의 문제를 해결하기 위해서는 인터넷 중독 예방교육뿐만 아니라 상담서비스(내방, 전화, 온라인) 및 학교 파견 집단교육을 시행해야 한다. 예방교육은 청소년, 학부모, 교사를 대상으로 2002년부터 이루어졌으며, 2008년에는 인터넷 중독 예방 가이드북 개편, 상담센터 프로그램 전단 배포 등 접근이 실시되었다. 2002년 상담건수는 약 2만 6,000건이었고, 2008년에는 약 26만 건으로 5년간 무려 100배가 늘어났다. 상담은 면접, 전화, 사이버공간 등에서 다양하게 이루어지고 있다.

앞으로도 지속적으로 전문상담사를 양성하고 전문성 제고를 위한 보수

표 5.8 인터넷 중독률 및 중독자 수

(단위: %, 천 명)

	2004		2005		2006		2007		2008		2009		2010	
	중독률	중독자	중독률	중독자	중독률	중독자	중독률	중독자	중독률	중독자	중독률	중독자	중독률	중독자
전체 (9~39세)	14.6	3,228	12.6	2,862	9.2	2,074	9.1	2,042	8.8	1,999	8.5	1,913	8.0	1,743
청소년	20.3	1,537	15.3	1,170	14.0	980	14.4	1,047	14.3	1,035	12.8	938	12.4	877
성인	8.9	1,691	9.9	1,692	7.0	1,094	6.5	995	6.3	964	6.4	975	5.8	866

자료: 행정안전부, 한국정보화진흥원(2011.3).

교육체계를 갖추어 좀 더 실질적인 운영에 힘써야 할 것이다. 지역별 인터넷 중독 대응센터나 상담기관을 연계하는 협력 네트워크를 더욱 강화하고 예방교육을 위한 콘텐츠 개발 보급도 추진해야 할 것이다(〈표 5.8〉 참조).

4) 정보윤리

인터넷 통신 외에 스마트폰의 급속한 활성화로 개인정보 및 프라이버시 침해는 물론 악성 댓글이 원인인 명예훼손, 자살, 심지어는 안보위협 같은 사이버 폐해로 사회적 혼란과 병리현상이 증가함에 따라 한국정부는 2002년부터 시작해온 정보윤리교육을 더욱 확대 실시하고 있다.

특히 2011년에는 만 3~5세 유아 중 63%가 인터넷을 이용하는 등 인터넷 이용자의 연령이 더욱 낮아짐에 따라 2011년 유아 정보윤리교육까지 도입해 올바른 정보이용습관과 윤리교육을 체계적으로 추진하고 있다. 청소년을 대상으로 하는 '정보윤리특강'은 2002년부터, 그리고 실제 교육, 실천, 홍보, 참여를 실천하는 '아름누리 지킴이' 활동과 '수강명령교육'은 2004년부터 시작해 지속적으로 확대해왔다. 또한 지역주민을 대상으로 하는 성인 정보윤리교육도 2009년부터 추진하고 있다. 앞서 언급한 바와 마찬가지로 이러한 교육이 효과를 발휘하기 위해서는 전문 교육기관 및 제도를 통해 전문인력을 양성하고 확보하는 것이 매우 중요하다. 더불어 교육 연령 및 대상에 맞는 콘텐츠의 개발과 효율적인 자료 공유 및 공개 활용이 제대로 지원되어야 하며, 건전한 댓글 달기 등 사회적 캠페인 활동이 수반되어야 한다.

정보윤리의 대표적인 이슈는 저작권 및 지적재산권 보호이다. 「저작권법」은 저작물을 창작한 저작자의 권리(저작권)와 이에 인접하는 권리(저작인접권)를 보호하고 저작물의 공정한 이용을 도모함으로써 문화의 향상과 발전에 이바지하는 것을 목적으로 한다. 또한 지식정보사회에서 유통되는 수많은 정보나 이를 활용하는 소프트웨어 및 하드웨어에 대한 지적재산권의 보호는 지식정보사회를 올바르게 정착시키는 데 매우 중요한 요소이다. 정보화 초기에는 어느 정도 지적재산권의 침해가 묵인될 수 있었으나 고도의 지식정보사회로 갈수록 지적재산권에 대한 철저한 보안이 요구되고 있다. 현재 모든 국가가 기초과학 연구에 열중하고 있으며, 삼성 등 대기업들에서는 선진국의 지적재산권 사용 시 고액의 이용료를 지불하고 있다. 이런 세태에서 지적재산권에 대한 지속적인 교육은 매우 중요하다.

5) 정보의 빈부격차 규제

사회계층의 빈부격차 원인은 시대에 따라 다르다. 농업사회는 토지의 소유 유무 및 정도에 따라 빈부격차가 발생했던 반면, 산업사회에서는 기술 및 지식 수준이 빈부격차 발생의 원인이었다. 정보사회에서는 정보소유능력에 따라 빈부격차가 발생한다. 따라서 정보혜택 빈곤층을 위해 정보교육과 정보이용료 감면 등 지원체계를 구축하고 정보혜택 부유층에 대해서는 정보 남용이나 정보를 활용한 부당한 부의 축적을 적절히 규제하는 정책이 필요하다.

이를 위해 우선 정보격차의 개념을 재정립할 필요가 있다. 일반적으로 정보격차는 '정보를 가진 자'와 '정보를 갖지 못한 자'라는 정보 소유 및 접근 유무(digital divide)의 관점에서 조명되어왔으나 정보 차이(digital differentiation) 관점에서 재조명될 필요가 있다(Van Dijk and Hacker, 2003; Peter and Valkenburg, 2006). 즉, 정보를 이용하는지 아닌지의 차원을 넘어서 어떻게 정보를 이용하는지가 더 중요하며 이와 같은 정보 이용의 차이와 그 원인을 규명함으로써 정보의 활용방안 및 성숙된 정보화를 유도하고 궁극적으로는 사회 통합까지 촉진할 수 있다.

한국은 정부 주도로 2000년대에 경제 성장과 고용을 주도할 새로운 산업분야로 정보통신 및 정보산업의 진흥을 강조하는 정보화 촉진정책을 추진해왔다. 그러나 정보화가 진행되면서 사회경제적·지역적·신체적 여건에 따른 정보소외계층이 늘어나고, 연령별·소득별·학력별로 정보격차가 확대됨에 따라 이에 대응하기 위해 정보격차 해소정책의 구체화에 노력을 경주해 2001년 1월 「정보격차해소에 관한 법률」을 제정했고 동 해 9월 '정보격차해소 종합계획'을 수립했으며 2004년에는 '정보격차해소 중장기계획(2004~2008)'을 마련했다. 이상 계획에 따라 정보취약계층의 인터넷 이용률을 2003년 19.7%에서 2008년 55%대로 올리는 것을 목표로 취약계층 500만 명에게 실용 위주의 정보화 교육을 실시하고 '사랑의 PC 보내기 운동'으로 저소득층 및 장애인 가구에 (중고) PC 및 정보통신기기를 보급하는 등 실효성 있는 정책들을 지속적으로 펼쳤다.

정보격차 현황에 대한 조사는 장애인, 저소득층, 농어민, 장노년층(50~59세는 장년층, 60세 이상은 노년층)을 대상으로 2004년부터 지속적으로 이루어져왔다. 정보격차는 접근, 역량, 활용 세 부분의 수준을 측정한 종합격차지수로 나타날 수 있는데, 일반 국민의 종합정보화 수준을 100%로 가정했을 때 일반 국민 대비 종합정보화 수준을 나타내면 〈표 5.9〉와 같다.

〈표 5.9〉에서 보는 바와 같이 2004년에는 일반 국민의 45% 수준으로 현격한 차이를 보였지만 2008년에는 2003년 목표인 55%대를 훌쩍 넘어 68%가 되었다. 이를 세 부분으로 구분해 살펴보면 접근격차는 2008년에

표 5.9 **일반 국민 대비 정보격차 수준**

(단위: %)

	2004	2005	2006	2007	2008
장애인	57.5	65.2	73.9	76.0	78.8
저소득층	55.6	64.2	73.0	75.5	78.1
농어민	33.8	41.7	49.8	54.6	57.9
장노년층	40.9	49.3	58.4	62.6	64.2
평균	45.0	53.3	62.0	65.9	68.0

자료: 한국정보문화진흥원(2008).

표 5.10 **전체 국민 대비 취약계층의 컴퓨터 보유율**

(단위: %)

	2004	2005	2006	2007	2008
전체 국민	77.8	78.9	79.6	80.4	80.9
장애인	62.3	66.2	68.7	69.9	70.7
저소득층	49.9	53.4	57.7	61.3	63.1
농어민	35.8	43.6	50.2	55.0	57.4
평균	48.7	54.2	60.1	63.4	65.1

자료: 한국정보문화진흥원(2008).

표 5.11 **전체 국민 대비 취약계층의 인터넷 이용률**

(단위: %)

	2004	2005	2006	2007	2008
전체 국민	70.2	72.8	74.8	76.3	77.1
장애인	34.8	41.0	46.6	49.9	51.8
저소득층	38.4	44.2	48.4	52.8	54.6
농어민	16.9	23.0	29.4	33.4	35.2
장노년층	19.3	22.5	28.3	34.1	35.6
평균	45.0	53.3	62.0	65.9	68.0

자료: 한국정보문화진흥원(2008).

이미 89.7%로 거의 일반 국민 수준에 이른 반면, 활용격차는 54.4%, 역량격차는 45.7%로 접근격차보다는 활용 및 역량 격차를 해소하기 위한 정책을 강화해야 할 것으로 나타난다.

정보격차를 반증하는 지표로는 취약계층의 컴퓨터 보유율 추이와 인터넷 이용률 추이를 추가할 수 있다(〈표 5.10〉과 〈표 5.11〉 참조).

정보화 역기능을 예방하기 위한 교육은 일회성이 아니라 정기적으로 추진되어야 할 것이다. 이를 위해 공교육 내에서 통합적 교육체계가 마련되어야 하며 교과과정에 그 내용을 포함하는 등 학교교육을 강화해야 할 것이다. 또한 학부모를 대상으로 정보사회에 관한 다양한 교양과 자녀세대와의 소통방법 등을 포함하는 교육을 확대함으로써 적절한 지도가 이루어져야 할 것이다.

5. 정보통신 관련 정부 조직 및 법령

1980년대 황무지나 다름없었던 IT분야가 오늘날 세계적으로 우뚝 설 수 있었던 성공요인은 매우 다양할 것이다. 한국에서 IT분야가 비교적 정치중립적이어서 상당 기간 정쟁의 안전지대에 있었던 점, 신규 첨단이었기 때문에 전 세계적으로 동일한 출발선상에 있었다는 점 등 시대적 상황의 적시성도 주효했다고 본다. 그러나 지난 30여 년간 모든 대통령이 이 분야에 관한 한 적극적인 지원을 아끼지 않았던 점, IT정책 담당자들의 의지와 도전의식, 그리고 그들의 장기 근무와 일관성 있는 정책 추진, 적절한 전략 수립과 강력한 추진력 등은 핵심적인 성공요인에 포함될 것이다. 특히 1980년대와 1990년대 한국의 IT정책을 주도하는 조직이 IT산업의 발전단계와 그 당시 상황에 따라 적절하고도 지속적으로 변화해나간 점을 빼놓

표 5.12 **1980년대와 1990년대 IT정책 비교**

기간	1980년대(1980.9~1989.6)	1990년대(1989.7~1998.3)
주관	· 청와대 경제비서실 · 전산망조정위원회	· 체신부, 정보통신부 · 전산망조정위원회, 정보화추진위원회
주요 사업	· 일감 찾아주기 운동 · 전자공업 육성계획(반도체, 컴퓨터) · 국가기간 전산망사업	· 정보통신산업발전 종합대책 · 초고속정보통신기반 구축계획 · 통신사업 경쟁 확대 · 정보사회 종합대책 · 정보화 촉진 기본계획
목표	· 국가경쟁력 강화(국제화, 수입 대체) · 기존 산업경쟁력 강화, 신규 산업 육성 · 주요 공공기관 전산화 우선 추진	· 국가경쟁력 강화(세계화, 수출 확대) · 정보통신산업의 세계화 · 국가사회 전반의 정보화 촉진
성과	· 안정적인 경제성장에 기여 · 전자공업 비중 확대 · 국가전산화 기반 마련 · PC통신시대 개막	· 1만 달러 소득국가 진입에 성공 · 정보통신산업 수출 확대 · 초고속인터넷 기반 구축 · 인터넷 시대 개막

자료: 정홍식(2007).

을 수 없다.

초기의 정부 주도나 엘리트 주도의 단계가 지나면 대개 스스로 운영되는 조직 메커니즘이 유지되도록 했으며, 단계별로 적절한 조직운영이 이루어진 것이다. 1980년대 한국의 IT정책은 청와대와 전산망조정위원회가 주도했으며, 1990년대에는 정보통신부와 정보화추진위원회가 주도했는데 이러한 구도가 매우 주효했다고 평가하는 견해도 있다(정홍식, 2007)(〈표 5.12〉 참조). 특히 1990년대 중반 정보통신부의 신설과 더불어 외부 인력과 젊은 인재들이 정보통신분야에 수혈된 것이 한국 IT산업 성공에서 핵심 역할을 수행했다는 것이다.

특히 한국은 체신부 시절이던 1994년 3월에 초고속정보통신망 구축 기본계획을 수립했고, 그해 5월 대통령령으로 국무총리 소속 초고속정보화추진위원회가 발족되었고, 8월 재정경제원, 통상산업부, 과학기술처, 총무

처, 공보처, 체신부 등 부처와 민간부문에서 한국통신, 데이콤, 한국이동통신, 한국전자통신연구원(ETRI), 정보통신정책연구원(KISDI), 한국전산원 등 업체와 기관이 참여해 초고속정보통신망 구축 기획단을 구성해 실무작업을 추진했다. 이 기획단은 분야별로 전담반을 구성해 종합추진계획(안)을 수립하고 공청회를 통해 각계의 의견을 수렴한 후 1995년 3월 정부계획으로 확정해 추진했던 것이다(정홍식, 2007).

이 과정에서 1994년 12월 체신부를 정보통신부로 확대 개편해 새로이 출범하면서 정보통신산업 육성, 통신방송기술 개발업무 등을 정보통신부로 일원화했고, 1995년 8월 정부는 정보화를 촉진하고 정보통신산업의 기반을 조성하며 초고속정보통신사업을 범국가적으로 일관성 있고 효율적으로 추진하기 위해 「정보화촉진기본법」을 제정 및 공포했던 것이다. 이 기본 법안의 주요 내용은 여섯 가지로 정리할 수 있는데, 정보화 시책의 기본 원칙, 정보화 촉진을 위한 계획의 수립과 추진체계, 국가사회 정보화의 촉진, 정보통신사업의 기반 조성, 정보통신기반의 고도화, 정보화 촉진 기금 등이 그것이다.

이 시기에 큰 사건 중 하나가 이동통신산업의 개시이다. 1995년 11월 정보통신부는 무선접속방식을 CDMA로 확정하고, 그에 따라 1996년 1월에는 한국이동통신에서, 4월에는 신세기통신에서 CDMA 상용서비스를 개시했던 것이다. 그 당시 한국의 CDMA 기술개발 성공가능성은 국내외적으로 극히 낮게 평가되었고, 특히 해외의 거대 통신장비업체들은 한국이 CDMA 기술개발에 성공하는 것은 기적이라고까지 했다. 그러나 정통부, 국내 통신장비 제조업체, 통신서비스 업체, 연구소 등 모든 관련자들이 최선을 다해 성공을 이끌어냈고 지속적으로 성장 발전해왔다. 이후 1997년 정부는 'CDMA 시장 개척단'을 결성해 이동전화 제품과 운용기술의 수출을 시도했고 중남미와 아시아 시장을 개척하는 데 성공했던 것이다(정홍식,

표 5.13 **정보통신 관련 정부조직 및 주요 산하기관**

정부조직	주요 기능 및 역할	주요 (산하)기관
방송통신위원회	방송통신 융합, 방송 및 통신 정책, 이용자 보호, 네트워크 정책, 방송진흥 및 전파기획	· 한국방송통신전파진흥원[1](2006.7) · 한국인터넷진흥원[2](2009.7) _직속기관: 국립전파연구원(1966.2), 중앙전파관리소(1987.12) · 정보통신정책연구원(1985.2)
지식경제부	정보통신산업(소프트웨어 산업, 정보보안산업, 통신방송산업 포함), IT R&D 사업 및 기술정책(정보통신기금 포함), 우정사업	· 정보통신산업진흥원[3](2009.8) · 한국전자통신연구원(1976.12) · 전자부품연구원(1991.8) · 한국광기술원(2000.12) · 한국조명연구원(1999.5) · 한국로봇산업진흥원(2010.7) · 한국정보기술연구원(1985.9) · 구미전자정보기술원(2003.3) · 그외 관련 기관 _소속기관: 기술표준원(1999.5) _산하기관: 한국산업기술진흥원(2009.5), 한국산업기술평가관리원(2009.5)
행정안전부	정보화, 전자정부, 국가정보 보호	· 한국정보화진흥원[4](2009.5)
문화체육관광부	디지털 콘텐츠, 게임산업	· 한국콘텐츠진흥원[5](2009.5)

주: 1) 한국방송통신전파진흥원: 한국전파진흥원 확대개편 출범(2011.1).
주: 2) 한국인터넷진흥원: 한국인터넷진흥원, 한국정보보호진흥원 정보통신국제협력진흥원 통합.
주: 3) 정보통신산업진흥원: 정보통신연구진흥원(일부), 한국소프트웨어진흥원, 한국전자거래진흥원 통합.
주: 4) 한국정보화진흥원: 한국정보사회진흥원, 한국정보문화진흥원 통합.
주: 5) 한국콘텐츠진흥원: 한국방송영상산업진흥원, 한국문화콘텐츠진흥원, 한국게임산업진흥원, 문화콘텐츠센터, 한국소프트웨어진흥원, 디지털콘텐츠산업단 통합.
자료: 지식경제부(2012: 388).

2007). 이와 같이 정부조직 역시 시의적절하게 유연성을 갖고 분야별로 전문적인 조직(단)을 구성해 추진한 점은 매우 높이 평가되어야 할 것이다.

2012년까지 정보통신 관련 정부조직은 지식경제부(정보통신 연구개발 및 산업 부문), 방송통신위원회(방송통신 서비스와 규제 부문), 행정안정부(정보화 부문), 문화체육관광부(디지털 콘텐츠 부문)에서 담당했다.[3] 또한 IT의 중요성에 대한 재인식과 함께 부처 간 이해관계 조정과 IT 컨트롤타워 필요성에 따라 정책 총괄기획 기능을 강화하기 위해 2009년 8월 청와대에 IT 특별보좌관이 신설되었다. 아울러 2012년 정보통신연구 진흥 및 경쟁력 강화를 위해 정보통신 관련 다양한 산하기관 및 직속기관을 두고 있다(〈표 5.13〉 참조).

또한 정부에서는 국가정보화전략위원회, 콘텐츠산업진흥위원회, 산업융합발전위원회, 개인정보보호위원회, 남북방송통신교류추진위원회, 전기통신사업 공익성심사위원회, 녹색성장위원회, 컴퓨터프로그램보호위원회, 이러닝산업발전위원회, 첨단의료복합단지위원회 등 다양한 위원회를 운영하면서 범정부 차원의 정보통신 발전을 위한 의견 수렴을 수행함으로써 정보통신 관련 정책에 대한 실질적인 방향 제시와 정책을 수립하고자 노력하고 있다.

6. 향후 전망

1) 모바일 빅뱅과 그 영향

2009년 출시된 애플의 아이폰은 단순히 새로운 단말기의 출현을 넘어서 정보통신영역에서 스마트폰이라는 새로운 장을 여는 가히 혁명적인 이벤트였다고 하겠다. 이후 스마트폰 가입자는 전 세계적으로 급속히, 그리고 꾸준히 증가하고 있다. 그동안 IT는 1980년대 PC를 기반으로 정보화 시대를 열었고, 1990년대에는 인터넷 기반의 초고속정보통신 시대로 발전했으며, 2000년대 들어서는 PC와 유선 초고속인터넷이 결합한 디지털 시

3) 2008년 2월 29일 「정부조직법」 및 「방송통신위원회 설치법」을 제·개정했다.

대로 이어졌다. 2010년대에 와서는 모바일 기술을 통해 PC컴퓨팅이 스마트폰으로 융합되면서 스마트 혁명의 시대로 돌입했다. 스마트폰은 음성 위주의 이동통신을 데이터 위주로 전환시켰고, 유선 인터넷에서는 찾아볼 수 없었던 새로운 무선서비스와 다양한 콘텐츠가 등장하게 되었다. 스마트폰은 앱스토어 등을 중심으로 콘텐츠와 소프트웨어의 유통체계를 혁신하고 콘텐츠–플랫폼–단말의 통합 비즈니스 모델을 출현시킴으로써 모바일 시장에 새로운 생태계를 구축했다. 즉, 유무선 인터넷을 기반으로 콘텐츠(C)–플랫폼(P)–네트워크(N)–디바이스(D) 가치사슬의 생태계를 구축해 발전시키고 있다. 이 사슬을 연결하는 고리는 소프트웨어이며, 이 과정에서 소프트웨어의 중요성은 더욱 증대될 것으로 보인다(지식경제부, 2012).

그중 가장 급성장한 킬러앱(killer app) 중 하나가 소셜네트워크서비스(SNS)이다. 페이스북, 트위터, 카카오톡 등의 SNS는 관계 중심의 '실시간, 쌍방향' 커뮤니케이션으로 초기에는 친목 도모와 엔터테인먼트 중심으로 발전했다. 그러나 점차 생산적인 용도로 활용이 확대되어 전문정보를 공유하거나 동영상을 제보하는 등 대중이 생산하고 전파하는 시민 저널리즘으로서의 정치적 영향력까지 갖게 되었다.

SNS를 통해 시민들의 정치적 의사소통이 속도가 빨라졌을 뿐 아니라 시간과 장소의 제약을 초월하는 등 점차 현장성과 즉시성이 강조됨에 따라 기존의 제도정치 및 대중매체가 주도하는 정치적 의사소통방식에도 큰 영향을 미치고 있다. 더 이상 정치적 의사소통이 딱딱하거나 진지한 주제로 국한되지 않게 되었으며 소프트하고 감성적인 부분으로 전환되는 경향을 나타내고 있다. 즉, 정치인이나 정당이 주도하는 상위정치(high politics)보다는 생활과 관련된 연성 이슈나 개인적인 감정구조를 강조하는 하위정치(low politics) 또는 생활정치(life-style politics)로의 새로운 정치 패러다임 이동을 주도하고 있다(지식경제부, 2012). 트위터에서 이루어지는 주요 정당 및 정치인과 유권자의 직접교류가 대표적인 예이며, 국내에서도 이런 쌍방향 의사소통이나 선거정보를 제공하기 위해 정치 애플리케이션 개발과 보급 등 모바일 정치가 본격화되고 있다. 이에 대한 적절한 규제 및 제도적 장치의 개발 역시 매우 시급한 이슈 중 하나로, 진지하고 심도 있는 분석과 선도적인 가치규범의 제시가 필요한 때라고 할 수 있다.

2) 세계 IT시장 전망

가트너에 따르면 2007년 3조 달러를 넘어선 세계 IT시장은 2011년 이후 연평균 3.9% 성장해 2014년에는 4조 달러를 넘어설 것으로 예상되며, 2016년에는 4조 4,369억 달러에 이를 것으로 전망된다(Gartner, 2011.3). 분야별로 볼 때, 여전히 텔레콤(정보통신서비스)이 규모 면에서 가장 큰 시장이나 연평균성장률 관점에서는 컴퓨팅 하드웨어가 가장 높을 것으로 예상된다(Gartner, 2011.3)(〈표 5.14〉 참조).

주요 품목별로 보면, 휴대전화시장은 2011년까지 양호한 성장을 보였으나 2012년에는 성장률이 감소했다. PC시장의 경우 넷북은 큰 폭으로 감소하는 반면, 데스크톱은 소폭 증가, 노트북은 지속적 증가, 스마트폰과 태

표 5.14 **세계 IT시장의 규모 및 전망**

(단위: 십억 달러)

분야	2008	2009	2010	2011	2012	2013	2014	2015	연평균성장률(%) (2010~2015)
컴퓨팅 하드웨어	379	333	374	409	438	469	505	554	8.2
소프트웨어	228	222	237	255	273	291	309	328	6.7
IT 서비스	804	763	785	824	862	901	944	989	4.7
텔레콤	1,977	1,905	2,011	2,110	2,186	2,271	2,355	2,430	3.9
합계	3,389	3,224	3,406	3,598	3,759	3,932	4,112	4,301	4.8

자료: Gartner(2011.3)

블릿 PC는 2015년까지 지속적이고 큰 폭으로 성장할 추세로 전망되었다.

또한 2010년부터 2015년까지 전망되는 지역별 연평균성장률에서는, 아시아/태평양이 8.35%로 가장 높고 중남미 7.0%, 중앙/동유럽과 중동/아프리카가 5.2%로 추정되었다. 이러한 결과는 경제성장이 IT시장의 수요를 창출하는 것임을 알려주며, 지역별 시장수요에 맞게 수출전략을 수립해야 할 필요를 시사한다. 즉, 구매력의 고저와 취향에 맞춘 차별화 전략, 인프라 수준에 따른 상이한 전략이 필요한 것이다.

3) 맺는말

1997년 외환위기 이후 2008년 미국 서브프라임 사태에서 시작된 글로벌 금융위기가 수습 국면에 접어들었다. 그러나 이후 세계 경기가 완만한 회복세를 지속할지 아니면 이 과정에서 미국의 저축률 상승 및 소비 부진을 만회하는 개발도상국들의 내수기반 성장패턴이 정착될지, 그린이노베이션이 어떤 방향으로 전개될지 등 세계 경제의 불확실성은 여전하다. 이런 불확실한 세계 경제환경은 정보통신기술산업을 비롯한 각 산업에 부정적인 영향을 주고 있으며 불확실한 전망을 지속시키고 있다.

그럼에도 세계 IT시장과 정보서비스산업은 지속적으로 성장하고 있으며 앞으로도 지속될 것으로 전망된다. 이미 하드웨어에서 IT서비스를 포함한 소프트웨어 중심으로 시장이 재편되었으며 2010년부터 모바일, 3D, 빅데이터 등 새로운 트랜드가 IT산업의 패러다임을 변화시키고 있다.

또한 선진국에서 중남미, 중동/아프리카, 아시아 등 신흥국으로 시장 중심이 이동하고 있다. 신흥국에는 브랜드에 대한 높은 선호도와 저렴한 가격 및 합리적 품질에 대한 선호도가 공존하며 새로운 소비층의 증가로 세계 IT시장 점유율이 점차 높아지고 있다.

정보통신기술산업은 한국의 중요한 성장동력으로 경제성장에 크게 기여했던 것이 사실이고, 특히 1997년 금융위기 및 2008년 세계경제위기를 극복하는 데 일등공신의 역할을 수행했음이 분명하다. 그러나 한국의 정보통신기술산업은 성장단계에서 성숙단계로 진행되는 가운데 여전히 불균형 성장의 이슈를 띠고 있는, 즉 소프트웨어 및 중소기업, 장비 및 부품소재 부문 등에서의 경쟁력이 취약한 상태이다. IT기기산업은 범용제품 및 공정기술 중심으로 성장하고 있고, 서비스산업은 세계 최고 수준의 통신서비스를 확보하고도 신규 서비스의 활성화가 상대적으로 지연되고 있으며, 특히 정보보호 기반산업이 취약해 향후 여전히 노력을 경주해야 할 부분이 많다.

정보기술의 발전에 따라 빅데이터를 기반으로 한 분석경영의 중요성이 날로 증대되고, 특히 한국의 경우 한류문화를 비롯한 콘텐츠 산업의 세계화가 가속화되고 있다. 이처럼 급변하는 환경에서 정보통신기술과 관련해 한국의 경쟁력을 제고하기 위한 방안은 다음과 같다.

첫째, 정부와 기업부문 간의 협력(collaboration) 체계를 공고히 할 필요가 있다. 최근 한국 정보화의 세계적 위상은 글로벌 정보화의 변화 속도와 방향을 발 빠르게 파악해 초고속정보통신기반 구축사업을 국가전략사업으로 정하고 강력히 추진했던 정부와 이에 발맞추어 연구개발과 기술 구현에 적극적으로 투자한 민간기업의 합작품이라고 볼 수 있다. 따라서 향후에도 이러한 정부와 기업 간의 긴밀한 공조체제는 글로벌 시장에서 선도적 역할을 공고히 하는 데 큰 도움이 될 것이다. 다만 정부의 역할은 기간산업 확충, 연구개발 및 교육에 대한 지원 등 산업기반을 공고히 하고 불필요한 법규를 신속히 없애는 등 지원역할에 충실해야 하고 구체적인 사업전략 등 개별 기업에 대한 간섭은 최소화해야 할 것이다.

조지프 슘페터(Joseph Schumper)는 현대 자본주의 기술이 발전하게 된 원천을 사업 초기단계에 있는 소규모 기업의 독창적인 아이디어 발명품보다는 대규모 기업 같은 역량 있는 조직의 체계적이고 전문적인 연구개발에서 찾았다(Schumper, 1934). 그는 대기업의 연구개발성과가 중소기업보다 양적으로나 질적으로나 낫다고 했고, 이후 일련의 연구에서 이러한 슘페터의 주장은 연구개발활동이 기업의 규모보다 더 빠르게 증가한다는 명제로 해석되었다. 이에 대한 논거로는 자본시장이 불완전할 경우 위험이 큰 연구개발투자에서 대기업은 자금을 확보하는 데 수월하고, 연구개발과 관련된 기술에 규모의 경제가 존재하므로 기술 혁신으로 인한 고정비용을 분산하는 데 유리할 뿐만 아니라 판매 및 금융조달 계획 등 비생산활동과 연구개발 간의 상호보완성이 대기업에 존재한다는 점을 들었다. 윤충한(2005)은 국내 기업을 대상으로 한 시계열 분석에서 기업규모와 R&D 집약도에서 강한 정(+)의 관계가 있음을 밝힌 바 있다. 그러나 반대로 기업의 규모가 커질수록 관리 통제가 어려워져 연구개발의 효율성이 감소하기 때문에 기업규모와 기술 혁신 간에 부(−)의 관계가 있다는 상호 대립되는 연구들도 있다(Cohen, 1996; Kim, 2000). IT산업은 성장이 빠르고 기술집약적이기 때문에, R&D 투자는 시장에서 개별 기업의 성패를 좌우한다. 따라서 정부는 이런 속성을 충분히 고려해 신속한 정책적 이슈 해결과 지원방안도 강구해야 할 것이다.

둘째, 기간산업의 혜택과 경쟁적 우위가 신속하게 발휘되려면 기업 및 국민을 대상으로 하는 지식 전달(knowledge transfer) 메커니즘이 매우 중요하다. 1990년대 후반에는 PC방 사업 붐을 일으켰던 인터넷 게임이 정보접근 취약계층에 이르기까지 인터넷 사용인구 성장에 절대적인 영향을 미침으로써 국민의 인터넷 사용수준이 어느 나라보다 현저하고 신속히 상승해 인터넷 강국의 위상을 확립하는 데 큰 역할을 했다. 그러나 이런 급격한 변화가 정보화 역기능에서 살펴본 대로 인터넷 중독을 비롯해 개인정보 침해, 사이버범죄 등 각종 반사회적 현상을 가져온 점을 간과해서는 안 될 것이다.

전통적 산업과 지식정보산업을 구분하는 중요한 요인으로 네트워크 외부효과(network externality), 규모의 경제(economies of scale), 포지티브 피드백(positive feedback)이 있다. 지식 전달 메커니즘은 네트워크 외부효과가 강한 IT산업에서 일정 기간의 잠복기를 거친 후 폭발적인 성장세를 유도함으로써 한국의 글로벌 경쟁력을 유지하는 데 기여할 것으로 보인다. 지식 전달 메커니즘에서는 무엇보다 체계적인 교육 콘텐츠 구성이 우선되어야 한다. 이를 위해 대학 등 교육기관에서는 저렴하거나 무료인 지식공유체제를 구축하고, 정부는 각계가 콘텐츠 개발에 적극적으로 참여하도록 유도하는 시책을 시행해야 할 것이다. 또한 언론은 콘텐츠 개발의 중요성과 참여를 긍정적으로 선도하는 등 다양한 부문에서 노력을 경주해야 할 것이다.

셋째, 소프트웨어산업의 경쟁력 제고에 초점을 둔 적극적인 선행투자가 절실하다. 앞에서 살펴본 바와 같이, 소프트웨어산업은 패키지소프트웨어 산업과 IT서비스 산업[국내에서는 시스템 통합(system iontegration: SI) 산업이라고 부른다]으로 구성되며, 아이디어와 창의성을 기반으로 고부가가치를 창출하고 타 산업의 생산성을 향상시키는 디지털경제 시대의 핵심 산업이다. 2004년 OECD 발표자료에 따르면 세계 상위 10대 IT장비기업의 성장률은 1% 수준인데 반해 상위 10대 소프트웨어 기업의 성장률은 6%에 달하며, 소프트웨어 투자의 높은 경제성장 기여도 등으로 미루어 부가가치 창출의 핵심 산업임이 명백하다. 더욱이 최근 스마트폰을 비롯한 스마트 IT기술의 출현과 융합화 발전에서 스마트 디바이스와 서비스가 결합되는 새로운 형태의 플랫폼 확산에 비추어볼 때 소프트웨어의 중요성은 아무리 강조해도 지나침이 없다고 하겠다. 또한 이에 따라 산업의 고도화와 효율화 증진을 위한 IT서비스의 역할도 더욱 증대되고 있다.

한국은 오랫동안 하드웨어 위주의 정보통신기기 투자에 치중해왔고 외국계 기업들에 의한 진입장벽으로 소프트웨어 산업을 주요 산업으로 성장시키지 못했으며 OECD 국가 중 IT제조업이 IT서비스보다 규모가 큰 대표적인 국가이다. 이제 이 같은 한계를 극복하고 원천기술을 확보하기 위해서는 연구개발에 투자를 확대해야만 한다. 앞에서 살펴본 바와 같이 초·중급 인력의 공급은 충분하지만 시스템 아키텍트 등 고급인력이 부족하며, 임금은 인도 대비 10배 수준이지만 인력 수급 간 불일치로 취업난과 구인난이 공존하고 있다. 이러한 고리를 끊을 수 있는 시발점은 소프트웨어 산업 진흥정책이라고 본다. 이 정책에는 국내 소프트웨어 기업들의 창업을 지원하는 지원센터와 투자자금 공급의 강화, 이미 시행에 들어간 공공정보화 프로젝트에서 대기업 시스템 통합 업체 배제, 다각도의 해외진출 활성화 지원, 그리고 전문인력 양성 지원 등이 포함될 것이다. 다행히 박근혜 정부의 '창조경제' 모토가 이 같은 소프트웨어 산업 발전과 맥락을 같이 하기에 향후 발전의 토대를 기대할 수 있다.

또한 정부에서는 스마트 단말의 보급 외에 SNS, 클라우드 컴퓨팅, 빅데이터 등 새로운 서비스 및 기술의 등장으로 급속하게 진전되고 있는 정보통신분야에서의 융합에 대한 법률의 제·개정뿐만 아니라 법률 재정비 방안을 신속히 논의해야 할 것이다. 그리고 2012년 3월 한미 자유무역협정(FTA) 협상이 발효됨에 따라 세계 최대시장인 미국 IT시장에 접근성이 크게 확대되는 반면, 앞서 언급한 소프트웨어 등 취약분야에서의 의존도 심화에 대한 우려도 높아지고 있다. 각국과의 자유무역협정 효과를 최대화하기 위해 필요한 법률과 방법에 적극적으로, 그리고 시급히 대응해야 할 것이다.

IT산업은 그 분야가 매우 다양하기 때문에 이 글에서 충분히, 깊이 있게 다루지 못한 부문 — 전자정부를 비롯해 정보 보호, 최근의 모바일 관련 부문과 콘텐츠 산업 등 — 이 많다. 이에 대한 종합적인 연구는 추후의 과제로 남겨 두고자 한다.

참고문헌

고재학. 2009. 『정보사회와 전자정부』. 경기: 한국학술정보.

권기덕. 2010. 『스마트폰이 열어가는 미래』. 삼성경제연구소.

권남훈·고상원 외. 2001.12. 「정보통신 인력의 특성, 수급실태 및 전망」. 정보통신정책연구원.

김성태. 2007. 『또 다른 미래를 향하여 국정관리를 위한 미래예측과 미래전략』. 법문사.

김성태 외 9인. 2011. 『미래한국의 새로운 도전과 기회』. 법문사.

김현창. 2004. 『우리나라 부품소재산업의 경쟁력 현황과 정책과제』. 한국은행 금융경제연구원.

교육과학기술부. 2010.12. 「교육정보화백서」. 한국교육학술정보원.

교육인적자원부. 2005.12. 「OECD 교육지표」. 한국교육개발원.

박경진. 2011. 『정보통신정책과 전자정부』. 도서출판 오름.

방송통신위원회. 2000~2011. 「방송통신산업통계연보」.

손승혜·황하성·최윤정. 2010.12. 「청소년과 여성의 스마트폰 이용 및 효과 연구」. 한국전파진흥원.

정보통신정책연구원. 2005. 『IT산업과 한국경제』. 법영사.

정창덕. 2010. 『스마트폰과 인터넷 속 윤리 이대로 좋은가』. 내하출판사.

정홍식. 2007. 『한국IT정책 20년』. 전자신문사.

지식경제부. 2010. 「정보통신산업의 진흥에 관한 연차보고서」.

_____. 2012. 「정보통신산업의 진흥에 관한 연차보고서」.

통계청. 2006.2. 「2005년 12월 및 연간 사이버쇼핑몰 통계조사결과」.

_____. 2011.5. 「2011년 1/4분기 전자상거래 및 사이버쇼핑 동향」.

한국인터넷진흥원. 2000~2009. 「한국인터넷백서」.

_____. 2010.12. 「인터넷 침해사고 동향 및 분석 월보」.

한국전산원. 2005. 「한국의 정보화정책 발전사」.

한국정보문화진흥원. 2004~2005/2008~2009.「정보격차해소 백서」.
_____. 2008.「정보격차지수 및 실태조사」.
한국정보보호학회·한국정보보호진흥원. 2002.『정보보호관리 및 정책』.
한국정보화진흥원. 2010.「정보윤리의 이해와 실천」.
_____. 2011.3.「2010년 인터넷 중독 실태조사」.
_____. 2011.12.「국가정보화백서」.
홍동표 외. 2003.『디지털경제에서 경제 각 분야의 구조 변화와 대응방안』. 정보통신정책연구원
황주성·이재현·이나경. 2010.12.「모바일 인터넷으로 인한 미디어 이용패턴의 변화: 스마트폰 이용자를 중심으로」. 정보통신정책연구원.
Cohen, W. 1996. "Empirical Studies of Innovative Activity". Stoneman, P. ed., *Handbook of the Economics of Innovation and Technological Change*. Basil Blackwell.
Gartner. 2011.3.29. Gartner Market Databook, 1Q11 Update.
Kim, P. 2000. "R&D and Firm Sizes in the Information and Telecommunications Industry of Korea". *Small Business Economics* 15: 183~192.
Peter, Jochen and Valkenburg, Patti M. 2006. "Adolescents' Internet Use: Testing the 'Disappearing Digital Divide' versus the 'Emerging Digital Differentiation' Approach". *Poetics* 34(4): 293~305.
Schumpeter, J. 1934. *The Theory of Economic Development*. Harvard University Press.
Van Dijk, J. and Hacker, K. 2003. "The Digital Divide as a Complex and Dynamic Phenomenon". *Information Society* 19(4): 315~326.
네이버(http://www.naver.com)
안전행정부(http://www.mospa.go.kr)
전자신문사(http://www.etnews.co.kr)
정보통신정책연구원(http://www.kistep.re.kr)
한국정보보보학회(http://kiisc.or.kr)
한국정보보호진흥원(http://kisa.or.kr)

지은이(수록순)

연세대학교 빈곤문제국제개발연구원(IPAID)

Institute for Poverty Alleviation and International Development

연세대학교 빈곤문제국제개발연구원은 2010년 3월에 설립되었다. 이는 1990년부터 운영되어온 정경대학의 '지역발전연구소'를 대학교 부설로 확대 개편한 것이다. '지구적 빈곤문제를 해결하기 위하여 인간존엄성을 회복하는 데 기여한다'를 모토로 연구원은 빈곤 퇴치를 위한 학제적이고 다학문적인 융복합적 접근을 통해 국내 및 북한 빈곤은 물론 최빈국의 빈곤 퇴치, 개발도상국가의 국가 및 지역사회 개발, 보건의료, 기술원조사업, 빈곤해결정책시스템 구축 등을 연구하고 있다.

이태정

현재 연세대학교 경제학과 교수이며, 연세대학교에서 학사 및 석사학위를, 시카고 대학교에서 경제학 박사학위를 받았다. 1994~1995년에 밴더빌트 대학교 조교수를, 1995~1997년에 시카고 대학교 Population Research Center 연구원을, 2009~2010년에 매사추세츠 공과대학교(MIT) 경제학과 방문교수를, 2011~2012년에 한국응용경제학회 회장을 역임했다.

주요 논저에 『강원지역 소상공인 현황과 공생발전을 위한 과제』(2012), 『대북투자 어디에 어떻게: 대북투자의 입지 및 업종선정과 관리전략』(2003,

공저), 「2007년 논의된 국민연금제도 개혁안들에 대한 비교평가」(2010), 「대형할인점의 매출과 입지요인분석」(2007, 공저), "Retaining the Quota system in South Korean Rice Market"(2008, 공저), "Anatomy of Rank Structure of Korean Universities: Towards the design of integrated socio-educational policy reform in Korea"(2006, 공저), "Sampling Design for an Integrated Socio-Economic and Ecological Survey Using Remote Sensing and Ordination"(2004, 공저), "Industrialization, Extent of Market, and the Mobility of Labor: A Geographic Perspective"(2000) 등이 있다.

김세중

현재 계간 ≪시대정신≫ 발행인이며, 연세대학교 국제관계학과 교수를 지냈다. 연세대 학교 정치외교학과를 졸업했고, 일본 쓰쿠바 대학에서 국제학 석사학위를, 맥길 대학교 대학원에서 정치학 박사학위를 받았다.
주요 논저에 『한국현대사』(2013, 공저), 『한국민주주의의 기원과 미래』(2011,공저), 『대한민국 건국의 재인식』(2009, 공저), 「유신시대 중화학 공업과 한국의 정치변동」(2014) 등이 있다.

김창수

현재 연세대학교 경영학부 교수이며, ≪재무관리연구≫와 *Asia-Pacific Journal of Financial Studies*의 편집위원장을 역임했고, 한국증권학회 회장을 지냈다. 연세대학교 경영학과를 졸업했고, 미국 위스콘신 대학에서 재무금융 석사 및 박사학위를 받았다. 2011, 2012년 연세대학교 연구우수교수로 선정되었다.
주요 저서에 *Emerging Markets in Asia*(1995), *Globalization of Asian Economics and Capital Markets*(1994) 등이 있고, *Journal of Financial and*

Quantitative Analysis, Financial Management, Journal of Corporate Finance, Financial Review, Journal of Financial Research, Asia- Pacific Journal of Financial Studies, Pacific-Basin Finance Journal 등의 해외 학술지, ≪재무연구≫, ≪증권학회지≫, ≪재무관리연구≫, ≪경영학연구≫, ≪회계저널≫ 등의 국내 학술지에 다수의 논문을 발표했다.

정무권

현재 연세대학교 글로벌행정학과 교수이다. 연세대학교 행정학과에서 석사 및 박사학위를, 미국 인디애나 대학에서 정치학 박사학위를 받았다. 주요 연구분야는 복지국가, 복지정책, 행정이론이다.

주요 저서에 『한국행정이론』(2009, 편저), 『한국복지국가성격논쟁 2』(2009, 편저), 『한국의 공공부문』(2007, 공저) 등이 있고, 행정학 및 복지정책분야에서 다수의 논문을 썼다.

황재훈

현재 연세대학교 경영학부 교수, 한국데이터베이스학회 회장이며, 연세대학교 국제교육원장, 대외정책부처장을 역임했다. 연세대학교 상경대학 경영학과를 졸업했고, 미국 네브라스카 주립대학교 대학원에서 경영학 박사(MIS) 학위를 받았다. 학위 취득 후 삼성SDS에서 4년간 실무경험을 쌓았고, ERP시스템/IT전략 및 경영혁신분야에서 다양한 프로젝트와 자문을 수행했다.

주요 저서에 『ERP정보관리사』(2010, 공저), 『사례로 배우는 e-비즈니스』(2007, 공저) 등이 있다. 그 외 국내 학술지에 다수의 논문을 발표했다.

한울아카데미 1700

외환위기 이후 한국사회의 변화

정치, 경제, 복지를 중심으로

엮은이 | 연세대학교 빈곤문제국제개발연구원
지은이 | 이태정·김세중·김창수·정무권·황재훈
펴낸이 | 김종수
펴낸곳 | 도서출판 한울
편 집 | 배유진

초판 1쇄 인쇄 | 2014년 6월 16일
초판 1쇄 발행 | 2014년 6월 30일

주소 | 413-756 경기도 파주시 광인사길 153 한울시소빌딩 3층
전화 | 031-955-0655
팩스 | 031-955-0656
홈페이지 | www.hanulbooks.co.kr
등록번호 | 제406-2003-000051호

Printed in Korea.
ISBN 978-89-460-5700-5 93300

* 책값은 겉표지에 표시되어 있습니다.